동주집

이 책은 2015 · 2016년도 정부(교육부)의 재원으로 한국고전번역원의 지원을 받아 수행된 '권역별거점연구소협동번역사업'의 결과물임.

This work was supported by Institute for the Translation of Korean Classics - Grant funded by the Korean Government.

한국고전번역원 한국문집번역총서 / 충남대학교 한자문화연구소

동주집 8

東州集

이민구 지음
李敏求

강원모 오승준 옮김
김문갑 정만호

일러두기

1. 이 책의 번역 대본은 한국고전번역원에서 간행한 한국문집총간 94집 소재 《동주집(東州集)》으로 하였다. 번역 대본의 원문 텍스트와 원문 이미지는 한국고전종합DB(http://db.itkc.or.kr)에서 확인할 수 있다.
2. 내용이 간단한 역주는 간주(間註)로, 긴 역주는 각주(脚註)로 처리하였다.
3. 한자는 필요한 경우 이해를 돕기 위하여 넣었으며, 운문(韻文)은 원문을 병기하였다.
4. 맞춤법과 띄어쓰기는 한글 맞춤법과 표준어 규정을 따랐다.
5. 이 책에서 사용한 부호는 다음과 같다.

( ) : 번역문과 음이 같은 한자를 묶는다.
〔 〕 : 번역문과 뜻은 같으나 음이 다른 한자를 묶는다.
" " : 대화 등의 인용문을 묶는다.
' ' : " " 안의 재인용 또는 강조 문구를 묶는다.
「 」 : ' ' 안의 재인용을 묶는다.
『 』 : 「 」 안의 재인용을 묶는다.
《 》 : 책명 및 각주의 전거(典據)를 묶는다.
〈 〉 : 책의 편명 및 운문·산문의 제목을 묶는다.

차례

동주집 문집 제10권

묘갈명墓碣銘

동주집 별집 제1권

시詩

동주집

문집 제9권

묘갈명
墓碣銘

처사 이공 묘갈명 병서

處士李公墓碣銘 幷序

갑술년(1634, 인조12) 봄에 이 징군(李徵君)[1]이 서울에 와서 울면서 나에게 자신의 아버지 처사공(處士公)[2]의 묘갈명을 써 달라며 다음과 같이 말하였다.

"못난 제가 갑오년(1594, 선조27)에 아버지 상을 당하고, 33년 뒤에 돌아가신 어머니와 합장(合葬)하였는데, 지금 또 아홉 번 한식(寒食)이 지났습니다. 세월이 흐를수록 봉분을 더욱 관리하지 못하고 덕의(德誼)를 더욱 전하지 못할까 매우 두려워, 삼가 비석을 세워 묘에 표시하려고 하니, 감히 뒷면에 새길 글을 부탁드립니다.

아아, 처사의 행적이 향리를 벗어나지 않은 것은 진실로 그러하니, 선친께서는 일찍이 출사하신 적이 없습니다. 당시에 또 저희 형제가 모두 몽매(蒙昧)하였으니, 기록하여 군자들이 글을 짓는 데 참고가 되게 할 자료조차 진실로 없습니다. 그러나 선친의 아름다운 덕과 지극한 행실 중에는 끝내 사라지게 하여 저의 죄를 가중시킬 수 없는 것들이 대략 한두 가지가 있습니다.

1 이 징군(李徵君) : 이찬(李燦, 1575~1654)으로, 독학으로 의술을 연구하여 명의(名醫)로 널리 이름을 떨쳤고, 인조(仁祖)의 병을 치료하였다. 징군은 조정(朝廷)으로부터 부름을 받은 학덕(學德) 높은 선비를 일컫는 말이다.

2 처사공(處士公) : 이윤수(李潤壽, 1545~1594)로, 본관은 여주(驪州), 자는 인수(仁叟), 호는 창암(滄菴)이다. 경상북도 예천군(醴泉郡) 용궁면(龍宮面)에서 은거하였다. 고모부 추월헌(秋月軒) 백진양(白震陽)의 문하에서 수학하였다.

선친께서는 어려서 백씨(白氏)에게 출가한 고모 손에서 자랐는데, 고모께서 돌아가시자 친자식과 다름없이 상복을 입어 효성을 다하였습니다. 일찍 돌아가신 형님을 다른 고을에 부제(祔祭)하였으나, 해마다 반드시 몸소 제수를 올렸습니다. 어느 날 가지 못하게 되었는데, 이상한 꿈을 꾸었으므로 징험해 보니 과연 들어맞았습니다. 아버지 상을 당하여 장지를 제때 정하지 못해 밤낮으로 울부짖었는데, 또 꿈에서 신이 길지(吉地)를 가르쳐 주었으므로 그곳에 안장하였으니, 그 정성에 감응함이 이와 같았습니다.

자형 박생(朴生)은 선친을 얕잡아 보고 도리에 맞지 않게 선친을 대우하였으며, 재물을 빼앗아 가고 노비는 더욱 많이 빼앗아 갔습니다. 그러나 선친께서는 모두 내어 주고 언짢은 내색을 하지 않으셨습니다. 이웃에 사는 무인(武人)이 이치에 맞지 않게 송사(訟事)를 꾸몄는데, 그가 하는 말은 차마 들을 수 없는 지경이었습니다. 그러나 선친께서는 그를 더욱 잘 대우하였고, 그의 궁핍한 살림을 도와주면서 '나는 향리의 친구를 구휼할 줄을 알 뿐이다.'라고 말씀하시니, 그 사람이 매우 부끄러워하며 탄복하였습니다. 풍원부원군(豐原府院君) 유 상공(柳相公)[3]은 매번 미치기 어려운 일이라고 칭찬하였습니다. 그러나 집안 살림이 넉넉해지자 더욱 베풀기를 좋아하여 지출이 얼마나 되는지조차 따지지 않았습니다. 선친의 도움을 받아 밥을 지어먹는 사람들이 모두

3 풍원부원군(豐原府院君) 유 상공(柳相公) : 유성룡(柳成龍, 1542~1607)으로, 본관은 풍산(豐山), 자는 이현(而見), 호는 서애(西厓), 시호는 문충(文忠)이다. 1604년 호성 공신(扈聖功臣) 2등에 책록되고 풍원부원군에 봉해졌다. 《蒼石集 卷17 西厓柳先生行狀》

'죽을 목숨을 살려 주었고, 뼈에 살을 붙여 주었다.'라고 하였습니다.

유 상국(柳相國)과는 처남과 매제 사이로 정의가 좋아 평소 서로 공경하고 존중하였습니다. 장차 선친을 조정에 천거하려고 하였으나, 선친께서 기꺼이 조정에 나가려고 하지 않으셨으므로 그만두었습니다. 그러나 끝내 이름이 고을 밖으로 알려지지 못하고, 향년 겨우 50세로 운명하셨으니, 아아, 애통합니다."

징군(徵君)이 또 다음과 같이 말하였다.

"저의 어머니 풍산 유씨(豐山柳氏)는 선친보다 1년 늦게 태어나 선친보다 1년 먼저 돌아가셨습니다. 규방에서 닦은 행실이 어디에 밝게 나타나겠습니까만, 맑고 온화하며 상서롭고 유순하셨습니다. 유독 성품은 잘 타고나서 사람을 대할 적에 얌전하고 공손하였으며, 노비를 부릴 때에도 목소리를 높이거나 사나운 낯빛을 보이지 않으셨습니다. 혹 자기 바람대로 되지 않아 하늘을 원망하는 사람이 있으면, 반드시 말씀하기를 '하늘은 두려운 존재이니, 움직이고 대소변을 볼 때에도 반드시 삼광(三光 해 · 달 · 별)을 피하여 항상 상하에서 마주보고 있는 것과 같이 해야 한다.'라고 하셨습니다. 비록 푹푹 찌는 한여름에도 웃옷을 벗거나 다리를 쭉 뻗고 앉지 않으셨으며, 중문(中門) 밖에서 어머니의 웃음소리나 말씀 소리를 들을 수 없었으니, 평생을 마치 하루처럼 변함없이 이와 같이 하셨습니다. 자식들을 매우 사랑하면서도 가르침을 그만두지 않아, 부지런히 아름다운 말과 행실로 가르치기를 게을리하지 않으셨습니다. 아아, 못난 제가 어찌 감히 잊겠습니까."

내가 다음과 같이 말하였다.

"선비가 몸을 닦고 도(道)를 지켜서 능력을 갖추고도 시세를 살펴 자취를 감춘 채 지내면서, 당대에 기대할 바가 없으나 인(仁)에 바탕을 두고 의(義)를 도탑게 하여 부유하면서도 은덕 펼치기를 좋아하는 것이 어찌 어렵지 않겠는가. 유인(孺人)은 아름다운 가르침을 익히고 군자에게 시집와서, 군자와 덕이 맞고 능히 여사(女史)의 법도에 맞았으니, 모두 전할 만하다."

처사의 휘(諱)는 윤수(潤壽), 자는 인수(仁叟)이며, 여주(驪州)의 명망 있는 가문 출신이다. 선고(先考) 원충(元忠)은 증(贈) 통정대부(通政大夫) 공조 참판(工曹參判)이며, 조부(祖父) 태(迨)는 통훈대부(通訓大夫) 사도시 부정(司䆃寺副正)이다. 부인 유씨(柳氏)는 증 영의정(領議政) 풍산부원군(豐山府院君) 중영(仲郢)의 딸이다. 4남 2녀를 두었으니, 아들은 돈(焞), 찬(燦), 형(炯), 환(煥)인데, 찬이 바로 징사군(徵士君)이다. 장지는 용궁현(龍宮縣) 청산리(青山里)의 진향(震向) 등성이에 있다. 내외(內外)의 계첩(系牒)과 자손은 왼쪽 비석에 자세히 새겨져 있다. 다음과 같이 명을 짓는다.

여기는 처사와	是惟處士
부인 유씨가	曁配柳氏
쌍벽 되어 묻힌 곳이니	雙璧所藏
훼손하거나 무너뜨리지 말지어다	勿夷勿毁

별좌 허공 묘갈명 병서

別坐許公墓碣銘 幷序

나와 함께 과거에 합격한 사람 중에는 군자가 많다고 하는데, 장후(長厚)한 덕과 도타운 의리를 지닌 사람으로는 모두들 허장생(許長生)[4] 군을 지목한다. 허군은 본래 너그러운 장자(長者)로서 내면이 우뚝하고 깨끗하여 구차하지 않았으나, 유독 운명이 기구하여 때를 만나지 못하였다. 정사가 혼란한 때를 만나 김효성(金孝誠)[5] 등과 함께 소장을 올려 모후(母后 인목대비(仁穆大妃))를 폐위해서는 안 된다는 점과 사특한 논의를 주동한 자의 처벌을 요청하였다. 이 일 때문에 불우하게 되었지만, 군 또한 세상에 마음이 없었다.

계해반정(癸亥反正)이 일어나자, 식자(識者)들이 너 나 할 것 없이 추천하여 광릉 참봉(光陵參奉)에 임명되었다. 무진년(1628, 인조6)에 빙고 별제(氷庫別提)로 옮겼으나, 군은 이미 풍질(風疾)에 걸려 직책을 맡을 수 없었다. 그렇게 18년 지난 을유년(1645) 7월에 마침내 운명하였으니, 아아, 기구하도다.

군은 선을 좋아하고 화락한 성품을 지녔으며, 가려서 해야 할 말은 입에 담지 않았다. 어머니 김씨(金氏)를 지극한 효성으로 봉양하였고,

4 허장생(許長生) : 1583~1645. 본관은 양천(陽川), 자는 수백(壽伯)이다. 1609년(광해군1) 생원시 3등으로 급제하였다. 이민구는 1609년에 생원시에서 2등, 진사시에서 1등으로 급제하였다.

5 김효성(金孝誠) : 1585~1651. 본관은 광산(光山), 자는 행원(行源)이다.

벗들과는 의리로써 미덥게 하였다. 일을 조치하고 사람들을 대할 때 한결같이 성실하게 하여 거짓으로 꾸미는 일이 없었다. 비록 병에 걸려 위독할 때라도 의관을 단정히 갖춰 입지 않은 적이 하루도 없었다. 죽음을 앞두고는 부녀자들을 자신에게 가까이 오지 못하게 하고, 또 후하게 장사 지내지 말도록 경계시켰다. 평소 기른 바가 이와 같았다.

군의 자는 수백(壽伯), 본관은 양천(陽川)이다. 대사헌 휘(諱) 응(應)은 7대조이고, 돈녕부 첨정(敦寧府僉正) 휘 연(衍), 군자감 봉사(軍資監奉事) 휘 안번(安蕃), 전함사 별제(典艦司別提) 휘 심(諶)은 군의 증조(曾祖) 이하 3대 선조(先祖)이다. 군의 여러 대 조상들이 외아들로 전해져 내려왔는데, 군이 네 살 되던 해에 아버지를 여의었고, 안씨(安氏)와 김씨(金氏)에게 두 번 장가들었으나 끝내 후사(後嗣)가 없어서 친족의 아들 회(回)를 양자로 삼아 제사를 잇게 하였다. 그의 기구한 운명은 죽음에 이를 때까지 더욱 심하였으니, 슬프도다. 장지는 광주(廣州) 광진(廣津) 남쪽 기슭으로, 물줄기에서 1리 떨어진 곳이다. 다음과 같이 명을 짓는다.

남에게 부족한 것이	不足於人者
나에게 넉넉하기도 하고	或裕於己
살아서 얻지 못한 것이	不得於生者
죽어 남아나기도 하지	或贏於死
의리와 선을 행하였으니	行義與善
마땅히 복을 받아야 하는데	宜受以祉
병에 걸려 그만두고	而以病廢
끝내 자식도 없으니	而卒無子

이른바 천도는 倘所謂天道

과연 어디에 있단 말인가 果安在是也耶

형조 참의 조공 묘갈명 병서○기축년(1649, 인조27) 이후
刑曹參議趙公墓碣銘 幷序○己丑以後

형조 참의(刑曹參議) 조경진(趙景禛) 공의 자(字)는 수지(綏之)인데, 나보다 10년 앞선 기묘년(1579, 선조12)에 태어났다. 나는 어려서부터 나이 많은 사람들을 따라 놀기를 좋아하여 함께 어울리던 사람들이 대부분 견수(肩隨)[6] 이상이었는데, 그중에서 유독 조공(趙公)과의 관계가 매우 깊었다. 어느 날 술자리에서 나를 돌아보며 "여기에 동석(同席)한 10여 명은 모두 자네에게 묘지명(墓誌銘)[7]을 부탁하여 번거롭게 할 것이네."라고 하였으니, 대개 내가 가장 어린 것을 놀리느라 한 말이었다. 뒤에 공이 마침내 무자년(1648, 인조26)에 병석에서 일어나지 못하고 운명하여, 파평(坡平) 조리동(條里洞) 임좌(壬坐)의 등성이에 안장하였다. 장사를 지내고 공의 집안사람이 나에게 묘

6 견수(肩隨) : 조금 뒤에서 어깨를 나란히 하고 걷는다는 뜻으로, 5년 정도의 나이 차이가 나는 것을 말한다. 수견(隨肩)이라고도 한다. 《예기》 〈곡례 상(曲禮上)〉에 "나이가 배나 더 많은 사람에게는 아버지처럼 섬기고, 10년이 더 많은 사람에게는 형처럼 섬기고, 5년이 더 많은 사람과는 어깨를 나란히 하고 걷되 조금 뒤에서 따라간다.〔年長以倍, 則父事之, 十年以長, 則兄事之, 五年以長, 則肩隨之.〕"라고 하였다.

7 묘지명(墓誌銘) : 유묘(諛墓)는 유묘금(諛墓金)이라고도 하는데, 무덤 속의 사람을 칭찬해 주고 얻은 돈이라는 뜻으로, 후세에 묘도문자(墓道文字)를 흔히 유묘문(諛墓文)이라고 한다. 당(唐)나라 때의 절사(節士)인 유차(劉叉)가 일찍이 한유(韓愈)와 종유하였다. 한번은 한유가 묘지명을 써주고 받은 금(金) 수근(數斤)을 채 가면서 "이는 모두 무덤 속의 사람에게 아첨하여 얻은 것이니, 나에게 주어서 장수를 비는 것만 못하다.〔此諛墓中人所得也, 不若與劉君爲壽.〕"라고 하였다. 《新唐書 卷176 劉叉列傳》

갈명을 부탁하면서 말하기를 "공의 유언(遺言)[8]입니다."라고 하였다. 아아, 지난날 은근하게 던졌던 그 말씀이 사람을 더욱 슬프게 한다.

공의 자품(資稟)은 기개(氣槪)가 빼어나고 의기가 당당하였다. 젊어서부터 빈객을 좋아하였는데, 사귀는 사람들은 모두 당대의 명사로 손꼽히지 않는 이가 없었다. 늘그막에도 손님을 좋아하는 마음이 식지 않고 더욱 심하여 함께 어울려 즐겁게 지냈다. 본성이 음주를 그다지 좋아하지는 않았지만, 술 마시는 사람과 함께 취하고 깨기를 마다하지 않았다. 그러나 호기가 넘치는 요인(要人) 중에 취미가 다른 사람들의 경우, 그들이 비록 문 앞에 찾아와도 거들떠보지 않았으니, 이 때문에 거만하다는 평판을 얻기도 하였다. 그러나 벗들 가운데 곤경을 만나거나 상사(喪事)를 당한 사람이 있으면, 이롭거나 이롭지 못한 때를 따지지 않고 홀로 오가며 보살폈는데, 오로지 기절(氣節)과 의리(義理)에 힘써서 은근한 정성을 다하였으니, 사람들이 모두 공을 아끼고 존모하였다.

처음에 공이 약관(弱冠)의 나이에 아버지를 여의었는데, 당시 난리를 피해 떠돌며 사는 상황이었는데도 장사를 지내고 제사를 지냄에

8 유언(遺言) : 치명(治命)은 이명(理命)이라고도 하며, 사람이 죽음에 임박하여 정신이 맑은 상태에서 내리는 유언을 이른다. 어버이의 유언은 치명과 난명(亂命)으로 구분하는데, 치명은 바른 정신이 있어서 사리 판단을 할 수 있을 때에 내린 것이고, 난명은 정신이 착란한 상태에서 내린 것을 말한다. 위 무자(魏武子)에게 폐첩(嬖妾)이 있었는데, 폐첩이 자식을 두지 못하였다. 무자가 병이 들자 아들 과(顆)에게 명령하기를 "내가 죽으면 반드시 폐첩을 시집보내라.〔必嫁是〕" 하더니, 병이 심해지자 "반드시 폐첩을 순장하라.〔必以爲殉〕" 하였다. 무자가 죽자, 과는 아버지의 폐첩을 시집보내면서 "병이 심하면 정신이 착란하게 되니, 나는 치명을 따르겠다.〔疾病則亂, 吾從其治也.〕"라고 하였다. 《春秋左氏傳 宣公15年》

예의를 다하였으니, 정성과 신중함에 조금도 부족함이 없었다. 모친 성 부인(成夫人)을 봉양함에 효성을 다하였다. 부인의 연세가 팔순에 이르자, 공은 홍서봉(洪瑞鳳)[9]과 장유(張維)[10] 두 상공(相公) 이하 장수(長壽)하는 어머니를 모시는 십수 명과 약속하여, 봄가을로 연회를 열고 술잔을 올려 축수(祝壽)하니, 도성 사람들이 모두 모여 구경하였다. 그 사실이 임금께 알려지자, 임금께서 특별히 따뜻한 솜옷과 궁중의 술을 내려 빛내 주셨다.

공은 병오년(1606, 선조39)에 상사생(上舍生)을 거쳐 음보(蔭補)로 의금부 도사(義禁府都事)가 되었고, 전례에 따라 주부(主簿), 사헌부 감찰(司憲府監察), 호조 좌랑(戶曹佐郞)에 올랐다. 양성 현감(陽城縣監)으로 나갔다가 권력 있는 사람의 미움을 받아 파직되었다. 기미년(1619, 광해군11)에 과거에 급제하여 형조의 낭관(郎官)에 임명되고, 황해도 관찰사의 막좌(幕佐)로 나갔다. 광해군(光海君)이 모후(母后 인목대비(仁穆大妃))를 서궁(西宮)에 유폐(幽閉)시키고 삼엄하게 지키며 비상사태를 경계하느라 새벽까지 딱따기를 울렸다. 공이 분사(分司)로서 병조(兵曹)에서 숙직하다가 밤에 일어나 울면서 말하기를 "신하로서 차마 들을 수가 없다."라고 하더니, 마침내 집안에 누워 두문불출하였다.

계해반정(癸亥反正) 뒤에 내직으로는 형조(刑曹)와 호조(戶曹)의

9 홍서봉(洪瑞鳳) : 1572~1645. 본관은 남양(南陽), 자는 휘세(輝世), 호는 학곡(鶴谷), 시호는 문정(文靖)이다.《鶴谷集 附錄上 請諡行狀》

10 장유(張維) : 1587~1638. 본관은 덕수(德水), 자는 지국(持國), 호는 묵소(嘿所)・계곡(谿谷)이다.《白軒集 卷36 右議政新豐府院君張公諡狀》

정랑(正郎), 한성부 서윤(漢城府庶尹), 종친부 전첨(宗親府典籤), 군기시(軍器寺)·장악원(掌樂院)·군자감(軍資監)·종부시(宗簿寺)의 정(正), 성균관(成均館)의 전적(典籍)·사예(司藝), 통례원(通禮院)의 상례(相禮)·통례(通禮)에 서용(敍用)되었다. 배경(陪京)으로는 개성부(開城府)의 도사(都事)와 경력(經歷)을 지냈다. 외직으로는 임천(林川)과 서산(瑞山)의 군수(郡守)에 임명되었다. 최후에는 태상시(太常寺)에서 임기를 마치고, 통정대부(通政大夫)에 올라 첨지중추부사(僉知中樞府事), 공조와 형조의 참의(參議)를 지냈다. 연안 부사(延安府使)와 정주 목사(定州牧使)에 임명되었으나, 모두 병 때문에 부임하지 않았다.

임오년(1642, 인조20)에 여주 목사(驪州牧使)로 나갔는데, 청나라 사신이 장차 올 것이라는 소식을 듣고 탄식하기를 "의리상 내 어찌 늙은 몸으로 티끌세상 속에서 골몰하겠는가."라고 하고, 벼슬을 그만두고 돌아왔다. 을유년(1645)에 서천 군수(舒川郡守)가 되었는데, 나이는 더 많아지고 문서 처리에 마음이 고달파서 3년 뒤에 병을 핑계로 사면하려 하였다. 그런데 아전과 백성들이 분주히 유임(留任)을 청하자, 방백(方伯)이 여망(輿望)에 몰려 4개월이 지난 다음에야 비로소 체직을 조정에 보고하였다.

공은 평소 성품이 강직하여 부드럽고 원숙한 태도와 안색을 보이지 않았고, 제공(諸公)들을 찾아가 청탁하는 것을 좋아하지 않았기 때문에 벼슬길이 순탄하지 못하여 이리저리 거쳐 간 관부(官府) 또한 많았다. 그러나 여러 번 임명되었다가도 자주 좌절되어 뜻대로 되지 않는 것이 있었고, 또한 스스로도 거취(去就)를 가볍게 결정하여 일찍이 한 직책에 오래 머물지 않았기 때문에 끝내 크게 드러나지 못했으니,

아아, 운명이로구나.

평양 조씨(平壤趙氏)는 고려 때에 문하시중(門下侍中)을 지낸 정숙공(貞肅公) 인규(仁規)[11]가 있었다. 인규의 4세(世) 문충공(文忠公) 준(浚)[12]은 우리 태조(太祖)의 개국(開國)을 도와 평양백(平壤伯)에 봉해졌다. 2대를 지나 전력부위(展力副尉) 강(綱)을 낳았는데, 후사(後嗣)가 없어서 형 증(贈) 좌찬성(左贊成) 기(紀)의 아들 원효(元孝)를 취하여 후사로 삼았으니, 이분이 증 좌통례(左通禮)이다. 이분이 또 후사가 없어서 형 별좌(別坐) 원례(元禮)의 아들 휘 현(玹)을 취하여 후사로 삼았다. 이분이 증 좌승지(左承旨) 중추부 경력(中樞府經歷)을 역임하였으니, 곧 공의 선고(先考)이다.

공은 부제학(副提學) 송응순(宋應洵)[13] 공의 딸에게 장가들었으나, 부인은 일찍 운명하였다. 그러므로 영의정(領議政)에 증직된 좌참찬(左參贊) 이준(李準)[14] 공의 딸에게 다시 장가들었다. 부인은 여사(女士)의 행실이 있었으나, 또한 공보다 먼저 운명하였다. 아들 하나를

11 조인규(趙仁規) : 1237～1308. 본관은 평양(平壤), 자는 거진(去塵), 시호는 정숙(貞肅)이다. 평양부(平壤府) 상원(祥原)의 미미한 가문 출생이었으나, 몽고어 통역관으로 출세해 권문세가의 반열에 올랐으며, 충렬왕 때 평양군(平壤君)에 봉해졌다. 《高麗史 卷88 趙仁規列傳》

12 조준(趙浚) : 1346～1405. 본관은 평양, 자는 명중(明仲), 호는 우재(吁齋)·송당(松堂)이다. 이성계를 추대하여 조선의 개국에 큰 역할을 하였다.

13 송응순(宋應洵) : 1547～1611. 본관은 은진(恩津), 자는 공신(公信), 호는 소옹(簫翁)·춘호(春湖)이다.

14 이준(李準) : 1545～1624. 본관은 전주(全州), 자는 평숙(平叔), 호는 나진자(懶眞子)·서파(西坡), 시호는 숙헌(肅憲)이다. 《樊巖集 卷39 贈嘉善大夫吏曹參判…… 蒼石先生李公行狀》

낳았으나 성장하지 못했으므로, 말년에 세질(世侄) 곽(礭)으로 후사(後嗣)를 삼았다. 그 선세(先世)에 여러 차례 대가 끊어졌다가 여러 차례 이어졌으니, 어쩌면 이것 또한 천명(天命)이란 말인가. 공이 처음에 강보(襁褓)에 싸인 족손(族孫) 성(磮)[15]을 취하였는데, 이 부인(李夫人) 형제의 아들 덕주(德周)[16]까지 두 사람을 모두 자신의 소생처럼 길렀다. 이때에 이르러 성과 덕주가 상복(喪服)을 입어 공의 망극(罔極)한 은혜에 보답하고, 또 내게 와서 묘갈명을 요청하였다. 다음과 같이 명을 짓는다.

조씨는 평양에서 일어나	趙發西京
이미 그 근원 드넓으니	旣洪其源
대가 끊기기도 하고 이어지기도 했지만	或絶或續
대대로 인재 있었네	不匱有人
공이 그 실마리 계승하여	公承厥緖
높은 지위에도 오르고 장수도 누렸으니	有位有年
지위는 형조 참의였고	位貳臬司
연세는 칠십[17]이었네	年登致政

15 조성(趙磮) : 1625~1680. 본관은 평양, 자는 숙옥(叔玉), 호는 죽헌(竹軒)이다.

16 이덕주(李德周) : 1617~1682. 본관은 전주, 할아버지는 이준(李準), 아버지는 이방익(李邦益)이다.

17 칠십 : 치정(致政)은 70세를 뜻한다. 《예기》 〈왕제(王制)〉에 "50세가 되면 작위를 받고, 60세가 되면 직접 배우지 않고, 70세가 되면 정사를 내놓는다.〔五十而爵, 六十不親學, 七十致政.〕"라고 하였다. 조경진은 1579년(선조12)에 태어나 1648년(인조26)에 운명하였으므로, 향년 70세였다.

오직 때에 맞지 않았으니	維舛於時
누가 그 권병 주관했는가	孰尸厥柄
때를 만나는 것은 운명일 뿐	遭逢者命
선량한 사람인지 어리석은 사람인지는 무관하지	不繫淑愚
하늘에 무슨 죄 지었기에	奚辜于天
어린 자식 급히 앗아갔나	亟奪呱呱
어찌 동종의 사람 없으랴	豈無同宗
할아버지에게 손자가 되었네	于祖爲孫
저 울창한 산기슭에	彼菀之麓
제사 면면이 잇고	祀事以綿
돌에 새겨 묘 앞에 세워	刻石樹墟
지하에 계신 넋을 위로하노라	以慰下泉

안음 현감 정군 묘갈명 병서
安陰縣監鄭君墓碣銘 幷序

나는 일찍이 안음 현감(安陰縣監) 정군(鄭君)을 잘 알고 있었다. 정군은 공손하고 삼가며 사양할 줄 아는 군자의 자질이 있고, 신중하고 면밀하며 법도가 있었다. 집에서는 효성을 다해 어버이를 섬겼고, 상을 당해서는 여막에서 지내며 예제를 다 지켰다. 형제간에 우애 있게 지내고 향당의 사람들과 화목하였으니, 향당의 사람들이 칭송하였다. 재물은 소홀히 여기고 기절(氣節)과 도의(道義)를 중시하였기에 처가(妻家)인 한씨(韓氏) 집안에서 노비를 지나치게 많이 주었다고 여겨, 훗날 재산을 분할할 때 그 문서를 불사르고 살피지 않았다.

임진왜란을 만나자, 정군이 고을의 장로(長老)들에게 울며 말하기를 "어가(御駕)가 파천(播遷)하고 나라의 존망이 가느다란 실에 매달린 지경인데, 처자식을 끼고서 좋은 옷을 입고 맛난 음식을 먹으며, 변방에 계신 임금께 달려가 문안하지 않는다면 의리와 분수로 볼 때 어떠하겠습니까."라고 하였다. 그리고는 곡식을 모아 바닷길로 수천 리를 가서 행재소(行在所)에 도달하니, 임금께서 특별히 6품의 관직에 임명하셨다.

얼마 후 남쪽으로 돌아오자, 향인들이 임시로 고을의 일을 맡기므로 일을 힘써 처리하였다. 왜적이 평정되자, 사헌부 감찰(司憲府監察), 호조 좌랑(戶曹佐郞), 내자시 주부(內資寺注簿)에 임명되었다. 최후에 연천(漣川)과 안음(安陰)의 현감으로 나갔는데, 고을은 잘 다스려지고 일도 잘 시행되어 백성들이 편안하게 여겼다. 마침내 그 고을에서 늘그막까지 지내다가 77세에 운명하였다.

선비들이 평소에는 얼굴을 들고 의리를 말하면서 스스로 인륜을 다 한다고 하다가도, 난국을 만나면 새나 짐승처럼 도망가서 숨지 않는 사람이 없다. 그러나 오직 정군은 먼 시골에서 일어나 목마른 사람이 물을 찾는 것처럼 의리를 위해 달려가 능히 훌륭한 절의를 드러냈으며, 조정에 나가서도 명성이 있었다.

정군의 이름은 사횡(思竑), 본관은 경주(慶州)이며, 순천(順天)에서 거주하였다. 예조 참의(禮曹參議) 효종(孝終), 갑선(甲先), 내(鼐), 그리고 무과(武科)에 두 번 급제하여 명성이 있었던 판관(判官) 승복(承復)이 정군의 4대 선조(先祖)이다. 부인 한씨(韓氏)는 감역(監役) 수억(壽億)의 딸이며, 영의정(領議政) 효원(效元)[18]의 증손이다. 명망가의 후예로 아름다운 덕이 있었고, 정군과 같은 해에 태어나 같은 해에 운명하였다. 두 아들을 두었는데, 희(憘)는 상생(庠生)이고, 회(懷)는 상사생(上舍生)인데 모두 일찍 운명하였다. 네 딸은 충의(忠義) 조기번(趙基蕃), 감역(監役) 이기영(李耆英), 판관(判官) 이우신(李遇臣), 상생 김우(金俁)에게 시집가서 모두 자녀를 두었다.

정군의 두 아들은 모두 후사(後嗣)가 없었지만, 모두 어진 아내를 두었다. 맏며느리는 김영진(金英振)의 딸인데, 미망인이 되자 홀로 살지 않겠다고 맹세한 뒤 곡기를 끊고 따라 죽었다. 이 일이 조정에 알려져 정려(旌閭)가 세워졌다. 막내며느리는 권극량(權克亮)[19]의 딸인데,

18 한효원(韓效元) : 1468~1534. 본관은 청주(淸州), 자는 원지(元之), 호는 오계(梧溪), 시호는 장성(章成)이다.《忍齋集 卷2 有明朝鮮國大匡輔國崇祿大夫……世子師贈諡章成韓公神道碑銘 幷序》

외롭게 슬픔을 머금은 채[20] 스스로의 힘으로 집안을 유지하였다. 이미 정군을 송현(松峴)으로 이장하고 비석을 마련하여 무덤을 표시한 다음, 나의 글을 빌려 영원히 후세의 사람들에게 보여 주려고 하니, 아아, 어질도다. 다음과 같이 명을 짓는다.

어찌 그 마을을 보지 않으랴	盍視其閭
정려가 높이 솟았네	有揭旌楔
어찌 그 무덤을 보지 않으랴	盍視其藏
커다란 비석 서 있네	有穹樹碣
아아 정군이여	噫噫鄭君
아들은 없어도 며느리 있어	無子有婦
능히 충효를 다하였으니	惟克孝忠
있는 것이나 한가지로다	尙類其有

19 권극량(權克亮) : 1584~1631. 본관은 안동(安東), 자는 사임(士任), 호는 동산(東山)이다.

20 슬픔을 머금은 채 : 막내며느리가 남편을 잃은 슬픔을 간직하고 살았다는 말이다. 함휼(銜恤)은 근심을 품는다는 뜻으로, 본래는 부모가 세상을 떠나 의지할 곳 없는 자식의 근심을 의미한다. 《시경》 〈육아(蓼莪)〉에 "아버지가 없으면 누구를 믿으며, 어머니가 없으면 누구를 믿을까. 나가면 근심을 품고, 들어오면 이를 곳 없네.〔無父何怙, 無母何恃. 出則銜恤, 入則靡至.〕"라고 하였다.

밀양 부사 이공 묘갈명 병서

密陽府使李公墓碣銘 幷序

이유달(李惟達) 공의 자는 겸선(兼善)이다. 나와 함께 임자년(1612, 광해군4)에 과거에 급제하여 평소 서로 흠모하며 매우 즐겁게 지냈다. 일찍이 밀양 부사(密陽府使)가 되었는데, 성종(成宗)을 섬기면서 직언(直言)을 잘했고 연산군 때에 억울하게 죽은 헌납(獻納) 박한주(朴漢柱)[21]가 본래 밀양 사람이었다. 공이 부임한 뒤에, 서신으로 나의 글을 요청해 박한주가 살던 마을을 표시함으로써 무너진 풍속을 진작시키려고 하였다. 대개 공의 생각은 영원히 사라지지 않을 좋은 글을 나에게 맡길 만하다고 잘못 여겼던 것인데, 나는 그 후의에 매우 부끄러워 글은 완성하였으나 돌에 새겨 넣지 못하였다. 그런데 공이 이듬해 숭정(崇禎) 을해년(1635, 인조13)에 병으로 운명하니, 향년 겨우 57세였다. 나는 지금까지도 비통한 마음을 금할 수 없다. 공의 아들이 행장(行狀)을 소매 속에 넣어 가지고 와서, 나에게 묘갈명(墓碣銘)을 요청하며 말하기를 "이것이 아니면 제 선친(先親)을 영원히 전할 수 없습니다. 또 선생께서 그 남은 자손을 감싸 주고 돕는 것도 아마 여기에 있을 것입니다."라고 하였다. 아아, 이 말은 곧 공의 뜻이었을 것이다.

21 박한주(朴漢柱) : 1459~1504. 본관은 밀양(密陽), 자는 천지(天支), 호는 우졸재(迂拙齋)이다. 1498년(연산군4) 무오사화 때 평안북도 벽동(碧潼)으로 유배되었고, 1504년 갑자사화에 연루되어 처형당하였다.

공은 지극한 성품을 소유하여 단정하고 성실하였으니, 사귀기는 쉬웠으나 허물없이 가까워지기는 어려웠다. 평소 일찍이 크게 소리치거나 성난 낯빛을 보이지 않았으며, 지나치게 겸손하여 의관조차 견뎌내지 못할 것 같았다. 그러나 일을 만나면 스스로 주도하여 능히 그 정도를 잃지 않았다. 벗들과 어울리는 곳에서 오래 있어도 더욱 엄격하였으니, 일찍이 고결한 체 꾸며서 남들과 영합하기를 구하지 않았다.

집안에서의 행실이 잘 갖추어져서, 계모 황씨(黃氏)를 정성을 다하여 봉양하며 백발이 되도록 한결같았다. 맛난 음식을 얻으면 반드시 가지고 돌아가서 올렸으며, 일찍이 계모의 뜻을 미리 헤아려 기쁘게 하지 않은 적이 없었으므로, 황씨가 편안히 여겼다. 제사가 돌아오면 제물을 갖추고 공경을 다하여 몸소 제수 준비를 살폈는데, 일찍이 풍성하면서도 깨끗하지 않은 적이 없었다. 족형(族兄) 유종(惟宗)과 한집에서 10년을 같이 살며 의복과 음식을 서로 주고받으며 지냈는데, 종들이 일찍이 흠잡는 말을 하지 않았다. 관직을 맡아서는 청렴하고 결백하며 삼가고 부지런하였을 뿐 명예를 취하지 않았다. 고을살이할 때마다 번번이 기록할 만한 공적이 있었으므로 여러 번 임금의 칭찬을 받았고, 임지를 떠난 뒤에는 일찍이 백성들의 사모함을 받지 않은 적이 없었다.

공은 젊어서 사부(詞賦)를 공부하여 향시(鄉試)에서 장원하였고, 병오년(1606, 선조39)에 성균관에 들어갔다. 과거에 급제한 뒤에는 승문원 정자(承文院正字)에 뽑히고 시강원 설서(侍講院說書)와 승정원 주서(承政院注書)를 역임하였는데, 어떤 일로 인하여 권세 있는 관리에게 밉보여 해미 현감(海美縣監)이 되었다. 내직으로 들어와 사헌부 감찰(司憲府監察)과 병조 좌랑(兵曹佐郎)이 되었다.

계해년(1623, 인조1)에 인조(仁祖)께서 즉위하시자, 어사(御史)에 충원되어 호남에 선유(宣諭)하였다. 그 뒤로 조정에서 13년 동안 벼슬하면서, 제조(諸曹)의 경우 예조(禮曹)와 병조(兵曹)의 정랑(正郎)을, 사유(師儒 성균관)의 경우 직강(直講)과 사예(司藝)를, 각사(各司)의 경우 제용감(濟用監)·예빈시(禮賓寺)·군자감(軍資監)·군기시(軍器寺)·종부시(宗簿寺)·사도시(司䆃寺)의 정(正)을, 세자시강원(世子侍講院)의 경우 사서(司書)·문학(文學)·필선(弼善)을, 사헌부(司憲府)의 경우 지평(持平)·장령(掌令)·집의(執義)를 역임하였다. 겸관(兼官)은 지제교(知製敎)와 춘추관 기주관(春秋館記注官)이었다. 외직(外職)의 경우 경기 도사(京畿都事), 광주 목사(光州牧使), 밀양 부사(密陽府使)를 지냈으니, 이상이 공의 이력이다.

처음 성종(成宗) 강정대왕(康靖大王)에게 지자(支子) 휘(諱) 수(㥪)가 있었는데, 작호(爵號)는 완원군(完原君), 시호(諡號)는 소도공(昭悼公)이다. 이성군(伊城君) 휘 수강(壽剛)과 의원군(義原君) 휘 억(億)과 신흥 군수(莘興郡守) 휘 몽윤(夢尹)으로 전해졌다. 충의위(忠義衛) 휘 찬(璨)에 이르러 밀양 박씨(密陽朴氏) 사의(司議) 효원(效元)의 딸에게 장가들었으니, 이분들이 공의 선고(先考)와 선비(先妣)이다.

공의 부인 숙부인(淑夫人) 진천 송씨(鎭川宋氏)는 출가 전에도 출가 후에도 공손하고 또한 온화하였으며, 공보다 앞서 모월(某月) 모일(某日)에 운명하였다. 아들은 담(罈)이며, 두 딸은 관찰사(觀察使) 윤명은(尹鳴殷)과 사인(士人) 김경주(金慶胄)에게 출가하였다.

공은 너그럽고 온화하며 순수하고 독실하였다. 안으로 기량을 지녔지만 밖으로 드러내어 꾸미고 과장하는 행실이 없었는데, 나이와 지위가 그 덕에 미치지 못하였으니, 식자(識者)들이 천도(天道)를 의심하였다. 오직 공의 아들 담(譚)이 삼가고 조심하며 그 가문을 이어가고 또 자손이 끊이지 않았으니, 아마도 이른바 천도가 여기에 있는 것인가. 다음과 같이 명을 짓는다.

질박하면 저속하고	質則近俚
꾸미면 방자해지니	或文而肆
휩쓸리는 것과 오기 부리는 것은	惟隨與敖
둘 다 같은 문제점이 있기 마련이지	弊一于二
온화하고 공손한 사람	溫溫恭人
뽐내지도 않고 자만하지도 않아	不矜不盈
말할 때는 어눌한 것처럼 했고	出言若吶
종요로움을 잡아 바름에 거하였네	操約居貞
처음에 외로운 몸 떨쳐 일으켜	始奮孤身
바른 자취 물들여	漸厥矩武
조정에 모범 되니	儀于朝署
그 위의 드날렸네[22]	有翽其羽
심은 덕 도타우니	有樹其惇
높은 지위 올라 끝내 명예롭게 되어야 하는데	歷敭終譽
어찌 장수도 누리지 못하고	胡不戴茂
지위는 대부에 그치고 말았던가	而止大夫

22 조정에……드날렸네 : 이유달이 조정 관리로서 모범적인 인물이었다는 말이다. 《시경》 〈권아(卷阿)〉에 "봉황이 나니, 그 깃이 퍼덕인다.〔鳳凰于飛, 翽翽其羽.〕"라고 하였는데, 여기서는 이유달의 아름다운 위의를 표현한 말이다.

저 둥근 무덤에　　彼罣之丘
이 빗돌 세우니　　有揭斯石
내가 내 글을 새겨　　我銘我辭
삼가 그 무덤 표시하노라　　式表窀穸

용궁 현감 이공 묘갈명 병서

龍宮縣監李公墓碣銘 幷序

이영기(李榮基) 군은 나와 내외종(內外從) 사이로, 태백산의 남쪽에 은거하고 있다. 그의 선친(先親) 용궁공(龍宮公)의 무덤 앞에 비석 글을 새기기 위해 천 리 길을 달려와 나에게 글을 지어 달라고 하니, 이것이 효자의 뜻이다. 그러나 용궁공이 세상을 떠난 지 이제 57년이라는 오랜 세월이 흘렀기 때문에 먼 과거의 사실이 되었고 기록마저 드무니, 공의 진면모를 잘 드러내지 못할까 두렵다.

생각건대 나라의 제도와 법령에 벼슬을 하는 방법이 매우 많지만, 유독 태학(太學)의 공천(公薦)은 가장 까다롭게 선발하니, 반드시 학문이 뛰어나고 행실을 완비한 사람 가운데 여러 번 과거에 응시했다가 낙방한 사람을 골라 위의 요구에 부응한다. 이미 관직 경력이 쌓이게 되면 사헌부 감찰(司憲府監察)을 가장 까다롭게 선발한다. 이 자리에 있다가 외직으로 나아가 현감이 되는데, 그 관직에 오래 머물기는 더욱 어렵다.

용궁공은 어려서부터 글을 잘 지었고 글씨도 잘 썼으므로 머지않아 벼슬길에 나갈 것이라고 생각했는데, 불행하게도 끝내 급제하지 못하였다. 태학의 천거를 받아 후릉 참봉(厚陵參奉)에 임명되었다가 감찰로 옮기고, 용궁 현감(龍宮縣監)이 되어 5년을 채우고 돌아왔으니, 대개 공이 인간 세상에서 이룬 것이 이와 같다. 그러나 오직 하늘은 거짓을 용납하지 않으니, 그 사람을 직접 보지 못했다면 그 사람의 자손을 보아야 한다. 선비들 가운데 높은 벼슬에 올라 당대에 혁혁하게 명성을 드러내고도 사후(死後)에 자손이 쇠퇴하고 무덤마저 무너진 사람이 얼마나 많은가.

용궁공은 두 번 장가들었다. 첫 번째 부인 광릉 안씨(廣陵安氏)는 세 딸을 두었다. 맏딸은 김우량(金友良)에게 출가하여 두 아들 유용(有容)과 유정(有定)을 낳았다. 둘째 딸은 김돈(金惇)에게 출가하였다. 셋째 딸은 좌통례(左通禮) 신성기(辛成己)에게 출가하여 두 아들 안동판관(安東判官) 경(暻)과 전라 좌수사(全羅左水使) 유(臑), 그리고 이첨(李檐), 이종선(李宗先), 유흥도(柳興道), 박성(朴晟)에게 출가한 네 딸을 낳았다.

두 번째 부인 황씨(黃氏)는 2남 2녀를 낳았다. 장남 창기(昌基)는 아들 시무(時茂)와 시화(時華), 시전(時荃), 그리고 정호례(鄭好禮)와 민성원(閔成源)에게 출가한 딸을 낳았다. 차남은 곧 영기(榮基)로, 아들 시겸(時謙), 시함(時咸), 시항(時恒), 시진(時晉), 시복(時復), 그리고 김훈(金薰)과 김계광(金啓光)에게 출가한 딸을 낳았다. 맏딸은 황립(黃岦)에게 출가하여 진형(震亨)과 이형(履亨)을 낳았다. 둘째 딸은 홍수하(洪壽河)에게 출가하여 자달(自達)과 자일(自逸)을 낳았다. 내외(內外)의 증손(曾孫)과 현손(玄孫)이 대단히 많아, 봄가을과 세사(歲事)에 향불이 꺼지지 않는다. 또 공이 별세한 지 57년 뒤에 자손들이 빗돌을 세워 영원히 사라지지 않게 하려고 도모하고 있는 것이다. 공이 하늘에서 얻은 것이 또 이와 같으니, 이것을 새길 만하다.

처음 태종대왕(太宗大王)에게 지자(支子) 근녕군(謹寧君) 농(襛)[23]

23 이농(李襛) : 1401~1461. 태종(太宗)의 넷째 아들로, 어머니는 후궁 신빈(信嬪) 영월 신씨(寧越辛氏)이다.

이 있었다. 그 후세에 우산군(牛山君) 종(踵)[24]과 한산정(韓山正) 정(挺)과 신양 군수(信陽郡守) 회(淮)와 사포 별제(司圃別提) 민(敏)이 있었으니, 이분들이 공의 4대 선조(先祖)이다. 공의 휘(諱)는 성립(成立), 자(字)는 탁이(卓爾)이다. 가정(嘉靖) 무자년(1528, 중종23)에 태어나 만력(萬曆) 갑오년(1594, 선조27)에 운명하였다. 풍양(豐壤)에 있는 선영(先塋)의 모좌(某坐) 등성이에 장사 지내고, 두 번째 부인 황씨를 합장하였다. 다음과 같이 명을 짓는다.

명성 혁혁한 저 사람도	彼人赫赫
그 무덤이 끝내 황폐해지기도 하나니	封墓卒荒
자손이 기반 버리면	有子棄基
무덤 온전하기를 어찌 바라랴	丘壟何望
오직 풍양의 등성이에	維豐有麓
빗돌 세워 묘갈명 새겼으니	維碣有詩
대부의 무덤을	大夫之藏
효자가 경영했어라	孝子之爲
누군들 부모 없으랴	誰無父母
그 은혜 어찌 끝이 있으랴	曷其有極
모든 세상 사람들은	凡爾賢愚
다 이 빗돌을 볼지어다	咸睹斯石

24 이종(李踵) : ?~1506. 본관은 전주(全州), 자는 계이(繼而), 호는 정재(靜齋)이다. 근녕군 이농의 둘째 아들이다.

충청도 관찰사 윤공 묘갈명 병서

忠淸道觀察使尹公墓碣銘 幷序

나 민구(敏求)가 어렸을 적에 관서 지방으로 병든 어버이를 뵈러 가면서 황주(黃州)를 거치게 되었는데, 황주 목사(黃州牧使) 윤공(尹公)은 선친의 벗으로, 매우 후하게 나를 돌보아 주셨다. 당시 내가 비록 어린 나이였지만, 그 고마움이 뚜렷하게 마음에 남았다. 10년이 지난 신해년(1611, 광해군3)에 공을 정침(正寢)에서 곡하고, 지금 또 40년이 지난 시점에 글을 지어 공의 묘도(墓道)에 표시하니, 지난날 더벅머리였던 나도 어느새 늙은이가 되었다. 인간세상을 돌아보며 어찌 서글픈 마음이 들지 않겠는가.

삼가 살피건대, 공의 휘(諱)는 경립(敬立), 자는 존중(存中)이다. 비조(鼻祖) 신달(莘達)은 출사하여 고려 태조(太祖)의 개국을 도왔다. 영평백(鈴平伯) 관(瓘)[25]은 오랑캐를 평정하고 국경을 개척하여 그 공로가 역사책에 수록되었다. 14대를 지나 돈녕부 도정(敦寧府都正) 휘 지숭(之崇)은 좌승지(左承旨)에 추증되었으니, 이분이 공의 고조(高祖)이다. 이분이 휘 정림(廷霖)을 낳았으니, 이성 현감(利城縣監)을 역임하고 이조 참판(吏曹參判)에 증직되었다. 이분이 휘 희렴(希廉)을 낳았으니, 경산 현령(慶山縣令)을 역임하고 이조 판서(吏曹判書)에 증직되었다. 선고(先考) 휘 국형(國馨)[26]은 선조(宣祖)의 지우(知遇)를

25 윤관(尹瓘) : ?~1111. 본관 파평(坡平), 자는 동현(同玄), 시호는 문숙(文肅)이다. 예종(睿宗)의 묘정에 배향되었다.

받았고 공조 판서(工曹判書)를 역임하였다. 선비(先妣) 조씨(趙氏)는 평양백(平壤伯) 준(浚)[27]의 후손으로, 경력(經歷) 수(琇)의 딸이다. 가정(嘉靖) 신유년(1561, 명종16)에 공을 낳았다.

공은 자질이 혼후(渾厚)하고 준수(俊秀)하였으며 우뚝하게 국량이 있었다. 판서공(判書公 윤국형(尹國馨))은 이미 한 시대의 큰 인물로 조정에서 덕이 가장 으뜸이었으므로, 공을 보는 사람들마다 모두 근원이 시작된 곳을 알았다. 을유년(1585, 선조18)에 진사시에 합격하였고, 무자년(1588)에 문과에 급제하였다. 승문원(承文院)에 뽑혔다가 예문관 검열(藝文館檢閱)로 옮겼다.

당시 섬나라 도적들이 설쳐대는 상황에서 판서공은 충청도 관찰사(忠淸道觀察使)로 재직 중이었고 조모(祖母) 정부인(貞夫人)[28]은 영남(嶺南)에 계셨으므로, 공이 소장을 올려 조모를 모시고 올 수 있게 해달라고 요청하였다. 먼 길에 온갖 고생을 하고 바닷길을 통해 행재소(行在所)로 돌아오자 홍문관 정자(弘文館正字)에 뽑혔으며, 명을 받아 연안(沿岸)의 방어(防禦) 실태를 점검하였다. 이어서 어사로 군량(軍糧) 운반을 감독하여 명나라 군대를 도왔다. 당시 전란으로 혼란한

26 윤국형(尹國馨) : 1543~1611. 본관은 파평, 초명은 선각(先覺), 자는 수부(粹夫), 호는 은성(恩省)·달천(達川)이다.《愚伏集 卷17 資憲大夫工曹判書兼知義禁府事同知春秋館事尹公神道碑銘 幷序》

27 조준(趙浚) : 1346~1405. 본관은 평양(平壤), 자는 명중(明仲), 호는 우재(吁齋)·송당(松堂), 시호는 문충(文忠)이다. 태조의 묘정에 배향되었다.

28 정부인(貞夫人) : 윤경립의 조모(祖母) 한산 이씨(韓山李氏)를 가리킨다. 제릉 참봉(齊陵參奉) 이엽(李曄)의 딸로, 정부인에 증직되었다.《芝峯集 卷23 工曹判書尹公墓誌銘》

때였으므로, 인재를 쓰는 데 다급하여 계급(階級)을 따지지 않았다. 무군사(撫軍司)가 군량을 잘 마련했다고 조정에 보고하자, 특별히 공을 부수찬(副修撰)으로 승진시켰다. 이조(吏曹)의 낭관(郎官)으로 옮겨 세자시강원 사서(世子侍講院司書)와 지제교(知製教)를 겸직하였다. 나라에서 군정(軍政)을 중시하여 국(局)을 설치해 군사를 기르게 되자, 공이 그 일을 도와 척 대장군(戚大將軍)[29]의 병법(兵法)을 가르쳤다. 임금께서 직접 살펴 성과가 있는 것을 아시고, 또 공을 성균관 사예(成均館司藝)에 특별히 승진시키니, 곧 을미년(1595, 선조28)의 일이었다.

3년 뒤에 교리(校理), 응교(應教)가 되고 필선(弼善)과 보덕(輔德)을 겸직하였다. 의정부 사인(議政府舍人), 사헌부 집의(司憲府執義), 사간원 사간(司諫院司諫)을 역임하였다. 빈사(儐使) 백사(白沙 이항복(李恒福)) 상공(相公)과 도체찰사(都體察使) 서애(西厓 유성룡(柳成龍)) 상공을 따라 두 번 남쪽 지방에 다녀왔다.

무술년(1598)에 부응교(副應教)를 거쳐 동부승지(同副承旨)에 초수(超授)되었다. 명나라의 도어사(都御史) 경리(經理) 양공(楊公)[30]이 임금에게 요청하여 근신(近臣)이 양호(兩湖)의 건초와 군량을 관리하는 것을 멈춰 달라고 하므로, 드디어 공에게 명하여 관리하게 하고

29 척 대장군(戚大將軍) : 척계광(戚繼光, 1528~1587)으로, 명나라 장수이다. 변경의 수비와 토비(土匪)의 평정에 큰 공을 세웠다. 《기효신서(紀效新書)》 등의 저술을 남겼다.

30 양공(楊公) : 명나라 장수 양호(楊鎬, ?~1629)로, 자는 경보(京甫), 호는 풍균(風筠)이다. 정유재란(丁酉再亂) 때에 경리조선군무(經理朝鮮軍務)가 되어 구원병을 거느리고 참전했으나, 울산 도산성(島山城)에서 왜군에게 패해 파면되었다.

찰리사(察理使)를 겸임하였다. 이윽고 충청도 관찰사(忠淸道觀察使)에 임명되었다. 판서공(判書公 윤국형(尹國馨))의 지위가 더욱 올라갈수록 덕망도 더욱 높아졌으므로, 의논하는 사람들은 공이 마땅히 나라의 중요한 인재가 되어 대를 이어 부양(扶陽) 부자(父子)처럼 될 것이라고 여겼다.[31]

이로부터 13년 동안, 외직의 경우 청주(淸州)와 광주(廣州)의 목사가 되었는데, 얼마 지나지 않아 면직되었다. 오직 황주(黃州)에서는 임기를 채우고 선정을 베풀었으니, 전답의 면적을 헤아려 부역을 균등하게 하였으며 교활한 백성을 용서하지 않았다. 임금께서 그 치적을 가상히 여겨 비단을 하사하셨다. 내직의 경우 두 차례 판결사(判決事)가 되었는데, 법정에 지체(遲滯)되는 송사(訟事)가 없었다. 병조 참의(兵曹參議)로 옮겨서는 뇌물과 청탁을 통렬히 제거하고 인사(人事)를 사절하여[32] 한 사람도 찾아오는 이가 없었다. 판서공이 여러 차례 요직에 있는 사람들의 미움을 사고 오래도록 여망(輿望)대로 되지 않았지

31 부양(扶陽)……여겼다 : 윤국형과 윤경립 부자가 대를 이어 정승의 반열에 오를 것이라고 여겼다는 말이다. 부양은 한 선제(漢宣帝) 때의 승상 위현(韋賢)의 봉호(封號)이다. 그는 욕심이 적고 질박하여 추로 대유(鄒魯大儒)라는 칭호를 받았다. 70여 세의 나이에 늙고 병들었다는 이유로 재상을 그만두고 귀향하였는데, 승상으로 치사(致仕)한 것은 그가 처음이었다. 그는 네 아들을 잘 가르쳐 모두 현달(顯達)하게 하였으므로, 당시에 "황금이 가득한 상자를 자식에게 물려주기보다는 경서 한 권을 제대로 가르치는 것이 훨씬 낫다.〔遺子黃金滿籯, 不如一經.〕"라는 말이 유행하였으며, 특히 아들 위현성(韋玄成)도 승상이 되었다. 《漢書 卷73 韋賢傳》

32 인사(人事)를 사절하여 : 소궤(掃軌)는 수레바퀴 자국을 쓸어 없앤다는 뜻으로, 속세를 떠나 은거해 살면서 빈객을 사절하여 세상 사람들과 왕래하지 않는다는 말이다. 여기서는 청탁하러 오는 사람을 만나지 않았다는 의미이다.

만, 공은 바야흐로 활발하게 등용되고 있었다. 그러므로 식자들이 또 생각하기를 공이 높은 지위에 올라 두터운 덕을 쌓고 넉넉한 부를 이루었던 만석군(萬石君)의 복을 일으킬 것이니, 거의 목구후(牧丘侯)[33]와 같이 될 것이라고 하였다.

공은 평소 건강하여 병이 없었는데, 신해년(1611, 광해군3) 5월에 문득 병에 걸려 위독해졌다. 오직 부모님께 고하지 말라고만 거듭 말하다가 마침내 운명하였으니, 그 뜻이 매우 서글프다. 아아, 처음 조야(朝野)의 사람들이 공에게 기대했던 것들이 어떠하였던가. 그러나 끝내 하나도 이루지 못해 관직은 상대부(上大夫)에 지나지 않았고 향년은 겨우 요절했다는 말을 듣지 않을 정도일 뿐이며, 게다가 부모님께 슬픔까지 안겼으니, 천도(天道)를 생각할 때 어떠한가.

공은 돈독하고 중후하며 순박하고 충실하며, 마음에 품은 뜻이 평이하였다. 일찍이 피차의 경계를 설정하거나 겉치레를 일삼지 않았으며, 스스로를 과시하여 명성을 세우지도 않았고, 성품대로 곧게 행하여 구차하게 영합하기를 바라지 않았다. 공무에서 물러나서는 문을 닫고 지내며 사사롭게 찾아오는 사람을 끊은 채 술상을 마련하여 회포를 달랬다. 권세와 이익에는 전혀 관심이 없었지만, 일의 시비(是非)를 논하고 사정(邪正)을 분별하는 데 이르러서는 또 확고한 자세를 견지하여 범할 수 없었다.

33 목구후(牧丘侯) : 한 경제(漢景帝) 때 구경(九卿)의 지위에 올랐던 석분(石奮)을 가리킨다. 그의 네 아들이 모두 효근순행(孝謹馴行)으로 각각 2천 석(石)의 관직에 이르자, 경제가 석분에게 만석군(萬石君)이라는 호를 내리고 목구후에 봉했다.《史記 卷103 萬石張叔列傳》

지방관으로 있을 때는 부지런히 공무를 행하고 스스로를 청렴하고 엄격하게 단속하였으므로, 임기를 마치고 떠나오면 반드시 지역 백성들이 그리워하였다. 대개 공은 인심(仁心)을 바탕으로 삼아 그 마음을 미루어 나가서 정치에 적용하였던 것이다. 집에서는 자식의 직분을 다해 공경하는 마음과 봉양하는 정성이 지극하였으니, 부모님께서 효자라 여기셨다. 아우와 누이를 대단히 아끼고 인륜의 도리를 다하였으니, 아우들이 병이 들면 공이 몸소 약을 달였다. 아래로 동복(僮僕)들에게 이르기까지 모두에게서 환심을 샀으니, 향당의 사람들과 내외의 친척들이 시종 흠잡는 말이 없었다. 의리를 헤아려 행실을 단속하여 모두가 법칙에 부합하였는데, 불선(不善)한 사람에게 재앙을 내리고 선한 사람에게 경사를 내려 주는 하늘의 보답이 이처럼 어긋났으니, 어쩌면 공에 대한 하늘의 뜻이 아직 정해지지 않은 것인가.

공의 부인 광릉 이씨(廣陵李氏)는 탄수(灘叟) 선생 연경(延慶)[34]의 후손으로, 광천군(廣川君)에 증봉(贈封)된 호약(好約)의 딸이다. 유순하고 부도(婦道)를 갖추어 시부모님께 사랑받았다. 공보다 17년 앞서 운명하였고 공과 합장하였다. 두 아들은 감찰 인계(仁啓)와 학생 세징(世徵)이다. 세 딸은 판부사(判府事) 김신국(金藎國), 승지(承旨) 임효달(任孝達), 참봉(參奉) 이효일(李孝一)에게 출가하였다. 내외(內外)의 손자 손녀가 60여 명이니, 대개 윤씨의 복록이 끝나지 않은 것이다. 드디어 장로(長老)들이 공에 대해 칭찬하고 안타깝게 여겼던 말들

34 이연경(李延慶) : 1484~1548. 본관은 광주(廣州), 자는 장길(長吉), 호는 탄수(灘叟)·용탄자(龍灘子), 시호는 정효(貞孝)이다.《樊巖集 卷43 贈資憲大夫吏曹判書廣安君行通訓大夫弘文館校理灘叟李公諡狀》

을 써서 빗돌에 새겨 공에 대한 하늘의 뜻이 정해지기를 기다린다. 묘소는 양주(楊州) 장흥리(長興里) 술향(戌向)의 등성이에 있다. 다음과 같이 명을 짓는다.

바른 낯빛으로 조정에 서서	正色當朝
절의 지키는 데 게으르지 않았으니	底節不懈
올곧던 우내사와 같고[35]	右內史之司直也
들어가서는 부모님 모셔	入而承顔
즐겁게 해드리고 옷도 빨았으니	怡愉浣濯
직분을 다한 낭중령과 같아라[36]	郎中令之盡職也
쓰일 데 있었으나 때가 맞지 않았으니	有需不契
씨를 뿌렸으나 거두지 못한 격인데	有種不穫
세덕으로 보답할 것이니	報以世德
그 세덕 어떠한가	世德伊何
자손들 훌륭하여	子孫其良
이미 번성하였네	旣繁旣昌
봉분을 지키고 비갈을 세우니	維封竪碣

35 올곧던 우내사(右內史)와 같고 : 윤경립을 한(漢)나라의 우내사를 지낸 급암(汲黯)에 비유하여 말한 것이다. 급암은 성품이 강직하여 감히 황제의 면전에서 바른말을 서슴없이 하였으므로, 세상에서 급직(汲直)이라고 일컬었다. 《漢書 卷64 賈捐之傳》

36 직분을……같아라 : 윤경립의 효성을 석건(石建)에 비유하여 말한 것이다. 석건은 한 무제 때의 효자로, 만석군(萬石君) 석분(石奮)의 장자(長子)이며 벼슬이 낭중령에 이르렀다. 석건은 나이가 많고 지위가 높았으나, 5일 간격으로 돌아오는 휴가 때마다 아버지의 내의를 직접 세탁했다고 한다. 《漢書 卷46 石奮傳》

저 길가는 사람들도 예를 갖추도다	式彼行路
아아 관찰사 윤공의 묘소라네	嗚呼觀察使尹公之墓

진사 권공 묘갈명 병서

進士權公墓碣銘 幷序

무릇 선비는 정도를 지키고 학업을 닦으며 과거에 합격하고 자신을 수양하다가,[37] 때를 만나면 수레를 타고 정사에 참여할 뿐이고 때를 만나지 못하면 물러나 의를 행하여,[38] 말은 이웃에게 신뢰를 얻고 행실은 풍속을 선하게 할 수 있어야 한다. 그래야 또한 "선비답다, 선비다워."라고 할 수 있다.

나와 함께 진사시에 합격한 권점(權點)[39] 군의 자는 자여(子與)이다. 권씨(權氏)는 고려 초에 성(姓)을 하사받은 뒤로 대대로 벼슬에 나간 인물이 이어졌다. 조부(祖父) 휘(諱) 유년(有年)은 장악원 주부(掌樂

37 과거에……수양하다가 : 책명(策名)은 벼슬살이하는 것을 말하는데, 여기서는 과거에 급제한 것을 의미한다. 《춘추좌씨전》 희공(僖公) 23년 기사에 "간책에 이름을 올리고 임금에게 예물을 바쳐 신하가 되고서, 두 마음을 가지면 죄를 받는다.〔策名委質, 貳, 乃辟也.〕"라고 하였다. 제궁(禔躬)은 수신(修身)과 같은 말이다. 양웅(揚雄)의 《법언(法言)》 〈수신〉에 어떤 사람이 "선비가 어떻게 해야 몸을 평안히 할 수 있습니까?〔士何如, 斯可以禔身.〕"라고 묻자, "마음속이 크고 깊으며 외면이 엄숙하고 법도가 있으면 몸을 평안히 할 수 있다.〔其爲中也弘深, 其爲外也肅括, 則可以禔身.〕"라고 대답한 내용이 보인다.

38 때를……행하여 : 춘추 시대 남궁경숙(南宮敬叔)과 공자께서 주(周)나라에 가서 노자를 만나 예를 물었을 때, 노자가 "군자가 때를 얻으면 수레를 타고, 때를 얻지 못하면 날리는 쑥대처럼 정처 없이 다닌다.〔君子得其時則駕, 不得其時則蓬累而行.〕"라고 한 말을 변용하였다. 《春秋別典 卷12》

39 나와……권점(權點) : 이민구는 1609년(광해군1)에 진사시에 장원으로 합격하였고, 권점은 3등 49위로 합격하였다.

院主簿)를 지냈고, 선고(先考) 휘 두문(斗文)[40]은 통례원 통례(通禮院通禮)를 지냈다. 선비(先妣)는 나주 박씨(羅州朴氏)인데, 선조인 은(訔)[41]은 영릉(英陵 세종)을 도와 명성이 있었다.

군은 융경(隆慶) 무진년(1568, 선조1)에 태어났다. 어려서부터 학문에 힘써 과거를 준비하였다. 만력(萬曆) 기유년(1609, 광해군1)에 비로소 상사(上舍)에 올랐으나 이미 벼슬길에 뜻이 없는데다가, 연이어 부모상을 당하자 마침내 다시는 과거에 응시하지 않았다.

군은 성품이 순박하고 성실하여 억지로 꾸미는 것을 일삼지 않았다. 부모에게 효도하여 살아 있을 때나 돌아가셨을 때나 자식의 본분을 다하였다. 제사 때가 되면 반드시 몸소 제수 준비를 관리하고 제구(祭具)를 살폈으며, 세시와 명절 때마다 묘소를 살폈다. 이런 일을 늘그막까지 게을리하지 않으면서 말하기를 "사람이 만일 이 일을 소홀히 한다면, 다른 선(善)을 어찌 보겠는가."라고 하였다. 형제간의 우애가 돈독하여 형제 보기를 한 몸처럼 하였으며, 재산을 나누게 되어서는 모름지기 자신은 적게 차지하고 동생들에게는 많이 주었다. 일찍이 아우에게 이르기를 "한 어머니 소생은 우리 둘 뿐인데, 어찌 차마 헤어져 따로 살겠는가. 장공예(張公藝)는 어떤 사람인가."[42]라고 하였다. 아침에 일

40 권두문(權斗文) : 1543~1617. 본관은 안동(安東), 자는 경앙(景仰), 호는 남천(南川)이다. 《鶴沙集 卷9 左通禮南川權公行狀》

41 박은(朴訔) : 1370~1422. 본관은 반남(潘南), 자는 앙지(仰之), 호는 조은(釣隱), 시호는 평도(平度)이다. 태종을 도운 공으로 좌명 공신(佐命功臣)에 책록되었고 금천부원군(錦川府院君)으로 봉해졌으며 좌의정을 역임하였다. 《燃藜室記述 卷2 太宗朝相臣》

42 한 어머니……사람인가 : 9대가 함께 생활한 장공예(張公藝)처럼 화목하게 함께

어나면 반드시 외사(外舍)에 나가 서로 마주하고 화기애애하게 지냈으니, 40년 세월을 마치 하루처럼 한결같이 하였다. 맛있는 음식은 반드시 나누어 먹었고 행동거지를 반드시 함께하였으니, 향음주례(鄕飮酒禮)가 있을 때 혹 사정이 있어 혼자 가게 되면, 돌아보면서 동생을 생각하느라 술 마실 생각을 하지 않았기 때문에 동석(同席)한 사람들이 애틋하게 여겼다. 일찍 부모를 여의고 갈 곳 없는 생질(甥姪)을 양육하여 시집보냈고, 친척 중에 가난한 자들에게는 노비를 보내 물 긷고 방아 찧는 일을 대신하게 하였다.

군은 이미 본성대로 살고 선을 좋아하여 화락한 모습으로 사람들을 포용하였으니, 사람들이 모두 군을 아끼고 좋아하며 말하기를 "아무개는 관후(寬厚)한 장자(長者)이다."라고 하였다. 다른 사람의 과실을 들으면 군이 반드시 말하기를 "그 사람은 마땅히 이런 일을 할 사람이 아니다."라고 하고, 방도에 따라 그를 경계시키고, 그 사람이 허물을 고치면 그를 포용하였다. 혹 이치에 맞지 않는 일로 문제 삼는 사람이 있으면, 반드시 온화한 얼굴로 깨우치고 이끌어 마침내 우호적인 관계가 되었으니, 이 때문에 어리석은 사람도 원망함이 없었다. 같은 고을 사람 중에 시의(時議)에 빌붙어 명분과 의리를 범했다가 선비들에게

살자는 말이다. 장공예는 운주(鄆州) 수장(壽張) 사람이다. 사마광(司馬光)의 글에 "장공예는 9대가 함께 살았으니, 북제, 수, 당에서는 모두 그의 문에 정표를 하였다. 인덕 연간에 고종이 태산에 봉하고, 그의 집에 가서 장공예를 보고 화목하게 사는 방법을 물었다. 장공예는 종이와 붓으로 대답하겠다고 청하고는, 마침내 참을 인 백여 자를 써서 올렸다.〔張公藝九世同居, 北齊隋唐, 皆旌表其門. 麟德中, 高宗封泰山, 幸其宅, 召見公藝, 問其所以能睦族之道. 公藝請紙筆以對, 乃書忍字百餘以進.〕"라고 하였는데, 서로 잘못된 일이 있을 때 서로 참아야 화목할 수 있다는 뜻이었다.《家範 卷1 治家》

외면 받는 이가 있었다. 오직 군이 정성껏 타이르고 경계하니, 그 사람이 얼굴이 발개져 부끄러워하면서 사죄하였다.

외물에 대한 부러움을 끊어버리고 어느 때나 편안히 여기면서 처지에 순응하였으니, 의복과 음식에 이르러서도 마음을 쓰지 않았다. 아래로 노복을 대할 때에도 또한 꾸짖지 않으면서 말하기를 "노복은 의리로 맺어진 사이이니, 마땅히 선하게 대하여야 한다."라고 하였다. 항상 "이 사람도 또한 사람의 자식이다."라고 했던 도 정절(陶靖節)의 말[43]을 들어 자제들에게 알려 주었다.

마침 나라에 변고가 많았는데, 향인들이 의병을 규합하여 국난에 뛰어들 때마다 반드시 군을 추천하여 그 일을 주관하게 하였다. 이산서원(伊山書院)[44]은 실로 남쪽 선비들이 많이 모이는 곳이었는데, 또한 군을 우두머리로 삼았다. 우복(愚伏) 정경세(鄭經世)[45] 공과 동계(桐溪) 정온(鄭蘊)[46] 공이 모두 공을 큰 인물로 여겨 기대가 컸으므로,

43 이 사람도……말 : 도 정절(陶靖節)은 도잠(陶潛, 365~427)으로, 자는 연명(淵明) 또는 원량(元亮), 시호는 정절이다. 문 앞에 버드나무 다섯 그루를 심어 놓고 스스로 오류선생(五柳先生)이라 칭하였다. 도잠이 팽택 영(彭澤令)이 되어 그의 아들에게 일꾼 하나를 보내 주면서 쓴 편지에 "네가 아침저녁으로 필요한 것을 스스로 충족하기가 어려울 것이므로, 이제 이 일꾼을 보내 네가 땔나무를 하고 물을 긷는 수고를 도우려고 하는데, 이 또한 사람의 자식이니 그를 잘 대우하라.〔汝旦夕之費, 自給爲難, 今遣此力, 助汝薪水之勞, 此亦人子也, 可善遇之.〕"라고 하였다. 《小學 卷六》

44 이산서원(伊山書院) : 경상북도 영주시 이산면(伊山面)에 있던 서원이다. 1558년(명종13) 안상(安瑺)이 창건하였으며, 퇴계 이황(李滉)의 위패를 모셨다. 1574년(선조7)에 사액서원이 되었다.

45 정경세(鄭經世) : 1563~1633. 본관은 진주(晉州), 자는 경임(景任), 호는 우복(愚伏)·하거(河渠)이다. 《愚伏集 別集 卷4 年譜》

우복 공이 당시 전형(銓衡)을 담당하고 있으면서 누차 군을 천거하였으나 뜻을 이루지는 못하였다. 마침내 경진년(1640, 인조18) 봄에 포의(布衣)의 신분으로 운명하였다.

군은 나보다 21세 연장이다. 처음에 나와 같은 해에 진사시에 합격하면서 서로 알게 되었는데, 후에 내가 경상도 관찰사(慶尙道觀察使)가 되었을 때 군과 더욱 가까워졌다. 군은 순수하고 과묵한 군자로, 겸손하여 마치 경계가 없는 것 같았으나, 일에 임해서는 의에 맞게 처리하여 우뚝 서서 흔들리지 않았으니, 공경을 받을 만한 사람이었다.

아아, 도가 무너지고 순박함이 사라지면서부터 날마다 거짓과 잔꾀가 세상에 난무하고 있다. 고결한 척 꾸미고 편의만을 꾀하여 아부와 아첨을 일삼도록 세상 사람들을 몰아가니, 진중궁(陳仲弓)[47]과 왕언방(王彥方)[48]과 같은 사람도 어쩌면 이런 세상에는 맞지 않았을 것이다.

46 정온(鄭蘊) : 1569~1641. 본관은 초계(草溪), 자는 휘원(輝遠), 호는 동계(桐溪)이다. 《桐溪集 附錄 卷1 贈資憲大夫吏曹判書……義禁府春秋館事鄭公諡狀》

47 진중궁(陳仲弓) : 후한(後漢)의 영천(穎川) 허(許) 땅 사람 진식(陳寔, 104~187)으로, 자는 중궁이다. 《후한서(後漢書)》 권92 〈진식열전(陳寔列傳)〉에 "진식이 고을에 있을 때, 공평한 마음으로 사람들의 모범이 되었으므로 쟁송이 있으면 그에게 판정을 구하였는데, 비유를 들어 시비곡직을 일러주었으므로 물러나서 원망하는 사람이 없었다.〔寔在鄉閭, 平心率物, 其有爭訟, 輒求判正, 曉譬曲直, 退無怨者.〕"라고 하였다.

48 왕언방(王彥方) : 후한(後漢)의 태원(太原) 사람 왕렬(王烈, 142~219)로, 언방은 그의 자이다. 《후한서(後漢書)》 권111 〈왕렬열전(王烈列傳)〉에 "어릴 때 진식을 섬겨 의행으로 명성을 얻었다. 고을에 소를 훔친 자가 있었는데, 주인이 그 도둑을 잡았다. 도둑이 죄를 청하면서 말하기를 '무슨 벌이든 달게 받겠지만, 제발 왕언방이 알지 못하게 해 달라.' 하였다. 왕렬이 그 말을 듣고 사람을 보내 사례하고, 도둑에게 베 한 감을 보냈다. 어떤 사람이 이유를 묻자, 왕렬이 대답하기를 '도둑이 자기의 잘못을 내가 알까봐 두려워했다면, 이는 악행을 부끄러워하는 마음이 있는 것이다. 이미 악행

돌아보건대 때를 만나고 시의에 맞는 것은 여기에 달려 있는 것이 아니라 저기에 달려 있는 것이다. 그 행실이 한 고을에서 드러나고 그의 도(道)가 선배들과 나란할 만큼 훌륭한 사람들이 고금에 얼마나 많았던가. 그러나 마침내 진흙 속에서 곤궁하게 살다가 이름마저 사라져 일컬어지지 않으니, 슬프도다.

군의 아들 후(厚)[49]는 진사로, 그 집안을 이어가고 있다. 험한 천 리 길을 마다하지 않고 내게 와서 글을 구해 묘소에 비석을 세워 선친의 숨겨진 행적을 드러내려 하니, 또한 훌륭한 자식이라 하겠다. 다음과 같이 명을 짓는다.

도가 당시의 임금과 맞아도	道合乎時君
한 고을에 부끄러움이 없을 수 없고	而不能無愧於一鄉
큰 상에 음식 널려 있어도	食列乎方丈
고량진미에 미련 없을 수 없지	而不能無累於膏粱
처사가 집에 머물며 겸손하게 지내니	處士家居退讓
군자가 복을 누리지 못했지만 편안히 여겨	君子不祿而康
부끄러움도 없고 미련도 없었네	而無愧累
저 상재[50]를 바라보니	式瞻桑梓

을 부끄러워하는 마음이 있다면, 틀림없이 개과천선할 것이다. 그러므로 이것을 보내 격려하려는 것이다.' 하였다.〔少師事陳寔, 以義行稱. 鄉里有盜牛者, 主得之. 盜請罪曰, 刑戮是甘, 乞不使王彦方知也. 烈聞而使人謝之遺布一端. 或問其故, 烈曰盜懼吾聞其過, 是有耻惡之心, 既懷耻惡, 必能改善, 故以此激之.〕"라고 하였다.

49 권후(權厚) : 1602~? 본관은 안동(安東), 자는 후지(厚之)이다.

50 상재(桑梓) : 상재는 뽕나무와 가래나무로, 고향을 뜻한다. 《시경》〈소반(小弁)〉

삼과 보리 무성하네	麻麥芃芃
모든 후손들은	凡厥後孫
길이 덕망 이어가기를	永紹德聲

에 "뽕나무와 가래나무도 반드시 공경한다.〔維桑與梓, 必恭敬止.〕"라고 하였는데, 이것은 부모가 담장 아래에 뽕나무와 가래나무를 심어서 자손에게 물려주어 누에 먹이를 공급하고, 기용(器用)을 마련하게 하였음을 말한 것이다. 여기서 유래하여 부모의 유업(遺業)이 있는 고향을 일컫게 되었다.

이조 참판 김공 묘갈명 병서

吏曹參判金公墓碣銘 幷序

안동부(安東府)의 지현(支縣)인 풍산(豐山)에 김씨(金氏)가 있으니, 그 선조 양진(楊震)[51]은 공조 참판(工曹參判)을 지냈다. 홍문관 수찬(弘文館修撰) 휘(諱) 의정(義貞),[52] 장례원 사의(掌隷院司議) 휘 농(農), 산음 현감(山陰縣監) 휘 대현(大賢)[53]으로 전해졌는데, 향년과 벼슬이 덕행(德行)에 비해 모두 부족하였다. 이조 참판(吏曹參判) 휘 영조(榮祖), 자 효중(孝仲)에 이르러서야 비로소 세상에 명성이 드러났으며 72세의 장수를 누리고 운명하였다. 그러나 말하는 자들은 오히려 "공이 말년에 숙환으로 병석에 누워 있어서 가진 것을 능히 다 펴지 못했다."라고 하였으니, 다만 김씨에게만 애석한 일이 아니다. 산음공(山陰公 김대현(金大賢))이 전주 이씨(全州李氏)에게 장가들어 만력(萬曆) 정축년(1577, 선조10)에 공을 낳았다. 한 어머니의 소생이 모두 아홉인데, 공은 둘째였다.

공은 내면에서 사리를 잘 분변하고 의지가 굳세어, 일찍이 스스로 확고한 뜻을 세웠다. 향대부(鄕大夫) 학봉공(鶴峰公)[54]이 일본에 통신

51 김양진(金楊震) : 1467~1535. 본관은 풍산(豐山), 호는 허백당(虛白堂)이다. 《潛庵逸稿 卷5 遺事》

52 김의정(金義貞) : 1495~1547. 본관은 풍산, 자는 공직(公直), 호는 잠암(潛庵)·유경당(幽敬堂)이다. 《潛庵逸稿 卷5 行狀》

53 김대현(金大賢) : 1553~1602. 본관은 풍산, 자는 희지(希之), 호는 유연당(悠然堂)이다. 《悠然堂集 卷4 墓碣銘 竝序》

사(通信使)로 갔다가 돌아왔을 때, 공은 머리를 묶은 소년이었다. 공이 그 댁을 찾아가 요청하기를 "선생께서 사명(使命)을 받들고 국경을 나가셨을 때, 풍속이 다른 사람들을 의리로 감동시켰으니, 독자적으로 응대(應對)하여 상황에 따라 적절하게 처리한 일[55] 중에서 후학들에게 모범이 될 만한 것에 대해 가르침을 받고 싶습니다."라고 하였다. 학봉공이 《해사록(海槎錄)》을 꺼내 보이자, 공이 공손하게 꿇어앉아 읽기를 마쳤는데, 문장을 낭독하는 소리와 용모가 매우 훌륭하였다. 학봉공이 가인(家人)에게 일러 "사윗감으로는 마땅히 이런 사내를 얻어야 한다."라고 하더니, 마침내 딸을 시집보냈다.

신축년(1601, 선조34)에 상사(上舍)에 올랐고, 임자년(1612, 광해군4)에 대과(大科)에 급제하였다. 처음에 승문원 정자(承文院正字)에 선임되었다가 성균관 전적(成均館典籍)으로 승진하였다. 당시 조정의 정사(政事)가 혼란하여 향인(鄕人) 중에 지조를 잃고 권세가에게 아부하는 사람이 있었는데, 정도를 지키고 사특함을 싫어하는 공에 대해 원한이 뼈에 사무쳐 미워하니, 공은 10년 동안 물러나 있어야 했다.

54 학봉공(鶴峰公) : 김성일(金誠一, 1538~1593)로, 본관은 의성(義城), 자는 사순(士純), 호는 학봉이다. 《鶴峯集 附錄 卷2 行狀》 1590년(선조23)에 통신 부사(通信副使)로 일본에 파견되었는데, 이듬해 돌아와 일본의 국정을 복명할 때 "왜가 반드시 침입할 것"이라는 정사(正使) 황윤길(黃允吉)과는 달리 "왜가 군사를 일으킬 기색은 보이지 않는다."라고 상반된 견해를 밝혔다.

55 독자적으로……일 : 사신의 임무를 잘 수행한 것을 말한다. 전대(專對)는 외국에 사신으로 가서 독단적으로 잘 대응하는 것을 뜻한다. 공자(孔子)께서 "《시경》 300편을 외더라도 정사를 맡겨 줌에 제대로 하지 못하며, 사방으로 사신을 가서 독단적으로 대응하지 못한다면, 비록 많이 외운들 또한 어디에 쓰겠는가.〔誦詩三百, 授之以政, 不達, 使於四方, 不能專對, 雖多亦奚以爲.〕"라고 하였다. 《論語 子路》

계해반정(癸亥反正)에 이르러 예조(禮曹)와 형조(刑曹)의 낭관(郎官)에 서용되었다. 이듬해에 비로소 사간원 정언(司諫院正言)과 사헌부 지평(司憲府持平)에 임명되었다가, 사헌부 장령(司憲府掌令)과 홍문관 수찬(弘文館修撰)으로 옮겼다. 이로부터 삼사(三司)의 관직을 번갈아 맡았는데, 공이 주장한 모든 것들은 조정을 안정시키는 데 주안점을 두었다. 사헌부에 있을 때, 책훈(策勳)된 재신(宰臣)이 좌중을 꾸짖은 잘못을 가차 없이 바로잡았는데, 그 재신이 병조 판서(兵曹判書)가 되자 공을 외직으로 내보내 북평사(北評事)를 삼았다. 공은 서둘러 행장을 꾸려 막부(幕府)로 가서, 눈보라치는 추위를 무릅쓰고 늘어선 보루를 순찰하고 군사 장비 살피기를 게을리하지 않으며 말하기를 "이는 내 직분일 뿐이다."라고 하였다.

대신(大臣)들이 "길주(吉州)는 중요한 진영으로 산융(山戎)을 막고 있으니, 매번 무관에게만 맡기는 것은 바람직하지 않다."라고 말하여, 공을 길주 목사(吉州牧使)에 임명하였다. 길주는 풍속이 거칠어 기력(氣力)만 숭상할 뿐, 경전을 공부하여 과거에 응시하려 하지 않았다. 공이 탄식하며 말하기를 "이것은 내 책임이 아니겠는가."라고 하였다. 그리고는 고을의 자제들을 나오게 하여 경서를 준 뒤, 부지런히 공부한 사람은 장려하고 게을리한 사람은 벌을 주자, 선비들이 늠름하게 배움에 열중하여 비로소 과거를 통하여 출사하는 사람이 나왔다. 공이 교체되어 돌아가자, 그곳 사람들이 비석을 세워 공의 덕을 칭송하였다.

계유년(1633, 인조11)에 판결사(判決事)에 임명되었다. 세자책봉부사(世子冊封副使)로 명(明)나라에 사신 갈 때, 조정에서 공로(貢路 사신 행로)를 여순구(旅順口)로 바꾸었는데, 암초에 걸려 배가 부서졌다. 동행한 사람들이 대부분 겁에 질려 얼굴이 창백해졌으나, 공은 태연하게 담소(談笑)하면서 행장을 정리하였다. 바다에서 세찬 바람이 일어 배가 마치 두레박[56]처럼 위아래로 흔들리자 사람들이 모두 울었지만, 공은 태연하게 평소의 태도를 바꾸지 않았다. 조정으로 돌아와 가선대부(嘉善大夫) 한성부 우윤(漢城府右尹)이 되었으며, 외직으로 나가 강원도 관찰사(江原道觀察使)가 되었다. 을해년(1635, 인조13) 가을에 벼슬을 그만두고 남쪽으로 돌아왔다.

이듬해에 남한산성(南漢山城)이 포위되었다는 소식을 듣고 국난(國難)을 구하러 달려갔으나, 길이 막혀 나아가지 못하였다. 어가(御駕)가 남한산성을 나온 뒤에, 방어하는 데 공을 세운 사람들을 장차 널리 책훈하려고 하였다. 공이 대사헌(大司憲)에 임명되어 진계(陳啓)하기를 정성스럽게 하였으니, 공명정대한 논의와 시행할 만한 계책이 있었다. 또 진언하기를 "녹훈(錄勳)은 마땅한 일이 아닙니다."라고 하자 임금의 비답(批答)이 있었는데, 녹훈 계획은 이로 말미암아 마침내 중지되었다.

두 번째 대사헌이 되기에 이르러 사직(辭職)을 아뢰어 임명되지 않았다. 그로 인하여 다음과 같이 말하였다.

"민심(民心)은 국가의 원기(元氣)입니다. 국방에 일이 많아 부역을 빈번하게 일으키자 민심이 이반(離叛)되고, 반역의 조짐이 자주 싹터

56 두레박 : 길고(桔槹)는 한 끝에는 두레박, 다른 한 끝에는 돌을 매달아서 힘을 덜 들이고 물을 긷게 만든 장치이다. 《장자(莊子)》 〈천운(天運)〉에 "그대는 유독 두레박을 보지 못하였는가. 잡아당기면 올라가고, 놓아두면 내려간다.〔子獨不見夫桔槹者乎. 引之則俯, 舍之則仰.〕"라고 한 데서 온 말로, 남이 하는 대로 따라 하여 조금도 거역하지 않는 것을 의미한다. 여기서는 바람이 부는 대로 배가 흔들리는 장면을 묘사하는 말로 사용되었다.

종척(宗戚)들이 주살되자 민심이 술렁이고, 조정의 의론이 분열되어 인사(人事)가 공정하지 않자 민심이 흩어졌습니다. 여러 공신들이 각 아문(衙門)에서 홍정하여 판매하는 물건의 수익을 빼앗으니, 이익은 개인에게로 돌아가고 원망은 나라에 쌓이고 있습니다. 탐욕스럽고 포악한 관리가 백성들의 재물을 약탈하고 침탈하는데 일처리를 잘한다고 하고, 기회를 틈타 벼슬길에 나아가기를 구하고 부끄러움 없이 아첨하는데 재주와 도량이 있다고 합니다. 원기는 이미 다 사라지고 온갖 병폐가 함께 발생하니, 오늘날의 재앙은 진실로 여기에서 말미암은 것입니다."

전후로 여섯 번이나 대사헌으로 있으면서 시정(時政)을 지적하여 개진(開陳)한 것들이 번번이 유사(有司)에 의해 막히거나 의도와 다르게 시행되어 곤경을 만난 것이 더욱 심하였다. 대사간(大司諫)에 임명된 것이 네 번, 부제학(副提學)과 병조 참판(兵曹參判)에 임명된 것이 두 번, 좌승지(左承旨), 대사성(大司成), 예조와 형조 참판에 임명된 것이 한 번씩이었다.

일찍이 김상헌(金尙憲)이 임금을 잊고 나라를 저버렸다는 것은[57] 사실과 다르다고 논하여 바로잡았으며, 남이웅(南以雄)[58]이 이조 판서

57 김상헌(金尙憲)이……것은 : 김상헌(1570~1652)의 본관은 안동(安東), 자는 숙도(叔度), 호는 청음(淸陰)·석실(石室)이다.《宋子大全 卷189 石室金先生墓表》 유석(柳碩)과 이계(李烓) 등이 대관(臺官)이 되어 김상헌과 포저(浦渚) 조익(趙翼)을 논하였는데, 심지어는 임금을 잊고 나라를 저버린 것으로 죄목을 삼아 모두 귀양 보낼 것을 청한 사실을 말한다.《浦渚集 年譜》

58 남이웅(南以雄) : 1575~1648. 본관은 의령(宜寧), 자는 적만(敵萬), 호는 시북(市北)이다. 남이웅은 1641년(인조19)에 이조 판서로 있었다.《龍洲遺稿 卷21 左議政

(吏曹判書)로 있으면서 자신과 다른 입장에 있는 사람을 배척한 것을 탄핵하였다. 그때마다 공은 자신의 뜻에 따라 말하였고, 일찍이 시의(時議)의 주고 빼앗음에 따라 흔들리지 않았으니, 비록 세상 사람들의 비난이 빗발쳐도 개의치 않았다. 최후로 이조 참판(吏曹參判)에 임명되었는데, 이듬해 임오년(1642, 인조20)에 어떤 일에 연좌되어 면직되어 돌아왔다. 1년 뒤 풍질(風疾)에 걸려 6년이 지난 무자년(1648)에 운명하였다. 부음(訃音)이 알려지자, 예관(禮官)이 전례에 따라 부의(賻儀)를 더하고 사제(賜祭)하였다. 풍기(豐基) 모치방(耄齒坊) 해좌(亥坐)의 등성이에 안장하였다.

공은 성품이 효성스럽고 우애가 있었다. 팔순 노모를 즐겁게 해드리고 뜻을 받들어 모셨으니, 다만 맛있는 음식과 여러 물품을 골고루 갖춰 봉양하는 데 그치지 않고, 세시와 명절마다 헌수(獻壽)할 때에는 매우 많이 준비하여 어머니로 하여금 가난한 살림을 눈치채지 못하게 하였다. 백씨(伯氏) 지평공(持平公)[59]과는 서로 사우(師友)처럼 지내며 의리로 권면하였고, 여러 아우들을 가르쳐 모두가 재능과 학업을 성취하여 현과(賢科)에 합격하고 높은 벼슬에 올랐으니, 집안이 화려하게 빛났다. 지평공이 속이 허하여 허기를 잘 느꼈으므로 평소에 항상 술과 음식을 준비해 올렸으니, 매우 정의(情意)가 있었다. 토지와 노비를 양보하여 동생들에게 주었고 사재(私財)를 털어 서매(庶妹)를 천적(賤籍)에서 벗어나게 해주었으니, 동기간을 사랑하고 보살핌에 가식

春城府院君市北南公神道碑銘 幷序》

59 백씨(伯氏) 지평공(持平公) : 김봉조(金奉祖, 1572~1630)로, 본관은 풍산(豐山), 자는 효백(孝伯), 호는 학호(鶴湖)이다.《鶴湖集 卷4 行狀》

이나 억지로 함이 없었다.

어떤 일을 당하면 반드시 곡직(曲直)을 분별하여 근거 없는 논의에 현혹되지 않았다. 선조(宣祖) 말년에 상신(相臣)이 권력을 마음대로 휘두를 때, 정인홍(鄭仁弘)이 그의 거만한 말을 꼬투리 잡아 저궁(儲宮 세자였던 광해군)을 충동질하여 선조와 세자를 이간함으로써 훗날의 이익을 노렸다. 그러자 선조께서 진노(震怒)하여 정인홍을 먼 벽지로 귀양 보내셨다.[60] 남쪽 선비들이 정인홍의 계책에 빠져 장차 궐문(闕門)에 엎드려 정인홍을 구원하려고 하였는데, 유독 공만은 정인홍의 간교(奸巧)함을 환히 알았으므로 서찰을 보내 달래어 중지시켰다. 그러자 남쪽 선비들 사이에 처음에는 비방하는 소리가 들끓었지만, 정인홍이 실패하는 데 이르러서는 남쪽 선비들이 크게 탄복하였다.

중년에 혼탁한 세상을 만나 시골에 은거했을 때는[61] 사론(士論)의 모범이 되었고, 말년에 임금의 인정을 받아 관직을 맡아서는 충절(忠

60 상신(相臣)이……보내셨다 : 정인홍(鄭仁弘, 1535~1623)의 본관은 서산(瑞山), 자는 덕원(德遠), 호는 내암(來菴)이다. 《孤臺日錄 人名錄》 조선 시대의 당쟁을 정리한 《당의통략(黨議通略)》에 "유영경(柳永慶)이 정승이 되어 정치를 전임하게 되었는데, 정인홍의 무리를 많이 파면하고 교체했으며 오로지 소북만을 등용하였다."라고 한 내용으로 볼 때, 여기서 말하는 상신(相臣)은 유영경으로 보인다. 정인홍은 1608년(선조41)에 선조의 심기를 건드려 영원(寧遠)으로 유배를 가던 도중, 선조의 사망으로 유배에서 풀려나 돌아왔다. 《기언(記言)》 권38 〈오리이상국유사(梧里李相國遺事)〉에 "무신년에 정인홍이 영상 유영경의 죄상을 상소하자, 상이 대단히 노하여 정인홍을 영원으로 유배하였다.〔戊申, 鄭仁弘上疏罪狀領相柳永慶, 上大怒, 竄仁弘于寧遠.〕"라고 하였다.

61 중년에……때는 : 김영조는 1614년(광해군6)에 궁중에서 저주(咀呪)에 대한 옥사가 발생하자 시사를 한심하게 여긴 뒤로, 당시의 세상이 혼탁하고 인륜이 이미 폐지된 것을 보고 인조반정이 일어나 복귀할 때까지 10년간 은거하였다. 《忘窩集 附錄 行狀》

節)을 다하였는데, 함부로 남을 따르지도 않았고 꺾이거나 굽히지도 않았다. 항상 말하기를 "벼슬은 내직(內職)과 외직(外職)의 분별이 없고, 직무는 크고 작은 차이가 없다. 그 직위에 있지 않다면 그만이지만, 그 직위에 있으면서 관리로서의 책무를 다하지 않는다면, 이는 임금을 업신여기는 것이다."라고 하였다. 조정의 관리들이 붕당(朋黨)을 만들어 서로 다투는 것을 걱정하여 탄식하며 말하기를 "군자는 마땅히 좋아하고 싫어함을 공정하게 하고 옳다 하고 그르다 함을 일정하게 하여, 위로는 임금을 저버리지 않고 아래로는 자신의 마음에 부끄럽지 않아야 한다. 어찌 감히 득실(得失)에 동요되어 편 가르기를 일삼는단 말인가."라고 하였다. 이 때문에 공을 좋아하지 않는 사람이 많았으나, 또한 개의치 않았다.

문장(文章)은 전아하고 충실하였으며 화려하게 꾸며 스스로 명예를 얻으려 하지 않았다. 그러나 국가의 대사(大事)를 논함에 있어서는 통창(通暢)하고 명백하였으니, 그 말이 깊은 맛이 있었다.

첫 번째 부인 문소 김씨(聞韶金氏)는 곧 학봉공(鶴峰公) 성일(誠一)의 딸이다. 아들 학생(學生) 시익(時翼)과 감역(監役) 시민(時敏)과 별좌(別坐) 시침(時忱)을 낳았다. 딸은 현감(縣監) 서준이(徐準履)에게 출가하였다. 두 번째 부인 안동 권씨(安東權氏)는 충정공(忠定公) 벌(橃)[62]의 증손이다. 아들 시제(時悌)를 낳았고, 두 딸은 노세겸(盧世謙)과 안헌(安櫶)에게 출가하였다. 내외(內外)의 자손(子孫)들이 매

62 권벌(權橃) : 1478~1548. 본관은 안동(安東), 자는 중허(仲虛), 호는 충재(冲齋)·송정(松亭)이다.《冲齋集 卷8 有明朝鮮國贈大匡輔國崇祿大夫……權公神道碑銘幷序》

우 번성하였다. 다음과 같이 명을 짓는다.

김씨의 모든 집안	金氏十望
모두 신라에서 비롯되었는데	咸祖於羅
공의 집안은 풍산에서 떨쳐 일어났으니	公奮豐山
황족의 계통으로 거슬러 올라가지	遡其皇波
처음에 조정에 출사하여	始貢于庭
화려하게 명성 있었으니	休有華問
대각에서 하루 종일 보내며	朝夕臺閣
직무 수행 훌륭하였지	率職憲憲
대사헌을 지냈고	旣長御史
이조 참판도 지냈는데	旣貳天官
왕께서는 그대가 직책을 잘 수행하여[63]	王曰汝諧
정성을 다하고 힘을 다한다 하셨네	克忱克單
이에 강직하게 말하여	乃言侃侃
오직 제가 복종하겠습니다 하였으니	惟予惟服
평탄한 길 준마로 달렸다면	夷塗駿驅
어디로 나아간들 이르지 못했으랴	何進不極
그러나 전원으로 물러나 편안히 지낼 때	退安丘園
재난과 병환에 걸려	災疾以隨
멀리 갈 수레 중간에 멈췄으니	遠駕中稅

63 직책을 잘 수행하여 : 《서경》 〈우서(禹書)〉에 "제순이 말씀하기를 '저들의 천거가 옳다. 가서 네 직책을 잘 수행하라.' 하셨다.〔帝曰兪, 往哉汝諧.〕"라는 말이 있다.

어찌 된 운명이며 어찌 된 시대인가	豈命豈時
풍산현 오미동[64]	五美之鄕
풍기 산기슭의 묘혈	基嶽之穴
생전에 살던 곳에 죽어서 묻혔으니	生居死藏
신령한 기운 끊이지 않으리라	靈氣不歇
지닌 복록 다 쓰지 않고	勿竭其有
후손들에게 경사 남겼으니	歸餘後昆
덕에 맞게 보답 받는 법	以契以報
이 말에서 질정하기 바라노라	請質斯言

64 오미동 : 현재의 경상북도 안동시 풍산읍 오미리 일대이다.

파주 목사 이공 묘갈명 병서

坡州牧使李公墓碣銘 幷序

이공익(李公益) 군의 자는 사선(士先)이다. 공정대왕(恭靖大王 정종(定宗))의 아들 덕천군(德泉君) 후생(厚生)에게서 가계가 시작되었다. 5대를 지나 증조(曾祖) 휘(諱) 억손(億孫)은 황해도 관찰사(黃海道觀察使)였고, 조부(祖父) 휘 유정(惟貞)은 형조 좌랑(刑曹佐郞)을 지냈다. 선고(先考) 휘 준(準)[65]은 목릉(穆陵 선조(宣祖))의 알아줌을 만나, 공훈을 세워 전성군(全城君)에 봉해지고 영의정(領議政)에 추증되었다. 선비(先妣) 여산 송씨(礪山宋氏)는 절도사(節度使) 중기(重器)의 딸이다.

군은 태어나서부터 매우 영특하였다. 어려서 집에 있을 때는 부모님의 사랑을 받았고, 성장하여 나가 놀 때는 친구들이 모두 친하게 지내며 신뢰하였다. 총명하고 활달하여 남들을 접할 때 상하지나 않을까 조심하였다. 성품이 또 세상일을 두루 알아서 일을 만나면 막힘이 없었다.

조정에서 군이 공경(公卿)의 자제로서 재주가 있다고 여겨 두 번이나 관직에 보임하였으나, 군은 머뭇거리며 곧바로 나아가지 않았다.

65 이준(李準) : 1545~1624. 본관은 전주(全州), 자는 평숙(平叔), 호는 뇌진자(懶眞子)·서파(西坡), 시호는 숙헌(肅憲)이다. 1589년(선조22) 정여립(鄭汝立)의 모반을 다스리는 데 공을 세워 1590년 평난 공신(平難功臣) 2등으로 전성군(全城君)에 봉해졌다.

얼마 뒤 귀후서 별제(歸厚署別提)에 임명되었다가 돈녕부 주부(敦寧府主簿)에 오르고, 호조 좌랑(戶曹佐郞), 사헌부 감찰(司憲府監察), 형조 좌랑(刑曹佐郞)으로 옮겼다. 외직으로 나아가 진안 현감(鎭安縣監)이 되었는데, 정사를 청렴하고 공평하게 시행하며 가혹하지 않았으니, 백성들에게 베푼 은혜가 매우 많았다. 임기가 만료되자, 고을의 부로(父老)들이 방백(方伯)에게 달려가 더 머물게 해달라고 요청하여, 7년을 머물다가 돌아왔다. 공이 돌아가자, 백성들이 또 서로 나서서 비를 세워 공덕을 기록하였다. 후에 병란을 피해 영남으로 갔는데, 그곳 사람들이 공이 가는 곳마다 따라와 매우 정성껏 안부를 묻고 물품을 보내 주었다. 호조 정랑(戶曹正郞)과 종친부 전첨(宗親府典籤)에 서용되고, 연달아 안성(安城)과 인천(仁川) 두 고을을 다스렸다. 임기를 다 채우지 못하고 어떤 일에 연루되어 면직되었는데, 진안 사람들과 마찬가지로 두 고을 사람들도 공을 그리워하였다.

군이 처음 정읍 현감(井邑縣監)에 임명되었을 때와 마지막으로 파주 목사(坡州牧使)에 임명되었을 때, 요직에 있는 사람의 미움을 받아 병을 핑계로 사직하고 부임하지 않았다. 이 때문에 주현(州縣)의 직책을 맡은 기간이 9년을 채우지 못하였으나, 고과(考課) 성적은 한 도(道)에서 가장 우수하였다. 내직(內職)으로 제조(諸曹)를 두루 거쳤는데, 역임한 자리마다 업무를 잘 처리한다는 칭송이 있었으니, 식자(識者)들이 매번 공이 능력을 다 발휘하지 못함을 애석하게 여겨 세도(世道) 탓으로 돌렸다.

군과 나는 함께 공부하고 또 함께 진사가 되었다. 과거 시험장에서는 반드시 나보다 먼저 붓을 잡고 붓촉에서 바람소리를 울리며 휙휙 써 내려가서 종이를 가득 채우니, 보는 사람들마다 그 민첩함에 감탄하였다. 그러나 또한 이 때문에 과거에 합격하지 못하였다. 이윽고 전성공(全城公 이준(李準))이 여러 자식들을 남겨두고 운명하자, 군이 울면서 말하기를 "양친께서 내가 합격할 때까지 기다려 주시지 않았으니, 이제는 합격하더라도 함께 기뻐할 수 없다."라고 하고, 마침내 다시는 과거에 응시하지 않았다. 군은 당시 40세도 채 되지 않았었다.

군과 군의 동생 방익(邦益)은 나와 앞뒤로 1년 차이를 두고 태어났는데, 모두 술을 좋아하여 젊어서부터 셋이 마주 앉아 술을 마시며 즐거워하였다. 그러나 나는 병을 잘 앓아서 때때로 술을 끊곤 했으나, 군과 군의 동생은 평소 건강하여 폭음을 즐겼으니, 몸을 상하고 병에 걸리지 않을 수 없었다. 군의 동생은 기묘년(1639, 인조17)에, 군은 기축년(1649)에 마침내 운명하였다. 군의 나이 겨우 62세였으니 애통하도다. 적성현(積城縣) 감악(紺嶽)의 남쪽 기슭에 있는 전성공의 무덤 아래에 안장하고, 부인 고령 신씨(高靈申氏)를 합장하였다.

부인 신씨는 상공(相公) 숙주(叔舟)의 후손이며, 현감 수기(守淇)의 딸이다. 세 아들은 덕우(德宇), 덕소(德素), 덕초(德初)이다. 세 딸은 진사(進士) 박릉(朴稜), 강휘연(姜徽衍), 임장유(林長儒)에게 출가하였다. 내외(內外)의 후손들이 모두 자녀를 두어서 대가 끊어지지 않았다. 다음과 같이 명을 짓는다.

누가 깃촉을 빼앗았나	疇奪之翮
고니가 되지 못하고 거위가 되었으니	不鵠而鴚
인간세상에서 얻은 것이 어찌 그리 박복한가	得之人者胡薄也
누가 수명을 막았는가	疇閼之壽
늙은이 되도록 장수하지 못했으니	不胡以耈

하늘에서 얻은 것이 어찌 이리 잘못되었나　得之天者胡謬也
오직 세덕은 어그러지지 않아　惟世德不爽
보답 받아 반드시 형통하리니　受報必享
자손들 통해 얻는 것이　得之子孫者
헤아릴 수 없이 많으리라　將不可量也

호조 정랑 낙재 서공 묘갈명 병서

戶曹正郎樂齋徐公墓碣銘 幷序

영남(嶺南)은 신라(新羅)의 옛 강토로, 전한(前漢) 때부터 이미 군자(君子)의 나라로 일컬어졌다. 그 지역 사람들은 예의(禮義)와 겸양을 좋아하여 잘못을 저지르는 일이 드물고, 그 자제들은 시서(詩書)를 익히며 서로 좇아 배우니, 대개 그 지역 사람들의 풍도(風度)와 기질(氣質)이 이와 같다. 그곳에서 일어나 세상에 이름을 떨쳐 우뚝하게 오도(吾道 유학(儒學))의 종사(宗師)가 된 사람들에 대해서는 국가에서 존숭(尊崇)하는 정성이 지극하다. 근세의 대구인(大邱人) 낙재(樂齋) 서공(徐公)도 선도(善道)를 닦고 간직한 선비이다.

달성 서씨(達城徐氏)는 고려 때에 대대로 관직이 이어졌다. 그러나 공의 증조(曾祖) 휘(諱) 필(弼), 조부(祖父) 휘 응기(應期), 선고(先考) 훈도공(訓導公) 휘 흡(洽)까지 3대는 드러나지 못하였다.

공의 휘는 사원(思遠), 자는 행보(行甫)이다. 가정(嘉靖) 경술년(1550, 명종5)에 태어났다. 공이 일곱 살 때 백부(伯父) 진사공(進士公) 형(泂)이 아들로 삼았다. 진사공의 부인 이씨(李氏)는 본래 성품이 엄격하였는데, 공은 비록 어렸으나 이미 그 뜻을 잘 따랐다. 성장해서는 효성을 다해 어버이를 섬겨, 색양(色養)[66]을 어기는 법이 없었다.

66 색양(色養) : 자하(子夏)가 효(孝)에 대하여 물었을 때, 공자께서 "낯빛을 하기가 어렵다.〔色難〕"라고 대답한 데서 유래한 말이다. 이에 대한 해설은 두 가지로 나뉘는데, 하나는 자식이 즐거운 안색으로 부모를 봉양하는 것이 어렵다는 것이고, 다른 하나는

어버이께서 운명하시자, 묘 옆에 여막을 짓고 평생토록 슬퍼하고 사모하였다. 새벽에 일어나서 반드시 가묘(家廟)에 배알한 뒤에 서실(書室)에 나아가 종일 꼿꼿이 앉아 공부하였다. 남녀 노복들도 내외(內外)를 엄격히 구분하여 거처하게 하였으며, 제부(諸父)들을 섬기는 일, 형제들과의 관계, 그리고 향당(鄕黨)의 사람들과 사귀는 데 있어서 모두 그 윤리를 다하였으니, 억지로 힘쓰지 않아도 지극한 수준에 자연스레 도달하였다.

처음에는 아버지의 지시에 따라 성률(聲律)을 공부하여 문장을 익혔다. 그것을 바탕으로 일찍이 향시(鄕試)에서 장원하기도 하였으나, 공이 좋아하는 일은 아니었다. 그러므로 후사(後嗣)로 삼아준 부모님께서 돌아가신 뒤에는 다시 과거에 응시하지 않고, 매번 성현(聖賢)의 글을 읽으면서 부지런히 도(道)를 구하였다. 한강(寒岡) 정공(鄭公)[67]이 일찍이 퇴계(退溪) 선생의 문하에 유학(游學)하여 학문에 연원이 있다는 소식을 듣고, 이에 오롯한 마음으로 나아가 질정(質正)하였다. 공은 성현의 도가 높고 먼 데 있는 것이 아니라 자신이 얼마나 힘써 행하는가에 달려 있다고 생각하여, 부지런히 지행합일(知行合一)을 위해 스스로 노력하였다. 의관을 정제하고 앉아 서책을 마주하고 공부하면서 항상 직접 가르침을 받는 것처럼 하였다.

일찍이 생각하기를 "공자(孔子)와 맹자(孟子)를 배우고자 한다면,

부모의 안색을 잘 살펴서 봉양을 잘하는 것이 어렵다는 것이다.《論語 爲政》

67 한강(寒岡) 정공(鄭公) : 정구(鄭逑, 1543~1620)로, 본관은 청주(淸州), 자는 도가(道可), 호는 한강, 시호는 문목(文穆)이다. 김굉필(金宏弼)의 외증손으로, 이황(李滉)과 조식(曺植)에게서 성리학을 배웠다.《旅軒集 卷13 皇明朝鮮國……寒岡鄭先生行狀》

마땅히 정자(程子)와 주자(朱子)를 표준으로 삼아야 한다."라고 하였다. 그리하여 주자의 글과 퇴계의 문집(文集)을 가장 즐겨 읽으면서 다음과 같이 말하였다.

"그 사람의 글을 읽고 그 사람을 알지 못한다면 옳겠는가. 주 부자(朱夫子 주희(朱熹))는 진실로 공자와 맹자 이후의 제일인(第一人)이고, 퇴계 선생은 또 우리 동방의 주 부자이시다. 옷자락을 추어올리고 선생께 나아가 그 실마리를 듣지 못한 것이 한스럽다."

이에 동지(同志) 및 도우(道友)들과 함께 청량산(淸凉山)에 들어가서 선생이 남긴 자취를 우러러 살펴보았는데, 마치 직접 퇴계 선생을 모시고 다니는 것과 같은 자세로 계곡과 바위 사이를 두루 돌아다니면서 가슴속의 찌꺼기를 씻어 내고 호연히 돌아왔다.

공이 살고 있던 이천(伊川)은 금호강(琴湖江) 하류에 있어서 산이 서리고 물이 고이니, 은거하기에 적합하였다. 푸른 솔이 집을 둘러싸고 뜨락에는 오직 대나무의 고결한 자태와 매화의 향기가 가득하였다. 공이 그 사이에서 왔다갔다 거닐며 생애를 보내고 도서(圖書)와 뱃놀이로 즐거움을 삼았다. 서재(書齋)가 병란에 소실되었는데, 공이 다시 지은 뒤에 자양서원(紫陽書院)의 옛 제도를 취하여 경의(敬義)와 완락(翫樂)으로 그 재우(齋宇)에 이름을 붙였다.[68] 그리고 선유(先儒)들의 격언(格言)을 모아 정사(精舍)의 학규(學規)를 만들어 강학을 시작하는 처음에 학도(學徒)들을 경계하였다. 이치에 대해 논란(論難)하고

68 자양서원(紫陽書院)의……붙였다 : 서사원이 남송(南宋)의 주희(朱熹)가 강학하던 자양서원의 제도를 본떠 자신의 서재를 지었다는 말이다. 자양서원은 중국 안휘성(安徽省) 자양산(紫陽山)에 있다.

이끌어 주기를 게을리하지 않으면서 말하기를 "'뜻은 하루라도 게을리 할 수 없고 마음은 잠시라도 놓아두어서는 안 된다.'라는 구절과 '군자가 엄숙하고 공경하면 날로 강해지고, 안일하고 방자하면 날로 구차해진다.'[69]라는 구절은 마땅히 체험해야 한다."라고 하였다.

여가가 있으면 한두 제자를 데리고 작은 배로 강을 오르내리며 풍월(風月)을 읊었다. 이때에 사수(泗水 경북 사천시)에는 한강공(寒岡公 정구(鄭逑))이 있었고, 일선(一善 경북 구미시 일대)에는 여헌(旅軒) 장공(張公 장현광(張顯光))이 있어 공과 함께 세 분이 솥발처럼 거처하였으니, 종유하는 선비들이 모두 왕래하며 고증하고 질정하였고, 동서로 오가는 고위관리나 남쪽 고을로 부임하는 지방관들이 모두 그 집에 들러 예를 갖추었다.

비로소 조정에서 공의 명성을 듣고 감역(監役)과 찰방(察訪)에 임명하니, 공은 한 번 나가 숙배(肅拜)하고 곧바로 돌아왔다. 만력(萬曆) 을미년(1595, 선조28)에 청안 현감(淸安縣監)에 임명하였는데, 마침 왜적으로부터 침략을 당해 어려움이 많았으므로 공이 소신을 굽히고 마지못해 부임하였다. 고을 정사를 시행함에 떠돌아다니는 백성들을 안정시키는 데 힘썼다. 그리고 가장 먼저 성묘(聖廟)를 수리하여 봄가을의 제향(祭享)을 예에 따라 봉행하였다. 성과 해자, 여단(厲壇), 온갖 관사(官事)에 이르기까지 완비되지 않은 것이 없었다. 수시로 학사(學舍)에 나아가 스스로 구두(句讀)를 강해(講解)하고 겸하여 문예(文藝)를 익히게 하자, 근방의 뛰어난 수재(秀才)들이 다투어 와서 공부하

69 군자가……구차해진다 : 이것은 《예기》 〈표기(表記)〉에 보이는 공자(孔子)의 말이다.

니, 문채와 바탕이 함께 갖추어졌다.

무술년(1598, 선조31)에 벼슬을 그만두었는데, 길이 막혀 돌아올 수 없었다. 서원(西原 청주)의 산중에 흙집을 짓고 글을 읽으며 스스로 즐겼는데, 학도들이 서로 와서 배웠으며, 뒤에 고을 사람들이 돌에 새겨 그리워하였다. 이윽고 고향으로 돌아온 뒤에는 평소의 신조가 더욱 확고해져서 연달아 개령(開寧), 옥과(玉果), 연기(燕岐)의 현감에 임명하고, 또 호조 정랑(戶曹正郎), 익위사 사어(翊衛司司禦), 역학 교정(易學校正) 등에 임명하여 불렀으나 공은 모두 응하지 않았다.

을묘년(1615, 광해군7) 여름 4월에 운명하니, 하빈현(河濱縣) 파산(巴山) 기슭에 안장하였다. 공은 죽산 박씨(竹山朴氏)에게 장가들었는데, 부인은 고(故) 재상(宰相) 박원형(朴元亨)[70]의 후손이다. 아들 항(恒)을 낳았으니, 무과에 합격하여 사도 첨사(蛇渡僉使)가 되었다. 서출(庶出)은 구(懼)이다.

영남지방에 퇴계 선생이 세상을 떠난 뒤로, 선비들은 대부분 선생의 크고 작은 행적을 기억하고 있다. 공은 이미 퇴계 선생의 문하에 미치지 못한 것을 한으로 여겼으니, 대개 유풍(遺風)을 듣고서 사숙하여 스스로 다스림에 해당하는 분이 아니겠는가.[71] 진실로 그 조예(造詣)의

70 박원형(朴元亨) : 1411~1469. 본관 죽산(竹山), 자는 지구(之衢), 호는 만절당(晩節堂), 시호는 문헌(文憲)이다. 《三灘集 卷14 領議政朴文憲公行狀》

71 공은 이미……아니겠는가 : 서사원은 이황의 유풍을 듣고 사숙한 인물이라고 할 수 있다는 말이다. 숙애(淑艾)는 《맹자》 〈진심 상(盡心上)〉에 "군자가 가르치는 방법이 다섯 가지인데, 단비가 초목을 변화시키듯이 하는 경우가 있고, 덕을 이루게 하는 경우가 있고, 재주를 통하게 하는 경우가 있고, 물음에 답하는 경우가 있고, 사숙을 통해 자신을 다스리게 하는 경우가 있으니, 이 다섯 가지가 바로 군자가 사람을 가르치는

수준을 평가하고자 한다면, 참으로 오만한 일일 것이다. 그러나 그 옛것을 좋아하고 지향할 바를 알아서 세속의 흐름으로부터 벗어나 초야에서 지내면서도 그 몸을 선하게 하여 향당(鄕黨)의 사람들에게 영향을 주었고, 후학들에게 모범이 된 점은 또한 부정할 수 없다.

대현(大賢)과의 거리가 더욱 멀어질수록 유풍은 더욱 사라져 세파에 휩쓸리고 마음이 사욕에 덮이게 되니, 세상은 긴긴 밤의 어둠속으로 빠져들게 된다. 이러한 상황에서 항심(恒心)이 있는 자를 보기란 예부터 어려웠다. 가령 후학들 가운데 사문(斯文)에 뜻을 둔 사람이 그 물줄기를 따라 근원까지 거슬러 올라가서 백대의 뒤에라도 떨쳐 일으킨다면, 일으켜 세우고 지켜낸 공의 공로를 또 어찌 다 헤아릴 수 있겠는가. 드디어 다음과 같이 명을 짓는다.

닭이 울면 일어나서	鷄鳴而起
이로운 바가 아니어도 부지런히 힘썼으니	非所利而孜孜
성인의 무리로다	聖人之徒猗
숨어 지내며 뜻을 구하고	隱處求志
외물에 마음 빼앗기지 않았으니	而不奪乎外騖
내면에 스스로 즐거웠으리라	內足以自娛猗
글을 통해 살지고 도를 통해 윤택해지니	書腴道膏
고량진미 부러울 것 없어라	無慕乎肉粱猗
이미 순리를 따르고 이미 편안하였으니	旣順旣安

방법이다.〔君子之所以教者五, 有如時雨化之者, 有成德者, 有達財者, 有答問者, 有私淑艾者, 此五者君子之所以教也.〕"라고 한 데서 유래하였다.

평생 그 마음 올곧았어라	終考其貞猗
문인들이 옛 자취 취해 시호를 청한다면	使門人援古而易名
어찌 문강 선생이라 하지 않겠는가	盍亦曰文康先生猗

목 진사 묘갈명 병서
睦進士墓碣銘 幷序

자고로 현인(賢人)과 군자(君子)들은 절조(節操)와 행실(行實)을 갈고 닦으며 오래도록 세상에서 외롭게 지내지만, 법도를 이행하고 정도를 고수하여 결코 도(道)에서 어긋나지 않았다. 예를 들어 서유자(徐孺子)[72]는 숨어 지내며 뜻을 구했으니, 자신의 노력으로 얻은 것이 아니면 먹을 수 없었고, 서중거(徐仲車)[73]는 세상에 나갈 마음이 없었지만 절개(節槪)와 효성(孝誠)으로 명성이 드러났으니, 어찌 우뚝 빼어나서 비견될 사람이 드문 경우가 아니겠는가. 근세(近世)의 목낙선(睦樂善) 군은 거의 그러한 사람이다.

목군은 사족(仕族)의 후손이다. 조부(祖父) 첨(詹)[74]은 이조 참판(吏曹參判)으로 재직하다가 운명하였고, 아버지 수흠(守欽)[75]은 의금

72 서유자(徐孺子) : 서치(徐穉, 97~168)로, 자는 유자, 호는 빙군(聘君)이다. 동한(東漢)의 현인(賢人)으로, 집안이 빈궁하여 직접 농사지어 먹고살면서도 공검의양(恭儉義讓)과 담박명지(淡泊明志)를 숭상하여 소명(召命)에 응하지 않았다. 남주고사(南州高士)라고 일컬어졌다.

73 서중거(徐仲車) : 서적(徐積, 1028~1103)으로, 자는 중거이다. 송(宋)나라 산양(山陽) 사람으로, 3세에 부친이 죽었는데 부친의 이름이 석(石)이었으므로 종신토록 석기(石器)를 쓰지 아니하였으며, 길을 걷다가도 돌을 만나면 밟지 않았다. 정화(政和) 중에 시호(諡號)를 내려 절효처사(節孝處士)라 하였다.

74 목첨(睦詹) : 1516~1593. 본관은 사천(泗川), 자는 사가(思可), 호는 두일당(逗日堂)·시우당(時雨堂)이다. 《西坰集 卷7 吏曹參判睦公神道碑銘》

75 목수흠(睦守欽) : 1547~1593. 본관은 사천, 자는 요경(堯卿), 호는 하담(荷潭)

부 도사(義禁府都事)이고, 제부(諸父) 세 분도 모두 문과 급제를 통해 높은 관직에 올라 명성이 있었다. 다만 군은 성품이 침착하고 심원하며 대범하고 조용하여 벼슬길을 동경하지 않았다. 만력(萬曆) 경술년(1610, 광해군2)에 진사가 되었다. 얼마 뒤에 인륜이 무너지고 태학생들이 화복(禍福)을 두려워하여 모후(母后)[76]를 폐하자고 요청하는 것을 보고, 드디어 문을 닫고 스스로 본분을 지켰을 뿐, 유사(有司)에게 나아가 과거에 합격하기를 바라지 않았다.

선왕(先王 인조(仁祖))의 반정에 미쳐 유일(遺逸)을 등용할 때 군을 사직서 참봉(社稷署參奉)에 임명했으나 나가지 않았다. 친한 사람이 늙으신 부모님을 위해 관직에 나가라고 권했지만 잠자코 응하지 않았다. 조정에서도 군에게 은미한 뜻이 있는 것을 알고 다시는 부르지 않음으로써 그 고상한 뜻을 이루게 해 주었으니, 어쩌면 또한 백이(伯夷)와 같은 무리에서 나온 사람일 것이다. 대개 현헌(玄軒) 목세칭(睦世秤)[77] 선생은 고상하게 은둔(隱遁)[78] 생활을 한 분으로, 군의 증조(曾

이다.

76 모후(母后) : 선조의 계비(繼妃) 인목왕후(仁穆王后, 1584~1632)로, 본관은 연안(延安)이고, 아버지는 연흥부원군(延興府院君) 김제남(金悌男)이다. 1602년(선조35)에 왕비에 책봉되었으며, 1606년에 영창대군(永昌大君)을 낳았다. 광해군이 즉위한 뒤, 선조의 첫째 왕자 임해군(臨海君)을 제거하고 영창대군을 폐서인시킨 뒤 살해하였으며, 김제남을 사사하고 인목왕후를 폐비시켜 서궁(西宮)에 유폐하였다. 이러한 일련의 사건은 인조반정의 명분이 되었다. 인목왕후는 반정 뒤에 복위되어 대왕대비가 되었다.

77 목세칭(睦世秤) : 1487~1593. 본관은 사천, 자는 공달(公達), 호는 현헌(玄軒)이다.

78 은둔(隱遁) : 비정(肥貞)은 은둔을 의미한다. 《주역》 〈둔괘(遯卦) 상구(上九)〉에

祖)이다. 외조(外祖) 이지남(李至男)[79] 공은 대대로 효행이 있어 정려(旌閭)가 세워졌다. 그 아들 승지(承旨) 기설(基卨)[80]은 행실이 고귀하여 청결하였다. 이렇듯 군이 가정에서 익힌 것은 유래한 전통이 있다고 하겠다.

군은 이미 세상과 맞지 않았으므로, 직접 농사를 짓지 않으면 부모님 봉양과 자녀 양육을 감당할 수 없었다. 그러므로 김포에 있는 전려(田廬)로 가서 농사를 지어 삶을 영위하였다. 군은 몸을 단속하고 마음을 닦아 강단이 있고 절개를 지키는 자세를 견지하였으므로, 아주 작은 것이라도 남에게 요구하지 않았고, 봉양에 필요한 물건을 한결같이 농사에서 충분히 마련하였다. 평생 사사로운 글을 보내 남에게 빌려줄 것을 요구하지 않았지만, 무릇 장례와 제사에 필요한 물품은 반드시 마음에 흡족할 정도로 마련한 뒤에야 그만두었다. 어려서 아버지를 여의었으므로 어머니를 봉양하는 데 효성을 다하였다. 맏형 정언공(正言公)[81]을 아버지처럼 섬겼는데, 형님의 병이 심해지자 직접 약과 음식을 준비하며 곁을 떠나지 않았다. 형님이 돌아가시자 일반적인 경우보

"여유 있는 은둔이니, 이롭지 않음이 없다.〔肥遯, 無不利.〕"라고 하였고, 〈이괘(履卦) 구이(九二)〉에 "행하는 도가 평탄하니, 그윽한 사람이라야 곧고 길하리라.〔履道坦坦, 幽人貞吉.〕"라고 하였다.

79 이지남(李至男) : 1529~1577. 본관은 연안(延安), 자는 단례(端禮), 호는 영응선생(永膺先生)이다.《久菴遺稿 下 永膺李先生行狀》

80 이기설(李基卨) : 1558~1622. 본관은 연안, 자는 공조(公造), 호는 연봉(蓮峯)이다.《龍洲遺稿 卷15 蓮峯李先生墓碣》

81 정언공(正言公) : 목취선(睦取善, 1574~1619)으로, 본관은 사천, 자는 집중(執中), 호는 죽오(竹塢)이다.

다 훨씬 더 슬퍼하였다.

무진년(1628, 인조6)에 어머니께서 숨을 거두시는 데 이르러, 군이 패도(佩刀)를 찾다가 찾지 못하자 손가락을 깨물어 피를 먹여 드렸다. 이윽고 세상을 떠나시자 스스로 살고 싶은 마음이 없었다. 서리와 눈 속에서 가슴을 치며 곡하니 수염과 머리칼이 모두 얼어붙었다. 나흘 동안 한 모금의 물도 마시지 않았고, 삼년상을 마치도록 상복도 벗지 않았으며 곡읍(哭泣)하는 소리가 끊어지지 않았다. 아침저녁으로 무덤에 갔는데, 비록 많은 비가 내려도 그만두지 않았다. 이로 인해 묘역의 사방에 오솔길이 생겨났다. 군은 손가락을 깨물어 피를 흘렸기 때문에 팔이 저려서 오래도록 고통스러웠다. 어머니께서 꿈에 나타나 공의 팔을 어루만지며 "네 팔이 이제 나을 것이다."라고 하셨는데, 꿈에서 깬 뒤에 실제로 나았다.

군은 평소 병을 잘 앓았는데, 이때에 이르러 더욱 건강이 상한 나머지 한 움큼 쌀로 끓인 묽은 죽만 먹어서는 쇠한 기력을 보전할 수 없었다. 제부(諸父)들이 눈물을 흘리며 소금을 먹으라고 타일렀으나 오열하며 넘기지 못하였다. 제부들이 또 차마 강권할 수 없어서 말하기를 "이렇게 하다가 상사(喪事)의 슬픔과 고통을 견뎌내는 것도 운명이고, 견뎌내지 못하는 것도 운명이다."라고 하였다. 선비(先妣)께서 감을 좋아하셨기 때문에 군은 죽을 때까지 감을 먹지 않았다.

군은 고상한 행실과 뛰어난 자질을 지녔지만, 아름다운 광채를 감춘 채 오직 자신의 성명이 남들에게 알려질까 두려워하였다. 군이 살았던 청파(靑坡)의 기로(耆老)들과 묘소 아래의 이웃들이 군의 행실을 익숙하게 알았으므로 장차 조정에 알리려 하였지만, 군이 강력히 말려서 끝내 올리지 못하였다. 전후로 김포의 고을 수령으로 온 사람들은 모두 군을 만나고자 하며 말하기를 "이분이 기꺼이 나를 만나시겠는가."라고 헤아려 본 뒤에 나아가니, 그 풍도가 고매하여 친소(親疎)로써 어찌하지 못하는 것이 이와 같았다.

군은 세상일에 관심이 없었으므로 왕래하는 사람이 없었다. 오직 때때로 제부들에게 들렀는데, 과묵하여 종일 말이 없었으므로 한 자리가 경건하기만 했다. 독서를 통해 이치를 궁구하는 데는 오로지 스스로 깨닫는 것을 힘썼다. 처신할 때는 의리를 헤아렸으니, 의젓하여 범할 수 없었다. 혹 상례(喪禮)나 제례(祭禮)의 변례(變禮)를 만나면 여러 학설을 인용하고 자신의 생각을 곁들였으니, 듣는 사람마다 그 정밀하고 합당함에 감복하였다. 일의 시비(是非)가 뒤에 마땅히 어떻게 될 것이라고 예측하면 과연 끝내 정확히 맞았으니, 마음이 텅 비어서 욕심이 없었기 때문에 그러했던 것이다.

젊었을 때 장인 길천공(吉川公)[82]이 관찰사(觀察使)로 재임 중에 역말을 보내 군을 데려오게 하였다. 중도에 이르러 자신이 탄 말이 관마(官馬)라는 사실을 안 군은 걸어서 돌아왔다. 집에서 기르는 닭과 개가 조금 자라면, 반드시 새끼와 어미를 구별하여 난잡한 교배가 이뤄지지 않도록 하였으니, 비록 작은 일이라도 정밀하고 조심하는 것이 극진하였다.

군은 뒤늦게 작은 나라에 태어났지만 홀로 고인(古人)의 마음을 지녀, 더렵혀진 세상에 섞여 살면서도 속세의 밖으로 벗어나 아득히 뛰어난 행실을 실천하여 흠과 티를 볼 수 없었다. 그러므로 남의 자질을

82 길천공(吉川公) : 권반(權盼, 1564~1631)으로, 본관은 안동(安東), 자는 중명(仲明), 호는 폐호(閉戶)이다. 《蒼石集 文集 卷18 資憲大夫刑曹判書吉川君權公行狀》

잘 파악하는 사람도 그 내면에 온축된 것을 다 알지 못하였으니, 아아, 어질도다.

그의 벗 나 이민구(李敏求)는 평소 서로 동경하며 매우 사이가 좋았으나, 내가 벼슬길에 나가자 한 번도 편지를 보내지 않았다. 남쪽으로 옮기게 될 때, 군이 눈길을 무릅쓰고 강을 건너 찾아와 밤새 다정히 이야기를 나누며 헤어짐을 못내 아쉬워하였으니, 벗과 교제하는 모습이 또 이와 같았다.

군은 사천(泗川) 사람으로, 자는 성중(誠仲), 자호(自號)는 호옹(壺翁)이다. 회갑이 되던 을유년(1645, 인조23)에 운명하였다. 길천군(吉川君) 권반(權盼) 공의 딸과 혼인하여 아들 임종(林宗)을 낳았고, 두 딸은 참봉 이해안(李海安)과 지평 정언벽(丁彦璧)에게 출가하였다. 학생(學生) 백해민(白海民)의 딸과 재혼하여 두 딸을 낳았는데, 그 딸들은 검열(檢閱) 조사기(趙嗣基)와 사인(士人) 박천장(朴天章)에게 출가하였다. 임종은 두 아들 천성(天成)과 천화(天和)를 두었고, 여러 딸들도 모두 자손을 두었다.

처음에 정언공(正言公 목취선(睦取善))이 돌아가실 때, 군에게 일러 임종을 자신의 후사로 삼게 해달라고 부탁하였다. 얼마 뒤에 군이 아들을 낳았으나 성장하지 못하였다. 묘소는 양주(楊州) 금곡리(金谷里) 유좌(酉坐)의 등성이에 있고, 첫 번째 부인 권씨를 합장하였다. 다음과 같이 명을 짓는다.

옥과 같다고 하겠는가	其謂玉耶
옥은 흠이 있고	玉則缺
쇠와 같다고 하겠는가	其謂鐵耶

쇠는 부러지지	鐵則折
부러지지도 않고 흠도 없는 것은	不折不缺
오직 군자의 절개 뿐	惟君子之節
내가 벗의 명을 지으니	我銘我友
몽매한 사람도 명석해지리라	惟昧者之晢

참봉 이공 묘갈명 병서

參奉李公墓碣銘 幷序

선조(宣祖) 초년에 재상 사암(思庵) 박순(朴淳)[83] 공은 청고(淸高)한 명망(名望)으로 한 시대 사람들에게 존중받았다. 후사(後嗣)가 없었으므로 외손(外孫) 이택(李澤) 군에게 사후(死後)의 일을 받들게 하였다. 이군의 자는 무중(茂仲)인데, 양녕대군(讓寧大君) 제(禔)가 8대조이다. 증조(曾祖)는 풍저창 주부(豐儲倉主簿) 휘(諱) 원빈(元賓)이고, 조부(祖父)는 고양 군수(高陽郡守) 휘 소(韶)이고, 선고(先考)는 곡산 군수(谷山郡守) 휘 희간(希幹)이다.

군은 만력(萬曆) 갑술년(1574, 선조7)에 태어났으며, 어려서부터 재주가 뛰어났다. 사암공이 백발(白髮)에 관한 시를 쓰게 하였는데 기발한 표현이 있었으므로 공이 특별히 사랑하였다. 성장해서는 운수가 기박(奇薄)하여 급제하지 못하였다. 일찍이 한 번 침랑(寢郞)에 임명되었으나 나아가지 않았다.

처음에 사암공이 동음현(洞陰縣 경기도 포천군 영중면)에 물러나 거주하면서 배견와(拜鵑窩)[84]를 지었는데, 돌아가시자 그 지역에 장사지냈

83 박순(朴淳) : 1523~1589. 본관은 충주(忠州), 자는 화숙(和叔), 호는 사암(思菴)이다. 《芝湖集 卷10 思菴朴公行狀》

84 배견와(拜鵑窩) : 박순이 1586년(선조19)에 영평에 왔다가 산천의 빼어남을 보고 머물러 살 때 지은 집의 이름이다. 배견은 두견새에게 절한다는 뜻으로, 흔히 임금을 그리워하는 마음을 뜻한다. 두보(杜甫)가 촉(蜀)에서 지은 〈두견(杜鵑)〉에 "두견새가 늦은 봄 날아와서, 슬프게 내 집 곁에서 울었지. 내가 보고 항상 재배했나니, 옛 망제의

다. 군은 선대의 집을 지키며 세상에 뜻을 두지 않았지만, 오직 사암공이 돌아가신 뒤에 시호(諡號)를 받지 못한 것을 깊이 한스럽게 여겨 태상시(太常寺)에 서둘러 요청하였다. 갑신년(1644, 인조22)에 이르러서야 오랫동안 시행되지 못한 은전(恩典)이 비로소 거행되었다. 이윽고 옛 집으로 돌아와 병을 앓은 지 사흘 만에 배견와에서 운명하였다. 임종할 때 아들에게 "나를 사암공과 멀리 떨어진 곳에 장사 지내지 말아서 공의 무덤에 향불이 계속 이어지게 하라."라고 경계하였으므로, 같은 산에 장사 지내고 의인(宜人) 홍씨(洪氏)를 합장하였다.

네 아들은 현감 문망(文望), 시망(蓍望), 덕망(德望), 영망(英望)이고, 두 딸은 안재(安載)와 민지침(閔之針)에게 출가하였다. 중표(中表)의 손자 15명이 모두 세수(世守)를 잃지 않았으니, 이씨의 복이 끝나지 않은 것이다. 다음과 같이 명을 짓는다.

상국처럼 덕망 있는 분도	德如相國
대가 끊어져	而絶不嗣
효성스러운 외손[85]에게	孝如宅相
후사를 받들게 했구나	而奉後事
아아 천도여	噫乎天道
있는 것인지 없는 것인지	其知有無

넋임을 존중해서였네.〔杜鵑暮春至, 哀哀叫其間, 我見常再拜, 重是古帝魂.〕"라고 하였다.

85 외손(外孫) : 택상(宅相)은 외손을 의미한다. 진(晉)나라 위서(魏舒)가 어려서 외가인 영씨(寧氏) 집에서 자랐는데, 그 집터의 미래를 점친 자가 장차 귀한 외손이 나오게 될 것이라고 예언한 말대로, 위서가 나중에 사도(司徒)의 지위에까지 올랐다는 고사에서 비롯되었다.《晉書 卷41 魏舒列傳》 여기서는 이택을 의미한다.

울창한 저 동음현	鬱彼洞陰
산 서리고 골짝 굽이졌네	山盤谷紆
살아 의지하고 죽어 합사하여	生依死祔
조손이 서로 마주 보니	祖孫相望
어찌 우러르고 공경하지 않으랴	曷不瞻敬
두 분의 묘소라네	二公所藏

종부시 정 전공 묘갈명 병서

宗簿寺正全公墓碣銘 幷序

내가 젊어서 조정에 나와 성지(性之) 전이성(全以性) 공과 교유하였다. 전공은 나보다 6년 앞서 병오년(1606, 선조39)에 명경과(明經科)에 합격하였는데, 나와 함께 조정에 출입하며 제조(諸曹)의 낭관(郎官)을 지냈다. 그 뒤에 두 번 변방 막부(幕府)의 종사관이 되고, 다섯 번 군수와 현감으로 나가게 되었다. 그때마다 나와 헤어질 때면 매우 아쉬워하며 한참 뒤에야 떠나곤 하였다. 도성에서 벼슬할 때는 날마다 만나 두터운 정의로 매우 즐겁게 지냈다. 그러나 동년배들 가운데 조급하게 다투며 서둘러 높은 벼슬에 나가려고 하는 사람들과는 결코 더 이상 어울리지 않았다. 대개 처음 벼슬에 나왔을 때 권력 있는 신하와 서로 연줄이 있어서 그의 문하에 들어오도록 요구하였으나, 공은 맹세코 발을 들여놓으려고 하지 않았으니, 평소 세운 거취(去就)의 기준이 이와 같았다.

관직을 맡아서는 자신을 청렴하게 하고 백성을 이롭게 하는 데 최선을 다하였으므로, 백성들이 모두 사랑하고 존모해 마지않았다. 이러한 사실은 고성(固城)과 합천(陜川)에 세워진 거사비(去思碑)를 통해 확인할 수 있다. 시의(時議)가 서둘러 공을 좋은 벼슬에 오르게 하려고 하였으나, 공은 욕심 없이 담담한 자세를 스스로 견지하여 일찍이 권세가를 찾아다니며 명성을 추구하지 않았다. 그러므로 끝내 내직과 외직에서 부침을 겪다가 종부시 정(宗簿寺正)으로 삶을 마쳤다.

지난 갑자년(1624, 인조2)에 내가 원수 장만(張晩)을 따라 역적들을 뒤쫓아 황해도에 갔다가[86] 동양산성(東陽山城)에서 공을 만났는데, 모습이 평소와 변함없는 것을 보고 더욱 전아한 풍도에 감탄하였다. 순찰사(巡察使)가 공에게 격문을 보내 안서(安西 황해도 해주)로 달려가 군량을 감독하여 넉넉하게 하라고 하였는데, 공의 노력 덕분에 군량이 떨어지지 않았다. 난이 평정된 뒤에 그 공로가 가장 높게 평가되었지만, 공로는 사실상 다른 사람 차지가 되었다. 내가 옆에서 그 장면을 보면서 웃었는데 공은 아무 말도 없었다. 그러나 끝내 원종훈(原從勳)을 인정받아 승정원 도승지(承政院都承旨)에 추증되었다.

용궁 전씨(龍宮全氏)는 고려 시대 축성군(竺城君) 원발(元發)[87]이 널리 알려진 선조(先祖)이다. 그 뒤로 관직에 나간 인물이 계속 이어져 처사공 휘(諱) 행(綷)에 이르렀는데, 이분이 공을 낳았다. 그때가 만력(萬曆) 무인년(1578, 선조11)이니, 별세한 병술년(1646, 인조24)과는 69년의 차이가 있다. 부인은 창원 황씨(昌原黃氏)이다. 네 아들은 상구(尙耉), 후구(厚耉), 익구(翼耉), 유구(裕耉)이고, 두 딸은 정시열(丁時說)과 이기광(李基廣)에게 출가하였다.

86 갑자년에……갔다가 : 1624년(인조2) 이괄(李适)이 반란을 일으키자, 이민구는 도원수 장만(張晩, 1566～1629)의 종사관이 되어 종군하였으며, 당시 지은 한시를 모은 것이 《동주집(東州集)》 전집(前集) 권2의 〈종군록(從軍錄)〉이다. 장만의 본관은 인동(仁同), 자는 호고(好古), 호는 낙서(洛西)이다. 이괄의 난 때 관군과 의병을 모집해 이를 진압하여 진무 공신(振武功臣) 1등에 책록되었고, 보국숭록대부(輔國崇祿大夫)에 올라 옥성부원군(玉城府院君)에 봉해졌다. 《遲川集 卷19 贈大匡輔國崇祿大夫……玉城府院君贈謚忠定公張公行狀》

87 전원발(全元發) : 본관은 용궁(龍宮), 호는 국파(菊坡)이다. 고려 말기에 원나라에 가서 문과에 장원급제하여 병부 상서 집현전 태학사에 오르고 영록대부(榮祿大夫)에 가자되었다. 뒤에 귀국하여 축산부원군(竺山府院君)에 봉해졌다.

아아, 세월이 덧없이 흘러 벗들이 모두 고인이 되었는데, 나만 덩그러니 살아남아 죽은 사람을 위해 그 묘도(墓道)에 명(銘)을 쓰고 있으니, 무엇하는 사람이란 말인가. 다음과 같이 명을 짓는다.

만나면 어울리고 헤어지면 그리웠으며	合相處睽相思
젊어서는 즐거웠는데 늙어서는 서글펴라	少相驩老相悲
어느덧 늙고 또 죽어서	旣老旣死
그 무덤도 황량하니	旣荒其埌
빗돌에 글 새겨	載詞在石
서글픈 마음 부치노라	以寓愴悢

승문원 판교 김공 묘갈명 병서
承文院判校金公墓碣銘 幷序

아아, 지난 기묘년(1519, 중종14)에 천지가 음산해지더니 북문(北門 신무문(神武門))이 밤에 열려 불길이 뜨겁게 타오르고 우레가 세차게 울렸다. 저들의 술책은 물여우처럼 교묘하고 귀신처럼 험악하였으니, 여러 철인(哲人)들이 신음하였다. 정암(靜庵) 조광조(趙光祖)[88] 선생이 가장 먼저 날카로운 칼날에 맞았고, 충암(冲庵) 김정(金淨)[89] 선생은 처음에 외딴 섬으로 유배 갔다가 마침내 사사(賜死)되었다. 대개 명성과 행실이 뛰어난 분들이 가장 혹독하게 화를 당하였으니, 지금까지도 사람들이 길이 가슴 아파하고 있다.

충암공의 증손(曾孫) 판교공(判校公) 성발(聲發)은 자(字)가 경시(景時)이다. 젊어서부터 자질이 빼어나 기개와 도량이 남달랐으니, 식자(識者)들은 대현(大賢)의 후손 가운데 진실로 마땅히 훌륭한 인재가 있다고 생각하였다. 임진왜란이 발생하자, 공의 선친께서 유곡 찰방

88 조광조(趙光祖) : 1482~1519. 본관은 한양(漢陽), 자는 효직(孝直), 호는 정암(靜菴), 시호는 문정(文正)이다. 개혁을 추진하다가 훈구파의 탄핵을 받아 능주로 유배되었다가 사사(賜死)되었다. 그 뒤 신원(伸冤)되어 영의정(領議政)에 추증되고, 문묘에 배향되었다. 《靜菴集 附錄 卷6 行狀》

89 김정(金淨) : 1486~1521. 본관은 경주(慶州), 자는 원충(元冲), 호는 충암(冲菴)·고봉(孤峯)이다. 처음 시호는 문정(文貞)이고, 나중에 문간(文簡)으로 고쳐졌다. 기묘사화 때 금산(錦山)에 유배되었다가, 진도를 거쳐 제주도로 이배되었다. 1521년(중종16)에 신사무옥에 연루되어 사사되었다. 1545년(인종1) 복관되었고, 1646년 영의정에 추증되었다. 《冲庵集 年譜上 冲庵先生年譜》

(幽谷察訪)으로 있으면서 여섯 우역(郵驛)을 관장하여 역졸을 조발(調發)하였는데, 문득 말이 와전되어 밤에 흩어지니, 장사들이 모두 칼을 빼들고 마구 꾸짖었다. 공이 말머리 앞에 서서 큰소리로 부르짖으니, 그 애절함이 군사들을 감동시켜 선친께서 무사할 수 있었다.

만력(萬曆) 을사년(1605, 선조38)에 과거에 합격하여 한림원 주서(翰林院注書)와 세자시강원 설서(世子侍講院說書)에 임명되었다. 요직에 있는 사람이 앞다퉈 자기 문하로 끌어들이려고 했는데, 기자헌(奇自獻)[90]이 정승의 자리에 있으면서 그의 선조 복재공(服齋公)[91]이 충암공(冲庵公 김정(金淨))과 함께 화를 당한 인연을 들어 마음먹고 끌어들이려고 하였다. 그러나 공은 그 음흉함을 지적해 말하고, 한 번도 찾아가지 않았다. 한찬남(韓纘男)[92]이 권력 있는 사람의 사주를 받아 공과 어려서 함께 공부한 인연을 핑계로 자주 공에게 들러 이끗으로 유혹하였는데, 뜻대로 되지 않자 흉악한 기세로 위협하였다. 공이 이에 말하기를 "차라리 도둑놈이 될지언정, 결단코 자네를 따라 의롭지 않은 일을 하지는 않겠네."라고 하니, 한찬남이 버럭 화를 내며 절교하고 돌아

90 기자헌(奇自獻) : 1567~1624. 본관은 행주(幸州), 초명은 자정(自靖), 자는 사정(士靖), 호는 만전(晩全)이다. 이괄(李适)의 난 때 내응(內應)할 우려가 있다 하여 사사되었고 일족도 몰살되었다.

91 복재공(服齋公) : 기준(奇遵, 1492~1521)으로, 본관은 행주, 자는 자경(子敬), 호는 복재・덕양(德陽), 시호는 문민(文愍)이다. 조광조의 문인으로, 기묘사화 당시 아산으로 유배되었다가 이듬해 온성으로 이배되었고, 신사무옥 때 교살되었다. 《荷棲集 卷9 服齋奇先生諡狀》

92 한찬남(韓纘男) : 1560~1623. 본관은 청주(淸州), 자는 경서(景緖)이다. 인조반정 뒤에 주살(誅殺)되었다.

갔다. 뒤에 두 사람이 모두 재앙을 당했다.

성균관 전적(成均館典籍)과 병조 좌랑(兵曹佐郞)을 거쳐 사간원 정언(司諫院正言)과 사헌부 지평(司憲府持平)에 임명되었다. 당시 대관(臺官)이 여악(女樂)은 예에 맞지 않는다고 논하고 다섯 현인을 문묘에서 제사할 것을 요청하여 정도를 유지한 것은 공의 도움 덕이었다.

신해년(1611, 광해군3)에 이르러 세상이 날로 더욱 변하자 외직으로 나아가 해미 현감(海美縣監)이 되었다. 휘원(輝遠) 정온(鄭蘊)[93] 공이 소인(小人)의 말을 지나치게 믿어서, 자잘한 법조항을 들어 공을 탄핵하였다. 그 뒤에 정공이 곧은 말을 하다가 바다 밖으로 폐고(廢錮)되어 인조(仁祖) 원년에 돌아왔다. 공이 정공을 찾아가니, 정공이 말하기를 "그대도 나를 찾아오는가."라고 하였다. 공이 웃으며 말하기를 "이제 공은 지난날의 휘원이 아닌데, 내가 무엇 때문에 만나지 않겠습니까."라고 하였다. 정공은 위인(偉人)이라 곧바로 술상을 차리게 하고 흠뻑 취해 대단히 즐거워하였으며, 매번 사람들에게 "김군은 지금 세상의 선비가 아니다."라고 하였다. 대개 공은 관후(寬厚)한 장자(長者)인데, 이때에 이르러 더욱 그 도량이 넓어졌던 것이다.

조정에서 부모를 잘 봉양할 수 있도록 공을 서산 군수(瑞山郡守)에 임명하였는데, 이듬해 갑자년(1624, 인조2)에 어머니 상을 당하여 그만두었다. 병인년(1626)부터 6년간 사헌부 장령(司憲府掌令), 세자시강원 필선(世子侍講院弼善), 상의원(尙衣院)·장악원(掌樂院)·제

93 정온(鄭蘊) : 1569~1641. 본관은 초계(草溪), 자는 휘원(輝遠), 호는 동계(桐溪)·고고자(鼓鼓子)이다. 《桐溪集 附錄 卷1 贈資憲大夫吏曹判書……義禁府春秋館事鄭公諡狀》

용감(濟用監)·사도시(司䆃寺)·사옹원(司饔院)의 정(正), 승문원 판교(承文院判校), 원주 목사(原州牧使) 등을 지냈다. 임신년(1632, 인조10)에 종부시 정(宗簿寺正)을 거쳐 금산 군수(錦山郡守)로 나갔다가 5년 뒤에 병으로 면직되었다. 그해 겨울에 임금께서 남한산성에서 적들에게 포위되자, 공은 대단히 상심하여 병이 더욱 심해졌다. 삼척 부사(三陟府使)가 되었을 때는 기력이 고을 정사를 감당할 수 없었으므로 그만두고 돌아왔다. 3년 뒤인 임오년(1642)에 향년 74세로 운명하였다. 일찍이 종훈(從勳)에 책록되었으므로 승정원 도승지(承政院都承旨)에 추증되었다. 회인현(懷仁縣)에 장지를 정하였으니, 묘혈(墓穴)은 을좌(乙坐)이다.

공은 자질이 혼후하고 기도(氣度)가 침착하여 말수가 적었으며, 외모나 낯빛을 꾸미는 일이 전혀 없었다. 각을 세우려고 하지 않아서 처음에는 마치 시비를 분별하는 데 무심한 듯 했지만, 내면은 확고하게 바른 도리를 지켜서 이해(利害)의 문제 앞에 조금도 흔들림이 없었다. 집에 있을 때 어머니를 봉양하며 매우 기쁘게 해 드렸으므로, 어머니께서는 가난함을 알지 못하였다. 종족과 벗들을 모두 아끼고 좋아하였다. 관직에 나아가 백성을 대할 때는 함께 마시며 화목하였고, 법을 적용할 때는 부득이한 듯이 했으므로 원망하는 사람이 없었다. 본래 주량(酒量)이 커서 때때로 친구들과 즐겨 마셨는데, 잔에 가득 부어 마시고 흠뻑 취했으며, 겉과 속이 시원하게 트이고 진솔한 본성대로 따랐다.

충암공(冲庵公 김정(金淨))이 신원된 지 백여 년이 되었지만, 묘도(墓道)에 비문이 없었다. 공이 가산을 털어 장인(匠人)을 모아 빗돌을 세우고 월사(月沙 이정귀(李廷龜)) 상공이 글을 지으니, 사림(士林)들이 모여들어 구경하였다. 중종(中宗)께서 일찍이 은과보대(銀銙寶帶)를 충암공에게 하사하였는데, 공이 조정에 나가게 되자 진신(搢紳)들이 훌륭한 볼거리로 여겨 문정(文貞)의 홀(笏)[94]에 견주었다고 한다.

공은 대대로 서원(西原 충청북도 청주시)에 살았는데, 그 지역에 강을 끼고 있는 곳이 창구(滄丘)이며, 충암공이 옛날 노닐던 곳은 그 마을 이름이 무태(無怠)인데, 두 곳 모두 산수의 경치가 대단히 빼어났다. 공이 창구에는 집을 짓고 무태동에는 정사(精舍)를 세우고는 이웃의 부로(父老)들과 낚시하며 즐겁게 지내는 것으로 삶을 마쳤다.

공의 가계는 신라(新羅) 경순왕(敬順王)에게서 시작되었다. 조부 철보(哲葆)는 참봉(參奉)이다. 선고(先考) 익련(益煉)은 찰방(察訪)인데, 이조 판서(吏曹判書)에 증직되었다. 선비(先妣) 남씨(南氏)는 본관이 고성(固城)이다. 공의 부인은 문화 유씨(文化柳氏)이다. 두 아들은 현감(縣監) 진현(震賢)과 생원(生員) 손현(巽賢)이고, 네 딸은 김득신(金得臣), 노경명(盧景命), 구봉우(具鳳羽), 송지승(宋之承)에게 출가하였다. 내외(內外)의 자손은 대단히 많아 다 기록하지 못한다. 다음과 같이 명을 짓는다.

오직 저 흉악한 자들은	惟彼凶人
현인 헤치는 데 힘을 쓰지만	戕賢是力
오직 이 철인은	惟此哲人

94 문정(文貞)의 홀(笏) : 문정은 당 태종(唐太宗) 때의 명상(名相) 위징(魏徵)의 시호이다. 당 문종(文宗) 때에 위징의 5대손 위모(魏謨)가 기거사인(起居舍人)이 되었는데, 문종이 위모에게 "경의 집에 조서를 기록한 문서가 있는가.〔卿家有何舊書詔〕" 하니, 위모가 "모두 없어지고 오직 선조의 잠홀이 있을 뿐입니다.〔比多失墜, 唯簪笏獨存.〕"라고 하였다. 《太平御覽 卷692 服章 笏》

하늘이 정해 준 운명 어긋나지 않았지	天定不忒
충암은 중간에 그쳤으나	沖庵中閼
그 자손은 이어졌으니	其世則延
누가 알았으랴 커다란 옥이	孰謂拱璧
이지러진 듯해도 온전한 줄을	旣毁旣完
그 어짊을 닮아서	有象其賢
그 명성 실추시키지 않았으니	無隕厥聲
왕의 좌우에 있으며	在王左右
시비를 엄격히 밝혔어라	奪辨渭涇
순순한 군자라서	肫肫君子
격동하지도 않고 휩쓸리지도 않았으며	不激不隨
쌓은 음덕 선조로부터 시작되었으니	迺積自基
보답 받을 것은 기약처럼 분명하네	受報如期
울창한 저 새 무덤에	菀彼新阡
소태나무도 가래나무도 있으니	有杞有梓
이렇게 명을 지어서	作爲銘詩
너희 자손들에게 주노라	詒爾孫子

증 이조 판서 정공 묘갈명 병서

贈吏曹判書鄭公墓碣銘 幷序

고가(故家)와 세족(世族)이라도 중간에 쇠퇴하지 않을 수 없다. 그러나 그 집안사람들은 반드시 덕을 쌓고 법도를 지켜 나가니, 용졸한 가문들이 조금 명성이 있다고 하여 우쭐대는 것과는 같지 않다. 그러므로 자손들로 하여금 꾸준히 계승하게 하여 능히 처음 상태로 회복하고 가문의 전통을 이어가나니, 동래(東萊) 정공(鄭公)과 같은 사람이 바로 그러한 경우이다.

정씨는 고려 시대부터 큰 가문이었다. 예문관 대교(藝文館待敎) 휘(諱) 전(荃)[95]은 의정부 좌찬성(議政府左贊成) 휘 대년(大年)[96]을 낳았으니, 대년은 걸출하고 뛰어난 사람으로 불렸다. 이분이 여산 군수(礪山郡守) 휘 휴복(休復)[97]을 낳았으니 공의 선고(先考)이다. 휴복이 남양 홍씨(南陽洪氏)에게 장가들어 가정(嘉靖) 신해년(1551, 명종6)에 공을 낳으니, 공의 휘는 호(灝), 자는 청경(淸卿)이다.

공은 자질이 장후(長厚)하고 풍채가 수려하여 대가(大家)의 자손답다고 칭송받았다. 성품이 차분하고 벼슬길에 급급한 마음이 없어서

95 정전(鄭荃) : 1475~1513. 본관은 동래(東萊), 자는 자원(子遠)이다.

96 정대년(鄭大年) : 1503~1578. 본관은 동래, 자는 경로(景老), 호는 사암(思菴)이다. 《頤庵遺稿 卷4 文集2 議政府左贊成鄭公行狀》

97 정휴복(鄭休復) : 1529~1604. 본관은 동래, 자는 복초(復初)이다. 《芝峯集 卷23 礪山郡守鄭公墓碣銘》

일찍부터 과거 공부를 그만두었다. 화려한 것을 좋아하지 않고 교유를 일삼지 않았다. 사람들이 출사를 권유하면 "이것은 명(命)이 있는 것이다."라고 말하였다. 시골로 물러나 살면서 오로지 내면을 다스리고 스스로 지조를 지키는 데 전념하였다. 가끔씩 술을 내오게 하여 홀로 마시면서 본성대로 자적(自適)할 뿐이었다. 효성과 우애를 집에서 실천하여 이웃 사람들이 흠잡는 말이 없었으나, 명성은 향리를 벗어나 알려지지 못했다. 작은 해서(楷書)를 잘 써서 오흥(吳興)[98]의 필법(筆法)을 얻었으나, 이것으로 명성을 얻으려 하지 않았다.

어머니 상을 치르면서[99] 끝내 건강을 잃어 운명하니 향년 59세였다. 광주(廣州) 옹정산(甕亭山)에 안장하였으니, 무덤은 오향(午向)이다. 부인 진천 송씨(鎭川宋氏)는 군수 원(瑗)[100]의 딸이다. 성품이 유순하고 선량하였으며 집안을 엄격하게 단속하였다. 운명한 지 16년 만에 공과 합장하였다.

2남 2녀를 두었으니, 양우(良佑)[101]는 공조 좌랑(工曹佐郞)이고, 양

98 오흥(吳興) : 중국 절강성(浙江省) 호주(湖州)의 현(縣)으로, 여기서는 오흥 출신인 원나라 때의 관료이자 서화가 조맹부(趙孟頫, 1254~1322)를 가리킨다. 자는 자앙(子昂), 호는 송설(松雪)・송설도인(松雪道人)이다. 박학다식하고 시문(詩文)과 서화(書畵)에 능했는데, 특히 행서(行書)와 해서(楷書)에 조예가 깊었다. 구양순(歐陽詢), 안진경(顔眞卿), 유공권(柳公權)과 함께 해서사대가(楷書四大家)로 일컬어진다.

99 어머니 상을 치르면서 : 정호의 어머니 남양 홍씨(南陽洪氏)는 영의정에 추증된 홍은(洪誾)의 딸로, 1610년(광해군2)에 세상을 떠났다. 《芝峯集 卷23 礪山郡守鄭公墓碣銘》

100 송원(宋瑗) : 1532~1592. 본관은 진천(鎭川), 자는 희거(希蘧)이다.

101 정양우(鄭良佑) : 1574~1647. 본관은 동래, 자는 군우(君遇), 호는 석곡(石谷)이다. 《白軒集 卷47 工曹佐郞贈吏曹參議鄭公墓碣銘》

필(良弼)[102]은 형조 참판(刑曹參判)이며, 두 딸은 봉사(奉事) 이성광(李成光)과 학생(學生) 이여담(李汝湛)에게 출가하였다. 좌랑(佐郎 정양우(鄭良佑))은 아들 승지(承旨) 태제(泰齊), 그리고 사인(士人) 양경갑(梁頴甲)과 지평 채성귀(蔡聖龜)에게 출가한 딸을 낳았다. 참판(參判 정양필(鄭良弼))은 아들 진사(進士) 화제(華齊)를 낳았다. 봉사(奉事 이성광)는 현감(縣監) 충운(翀雲)과 공운(珙雲), 그리고 현감 윤제(尹隮)와 채천한(蔡天漢)에게 출가한 두 딸을 낳았다. 학생 이여담은 딸 넷을 낳았으니, 부사(府使) 정시망(鄭時望), 김경(金冏), 조유기(趙維紀), 이관운(李觀運)에게 출가하였다. 공에게는 서출(庶出)의 아들도 있으니 양승(良承)이다.

아, 생각건대 공은 덕을 쌓고 몸을 닦아 선대의 아름다운 전통을 잘 이었으나, 명성과 지위는 가려져 드날리지 못한 채 조용히 삶을 마쳤으니, 혹 이른바 명(命)이 있다는 것인가. 이미 거두어 모았던 것이 발동하여 공의 자손들이 가르침을 지키고 명성을 드날려 무궁한 데까지 효성을 미루어 나갔다. 그 결과 여러 번 추증을 통해 공을 자헌대부(資憲大夫) 이조 판서(吏曹判書)에 이르게 하였으니, 이는 참판공이 높은 지위에 올랐기 때문이다. 영예로운 품계와 현관(顯官)의 반열에 올라 추증된 관작이 높아지자, 다시 묘소 앞에 묘갈을 세우고 나에게 글을 부탁하여 영원히 아름다운 명성을 전하려고 하니, 공에 대한 하늘의 뜻이 여기에 이르러 정해진 것이다. 내가 그러므로 세가(世家)의 흥폐(興廢) 원인을 들어서 증표로 삼는다. 다음과 같이 명을 짓는다.

102 정양필(鄭良弼) : 1593~1661. 본관은 동래, 자는 몽뢰(夢賚), 호는 추천(秋川)이다.

언덕에 자라는 나무가	木生於丘
뿌리 넓게 내려야 성장하고	根盤以大
겨울에 시들었다가 봄에 무성해지니	冬悴春敷
그 꽃다움은 보이지 않는 데서 시작하지	其榮自晦
아아 정공이여	允矣鄭公
음덕을 쌓기만 하고 적게 누렸지만	斂德嗇施
자손들 통해	以子以孫
기약한 듯 보답 받았네	受報如幾
음촌의 비석이	陰村之石
천지와 함께 영원하리니	穹壤罔敝
시를 새겨 밝게 드러내어	刻詩孔昭
후세를 일깨우노라	以覺來世

공조 정랑 이공 묘갈명 병서

工曹正郎李公墓碣銘 幷序

영남 지방은 최근 6, 70년 동안 선유(先儒)들의 장자(長者)다운 유풍이 세대가 멀어질수록 더해졌으니, 산림(山林)에서 덕을 숨기고 능력을 감추어 도를 지키면서 당대의 일에 급급하지 않은 사람도 간간이 나타나 명성이 있었다. 근래의 용궁(龍宮) 사람 이찬(李燦) 공 중명(仲明) 또한 당대에 저명하였다.

여주 이씨(驪州李氏)는 고려 말기에 태학사(太學士) 행(行)[103]이 있었는데, 기우자(騎牛子)라고 자호하였고 풍류(風流)가 사림(士林)들 가운데 빛났다. 7대를 지나 우윤(右尹)에 증직된 윤수(潤壽) 공은 은덕(隱德)이 있었는데, 내가 일찍이 공의 비문(碑文)을 지었다.[104] 이분이 만력(萬曆) 을해년(1575, 선조8)에 공을 낳았다. 공은 어려서 고모할머니 손에서 자랐는데, 고모할머니께서 돌아가시자 부모님 상을 만난 것처럼 매우 슬퍼하였다.

공은 청명하고 활달했으며 안팎이 온전히 순수하여 용모를 억지로 고치고 행실을 꾸미는 세태를 끊어버렸다. 일가친척들이 공의 어짊에 감화되고 향당(鄕黨)의 사람들은 공의 의로움에 감복하여 원근(遠近)

103 이행(李行) : 1352~1432. 본관은 여주(驪州), 자는 주도(周道), 호는 기우자(騎牛子)·백암거사(白巖居士), 시호는 문절(文節)이다. 고려가 망하자 예천동(禮泉洞)에 은거하였다.

104 우윤(右尹)에……지었다 : 《동주집(東州集)》 문집(文集) 권9에 〈처사이공묘갈명 병서(處士李公墓碣銘 幷序)〉가 실려 있다.

의 사람들이 사모하고 믿었으니, 서로 경계하여 그릇된 일을 하지 않았다. 손님을 대할 때에는 한결같이 성의를 다하여 게을리하지 않았는데, 이런 모습은 늙을 때까지 변하지 않았으니, 왕언방(王彦方)[105]과 관유안(管幼安)[106]에게 비견될 만하다.

서애(西厓) 유 상국(柳相國 유성룡(柳成龍))은 공에게 외삼촌이 되는데, 특별히 더욱 애지중지하여 말을 건넬 때마다 매우 다정하였다. 서애공의 막내아들 진(袗)[107]은 높은 명성을 지니고 조정에 나아가 사헌부 지평(司憲府持平)에 임명되었는데, 영남의 선비들이 공과 견주어 서로 우열을 가릴 수 없다고 여겼다.

공은 어려서부터 병이 많았으므로, 의술(醫術)[108]을 공부하여 곧잘 스스로 치료하였다. 몹쓸 병이나 고질병에 걸린 부모나 처자식을 둔 사람들은 반드시 공을 찾아가서 어떤 약을 써야 좋을지 물었는데, 한밤중에 찾아와 문을 두드려도 공은 천 리 길을 멀다 여기지 않았다. 또한

105 왕언방(王彦方) : 후한(後漢) 사람 왕렬(王烈, 142~219)로, 자는 언방이다. 어릴 때 진식(陳寔)을 섬겨 의행(義行)으로 명성을 얻었다. 52쪽 각주48 참조.

106 관유안(管幼安) : 삼국 시대 위(魏)나라 사람 관녕(管寧, 158~241)으로, 자는 유안이다. 일찍이 화흠(華歆)과 공부하고 있었는데, 고관대작의 수레가 지나가자 화흠이 책을 덮고 바라보는 것을 보고, 세상의 부귀영화에 뜻을 주었다고 하여 같이 쓰던 방석을 갈라 절교했다는 관녕할석(管寧割席)의 이야기가 유명하다. 후한 말에 전란을 피해 요동 땅에 가서 30여 년을 살았는데, 평상에 꿇어앉아 글을 읽어 무릎에 닿은 상(床)의 바닥이 뚫어졌다고 한다.

107 유진(柳袗) : 1582~1635. 본관은 풍산(豐山), 자는 계화(季華), 호는 수암(修巖)이다.

108 의술(醫術) : 기황(岐黃)은 의술의 시조로 추앙되는 기백(岐伯)과 황제(黃帝)를 말한다.

공이 병에 따라 처방하면 모두 효험이 있었다. 인조(仁祖)께서 편찮으실 때 국의(國醫)가 처방을 했는데도 효험이 없자, 곧장 역마로 공을 불러올렸다. 공은 매우 조심스러웠으나, 또한 의리와 명분으로 볼 때 어찌할 수가 없어서 억지로 서울로 갔다. 당시에 내가 내의원 제조(內醫院提調)로 있었는데, 공을 만나기가 매우 부끄러웠다. 조정에서는 평소 공의 뜻을 굽혀 관직에 나오도록 하려고 했으므로, 공이 도착하자 익위사 사어(翊衛司司禦), 종부시 주부(宗簿寺主簿), 공조 좌랑(工曹佐郎)에 임명하였다. 얼마 뒤에 군위 현감(軍威縣監)에 임명되었는데, 몇 개월 만에 병으로 면직되었다. 내의원에서 다시 임금의 약에 대해 의논할 때, 공도 다시 대궐에 나왔으므로 공조 정랑(工曹正郎)에 임명되었다.[109] 또 외직으로 나가 김산 현감(金山縣監)에 임명되었는데,[110] 얼마 지나지 않아 또 병든 사정을 아뢰고 집으로 돌아왔다.

갑오년(1654, 효종5) 2월에 집에서 운명하였다. 죽음을 앞두고도 정신이 평상시처럼 흐트러지지 않았다. 공은 집에서 지내면서 부모님께 효도하고 형제와 우애 있게 지냈다. 종을 넘겨주어 막내아우를 위해 일하게 한 것이나, 토지와 종을 나누어 여러 조카들에게 주어서 생계를 마련할 수 있도록 한 것은 공의 덕행 가운데 자잘한 일에 불과하다.

공의 부인은 영인(令人) 김씨(金氏)이다. 부인의 아버지 현감(縣監) 부륜(富倫)[111]은 퇴계(退溪) 선생의 문인이고, 아우 사간(司諫) 영(坽)

109 공조 정랑(工曹正郎)에 임명되었다 : 《승정원일기》 인조 17년 11월 6일 기사에 이 사실이 보인다.

110 외직으로……임명되었는데 : 《승정원일기》 인조 17년 12월 13일 기사에 이 사실이 보인다.

은 나와 같은 해에 급제하였는데,[112] 기절(氣節)과 행실로 이름났다. 영인(令人)은 가정에서 부도(婦道)를 익히고 남편에게 순종하였으니, 아름다운 행실과 본보기는 마땅히 여사(女史)의 으뜸이었다. 공보다 먼저 운명하였고 고을의 남쪽에 있는 선영에 합장하였다.

예전에 내가 공의 집에 들렀을 때 국화가 뜰에 가득하고 정원이 깔끔하게 정리되어 있었다. 온종일 청담(淸談)을 나누느라 내가 관리로서 임무를 띠고 있다는 사실조차 망각하였다. 공을 바라보면 마음이 절로 통했으니, 실로 말이 없어도 서로 뜻이 잘 맞는 점이 있었다. 지금 공의 아들 장춘(長春)이 행장(行狀)을 가지고 와서 나에게 글을 요청하면서 "장차 묘소 앞에 새기려 합니다."라고 하니, 이에 사양하지 못하고 명을 짓는다. 명은 다음과 같다.

내가 공을 만나지 못한 뒤로	自我不見
비루해진 점이 많았는데	鄙吝則多
세월 오래되어	時月爲久
영원히 볼 수 없으니 어이할까	千古奈何
명예 온전히 지키며 잘 마쳐서	完名令終
이미 편안하게 돌아가니	旣佚以歸
손과 발 열어 보이는 일[113]	啓手與足

111 김부륜(金富倫) : 1531~1598. 본관은 광산(光山), 자는 돈서(惇敍), 호는 설월당(雪月堂)이다. 저서로 《설월당집(雪月堂集)》이 있다.

112 김령(金坽)은……급제하였는데 : 김령(1577~1641)의 본관은 광산(光山), 자는 자준(子峻), 호는 계암(溪巖), 시호는 문정(文貞)이다. 저서로 《계암집(溪巖集)》이 있다. 1612년(광해군4)에 이민구와 함께 증광시(增廣試)에 합격하였다.

군자가 거의 이루었네	君子庶幾
선영과 멀지 않은 곳에	無遠先域
부부가 함께 묻혔고	夫藏婦隨
대를 이은 사람이 있으니	嗣事有人
제사가 끊어지지 않으리	祭以不隳

113 손과……일 : 증자(曾子)가 병을 앓게 되자 제자들을 불러 말하기를 "이불을 걷어 내 발을 살펴보고 내 손을 살펴보아라. 《시경》에 이르기를 '두려워하고 삼가서 깊은 못에 임한 듯이 하며 얇은 얼음을 밟듯이 하라.' 하였는데, 이제야 내가 몸을 훼상하는 데서 면한 줄을 알겠구나. 제자들아.〔啓予足, 啓予手. 詩云, 戰戰兢兢, 如臨深淵, 如履薄氷, 而今而後, 吾知免夫, 小子.〕"라고 말한 고사가 전한다. 《論語 泰伯》

통례원 좌통례 권공 묘갈명 병서
通禮院左通禮權公墓碣銘 幷序

선대부(先大夫)께서 임오년(1582, 선조15) 진사시에 급제하셨는데, 당시 권두문(權斗文)[114] 공이 시험을 감독하셨다. 20년이 지난 뒤 선대부께서 이조 참의(吏曹參議)가 되셨을 때, 전형(銓衡)을 맡은 장관도 임오년 과거에 합격한 사람이었는데, 그가 공을 학성관(學省官)으로 기용하였다. 내가 어렸을 때 가만히 창문으로 엿보았는데, 공은 연세가 많고 근후(謹厚)한 장자(長者)였다. 손님이 돌아간 뒤에 선대부께 공이 불우하게 된 정상(情狀)을 삼가 여쭙자, 선대부께서 위연(喟然)히 탄식하셨으니, 마음 아프게 생각하신 것이다. 그 뒤에 공이 조금 승진하여 좌통례(左通禮)에 이르렀으나, 마침 봉인(奉引)하다가 발을 잘못 디뎌 다쳤으므로 결국 병든 사정을 아뢰고 귀가하였다. 귀가한 지 13년 만인 정사년(1617, 광해군9)에 운명하였으니 향년 75세였다.

공의 자(字)는 경앙(景仰), 본관은 안동(安東)이다. 대대로 관리를 배출하였으며, 장흥고 영(長興庫令) 휘(諱) 흠(欽), 휘 성손(誠孫), 휘 담(譚), 장악원 주부(掌樂院主簿) 휘 유년(有年)이 공의 4대 선조(先祖)이다.

공은 어려서부터 재능과 학문으로 이름났으니, 같이 배우는 사람들

114 권두문(權斗文) : 1543~1617. 본관은 안동(安東), 자(字)는 경앙(景仰), 호는 남천(南川)이다. 《鶴沙集 卷9 左通禮南川權公行狀》

이 앞을 양보하여 감히 나란히 하려고 하지 못했다. 임신년(1572, 선조 5)에 선조(宣祖)께서 춘당대(春塘臺)에서 선비들을 시험하실 때, 공이 병과(丙科)로 합격하였다. 처음 교서관(校書館)에 소속되었다가 교검(校檢), 감찰(監察), 칠원 현감(漆原縣監)으로 옮겼다. 병술년(1586)에 형조 정랑(刑曹正郎)을 거쳐 청도 군수(淸道郡守)로 나갔다. 조정에 나온 관리들이 모두 내직(內職)에 있기를 좋아하는 것은 높은 벼슬로 통하기를 바라서이고, 당시 여론도 공에게 호감을 가지고 있었다. 그러나 공은 부모님과 조부모님이 모두 살아계셨으므로 어른들을 봉양하는 것이 급선무였을 뿐, 다른 것은 아랑곳하지 않았다. 교체되어 돌아오자 또 고부 군수(古阜郡守)에 임명되었는데, 부모 곁을 떠나 벼슬하고 싶지 않았으므로 사직하고 부임하지 않았다.

임진년(1592)에 평창 군수(平昌郡守)로 나갔는데, 왜적(倭賊)이 팔도(八道)를 유린(蹂躪)하니, 문드러진 고기처럼 백성들이 도탄에 빠져 온전한 곳이 없었다. 공의 아들 주(黈)[115]가 말하기를 "동촌(東村)도 군(郡)의 경내에 있는 지역인데, 지형이 깊고 험하니 보전할 수 있습니다."라고 하였다. 공은 의리상 꿩이나 토끼처럼 도망가는 것을 탐탁찮게 여겨서, 벼랑의 굴에 목책(木柵)을 세우고 지역의 장정들을 모아 사수(死守)할 계책을 세웠다. 왜적이 영동(嶺東)과 영서(嶺西)를 순회하며 격문(檄文)을 돌렸는데, 요점은 식량을 마련하여 정성껏 자신들을 맞이하라는 내용이었다. 공이 적을 베어서 대중에게 보였는데, 왜적이 새벽에 굴을 압박해 들어와 맞서 싸우던 사람들이 많이 죽었다.

115 권주(權黈) : 1576~1651. 본관은 안동, 자는 자지(子止), 호는 춘수당(春睡堂)이다. 《海左集 卷36 成均進士權公行狀》

왜적이 뛰어들어 공을 베려고 할 때, 아들 주와 첩 강씨(康氏)가 공을 감쌌기 때문에 공은 죽지 않았지만, 강씨는 벼랑에서 떨어져 운명하였다. 왜적이 고을 수령을 잡을 때는 반드시 생포하여 군상(軍賞)을 받으려고 했으므로, 마침내 공을 포박하여 끌고 갔다. 공이 오랫동안 잡혀 있으면서 적정(敵情)을 살펴 비밀리에 관군(官軍)에게 알리고, 그 내용을 기록하여 《호구일록(虎口日錄)》을 만들었다. 원주(原州)에 이르러 누각(樓閣)에 갇혔는데, 경비가 조금 소홀한 데다 마침 밤에 우레가 치고 비마저 쏟아져 칠흑(漆黑)같이 어두웠다. 이 틈을 이용하여 아들 주가 벽을 뚫은 다음 공을 업고 탈출하여 산골짜기로 달아나 남쪽으로 돌아왔다. 얼마 후에 안집사(安集使) 김륵(金玏)[116] 공을 만났는데, 공에게 격문을 보내 일을 함께 하였다.

계사년(1593, 선조26)에 행재소(行在所)에 가서 봉상시 주부(奉常寺主簿)에 임명되었다. 어가(御駕)를 호종하여 환도(還都)한 뒤에 군자감 첨정(軍資監僉正)으로 옮겼다. 예천 군수(醴泉郡守)에 임명되자 거둔 세금으로 떠돌이와 굶주린 백성들을 위로하였다. 그 뒤에 연이어 진산(珍山)과 영천(永川)과 금산(錦山)의 군수에 임명되었는데, 그때마다 다음과 같이 말하였다.

"고을 수령으로 나가는 것은 부모를 봉양하기 위함인데 부모가 계시지 않으니, 배나 채우려고 고을살이를 하느니 차라리 전원에서 한가로이 지내면서 자손이나 가르치고, 향당의 친구들과 더불어 즐겁게 거문

116 김륵(金玏) : 1540~1616. 본관은 예안(禮安), 자는 희옥(希玉), 호는 백암(栢巖)이다. 임진왜란이 일어나자 안집사(安集使)로 영남지방의 민심을 수습하였다. 《栢巖集 附錄 有明朝鮮國嘉義大夫……栢巖金先生神道碑銘》

고를 타고 술이나 마시며 여생을 보낼 수 있으면 그것으로 충분하다."

임인년(1602, 선조35)에 조정으로 들어가 사섬시 정(司贍寺正)이 되었으며, 간성 군수(杆城郡守)로 나갔다가 돌아와 내자시 정(內資寺正)에 임명되었고, 좌통례(左通禮)로 승진한 뒤에 삶을 마쳤다.

공은 천부적으로 효성이 지극하고 우애가 있었다. 부모님이 살아계실 때에는 새벽에 일어나 방이 따뜻한지 차가운지 여쭈었고, 물러나서는 동생들과 그 기쁨을 다하였다. 제사를 지낼 때는 반드시 정성을 다하여 위로 먼 조상에게까지 미쳤으니, 종척(宗戚)들이 감화되었다. 본성을 따라 행동하여 약삭빠르거나 거짓됨이 없었고, 우아한 척 꾸미는 것을 일삼지 않았으며 격식을 따지지 않았다. 온종일 공손하고 삼가는 태도를 견지하여 여러 사람들과 어울려도 바른 태도를 잃지 않았고, 변고에 처해서도 지조를 버리지 않았다.

처음 왜적에게 붙잡혔을 때, 저항하고 꾸짖으며 굽히지 않다가 자결(自決)하여 죽기로 마음먹었는데, 천행(天幸)으로 적의 칼날을 벗어나자 스스로 호랑이 입에서 살아나온 목숨이라고 여겨 벼슬길에 나아갈 뜻을 접었다. 공이 벼슬을 그만두고 돌아올 때에 공을 애석하게 여긴 사람이 말하기를 "공의 관직 서열과 품계가 이미 승진할 시기에 이르렀으니, 어찌 조금 더 머물러서 높은 벼슬을 하지 않습니까?"라고 하였다. 공이 말하기를 "나는 의리상 마땅히 떠나야 하는데, 어찌 영화를 탐하여 분에 넘치는 벼슬을 구하겠습니까."라고 하였다. 이웃의 아홉 노인과 모임을 만들어 술을 마시며 시를 읊조리는 삶을 즐겼으니, 그 풍류(風流)가 숭상할 만하였다.

공은 성품이 책을 좋아하여 집안에 도서(圖書)가 많았고, 손수 교정하고 주석하기를 늙어서도 게을리하지 않았으며, 후생(後生)들을 이끌어 주어 당시에 알려진 사람이 많았다. 저서에 《남천유고(南川遺稿)》가 있다.

영천(榮川) 방현(方峴)의 감좌(坎坐) 등성이에 안장하고, 숙인(淑人) 박씨(淑人)를 합장하였다. 박씨는 우의정(右議政) 은(訔)[117]의 후손이자 처사(處士) 해(海)의 딸인데, 점잖고 아름다운 데다가 법도가 있어 안팎으로 공경을 받았다.

두 아들 점(點)과 주(黈)는 모두 진사(進士)이고, 딸 하나는 학유(學諭) 이휘음(李徽音)[118]에게 출가하였다. 주의 세 아들은 숙(塾), 후(垕), 기(墍)이고, 세 사위는 아무개 등이다. 학유의 두 아들 숭언(崇彦)과 상언(尚彦)[119]은 모두 문과에 합격하였고, 세 사위는 아무개 등이다. 후도 또한 진사인데, 공의 큰아들 점의 후사(後嗣)가 되었다. 그가 공의 문인(門人) 전(前) 승지(承旨) 김응조(金應祖)[120]가 지은 행장을 가지고 서울로 달려와 내게 묘갈명을 부탁하였다. 나는 공의 큰아들과 함께 진사시에 합격하였으니, 정의(情誼)로 볼 때 사양할 수 없다. 드디어 다음과 같이 명을 짓는다.

117 박은(朴訔) : 1370~1422. 본관은 반남(潘南), 자는 앙지(仰之), 호는 조은(釣隱), 시호는 평도(平度)이다. 태종을 도운 공으로 좌명 공신(佐命功臣)에 책록되었고 금천부원군(錦川府院君)으로 봉해졌으며 좌의정을 역임하였다. 《燃藜室記述 卷2 太宗朝相臣》

118 이휘음(李徽音) : 1575~1609. 본관은 경주(慶州), 자는 여흡(汝翕)이다. 《丹谷集 卷5 成均館正字李公墓碣銘 并序》

119 이상언(李尚彦) : 1597~1666. 본관은 경주, 자는 용수(溶叟), 호는 성서(城西)이다.

120 김응조(金應祖) : 1587~1667. 본관은 풍산(豐山), 자는 효징(孝徵), 호는 학사(鶴沙)이다. 《鶴沙集 附錄 墓誌銘 并序》

죽는 것은 내게 달려 있고 死在我
죽지 않는 것은 적에게 달려 있었으니 不死在賊
공이 산 것은 또한 다행한 일이며 公生亦得
관직에 나가는 것은 남에게 달려 있고 仕在人
관직에 나가지 않는 것은 내게 달려 있으니 不仕在我
공이 물러난 것은 적절한 일이었네 公退則可
전원보다 더 즐거운 곳 없으니 莫樂田園
좋은 곡식 있어 爰有嘉穀
은거[121]하기에 알맞네 宜爾初服
집안 번창하고 溱溱家室
자손들 효성 지극하니 子孫多孝
대대로 보답 받으리라 惟以世報

121 은거(隱居) : 초복(初服)은 벼슬하기 전에 입던 옷이라는 의미로, 벼슬을 떠나 처음에 살던 곳으로 돌아가 은거함을 비유한다. 굴원(屈原)의 〈이소(離騷)〉에 "물러가 다시 나의 초복을 손질하리.〔退將復修吾初服〕"라고 하였다.

진사 채공 묘갈명 병서

進士蔡公墓碣銘 幷序

채충연(蔡忠衍) 공의 본관은 평강(平康), 자(字)는 연지(衍之)이다. 나와 기유년(1609, 광해군1)에 함께 진사시에 합격하였고, 성균관에서 지낼 때도 나와 동사생(同舍生)이었다. 가만히 보건대 공은 인품이 대범하고 차분하며 순정(純正)하고 아름다웠으며, 쇠처럼 단단하면서도 옥처럼 윤이 났다. 종일 조용하고 엄숙하게 지내면서 함부로 말하거나 웃지 않았고, 친소(親疏)에 따라 사람을 차별하지 않았다. 대개 국도(國都)의 삼문 밖에 예부터 명사들이 많이 거주했고, 그들이 일찍이 준수한 후배들을 추천하고 이끌어서 별도로 표방(標榜)을 세웠는데, 공이 겨우 약관(弱冠)의 나이로 여기에 참여하였으니, 사림(士林)들에게 이처럼 중시되었다. 집에서는 효도와 우애를 지극히 하였다. 두문불출(杜門不出)하며 스스로의 지조를 지킬 뿐, 교유하며 서로 부르고 찾아가는 일을 하지 않았고, 통진(通津)[122]의 척박한 전장(田莊)에 가서 힘껏 농사지어 어머니를 모셨다.

만력(萬曆) 정사년(1617)에 병으로 운명하니 향년 겨우 38세였다. 양주(楊州) 독음강(禿音江) 가에 안장하였다. 부인 순흥 안씨(順興安氏)는 현령(縣令) 사열(士說)[123]의 딸로, 현명하고 부도(婦道)를 잘 갖춘 분이었다. 공보다 10년 뒤에 운명하였고 공과 합장하였다.

122 통진(通津) : 현재의 경기도 김포시 통진읍 일대에 해당한다.

123 안사열(安士說) : 1563~? 본관은 순흥(順興), 자는 군우(君遇)이다.

채씨(蔡氏)는 신라 때 백년(百年), 천년(千年), 만년(萬年)이 3대를 연이어 국상(國相)이 되었는데, 풍속이 질박한 시기였으므로 3대가 선대의 이름을 따라서 이와 같이 이름을 지었다고 한다. 고려 시대 평장사(平章事) 송년(松年)[124]은 공의 13대조이다. 주부(主簿) 자침(子沈), 호군(護軍) 중경(仲卿)을 거쳐, 집의(執義) 난종(蘭宗),[125] 응교(應敎) 경선(慶先)[126]에 이르렀으니, 이분들이 공의 4대 선조(先祖)이다. 선비(先妣)는 여흥 민씨(驪興閔氏)이다.

채씨는 대대로 아름다운 명성이 자자하였으니, 집의 난종은 정도(正道)를 지켜 선류(善類)들이 종장으로 여겼다. 응교 경선은 강직하여 대각(臺閣)에서 명성을 드날렸는데, 한창 형통하다가 막혀서 역임한 지위가 덕망에 걸맞지 않았다. 순수하고 밝은 자질을 지니고 덕행을 쌓았던 공이 능히 그 보답을 받지 못하고 요절하였으니, 천도(天道)는 어찌 그리도 어둡단 말인가.

그러나 공의 아들 유후(裕後)[127]가 비로소 빛을 발하여 우뚝 명신(名臣)의 반열에 올라 대사헌(大司憲)과 양관(兩館)의 대제학에 임명되었으므로, 여러 차례 추증을 거쳐 공이 자헌대부(資憲大夫) 이조 판서(吏

124 채송년(蔡松年) : ?~1251. 본관은 평강(平康), 시호는 경평(景平)이다. 고려 시대에 평장사(平章事)를 지냈다. 《芝村集 卷27 貞敬夫人蔡氏行狀》

125 채난종(蔡蘭宗) : 1513~? 본관은 평강, 자는 문원(聞遠)이다. 《樊巖集 卷56 敬書丙午司馬榜目後》

126 채경선(蔡慶先) : 1559~? 본관은 평강, 자는 자장(子長), 호는 죽촌(竹村)이다. 《湖洲集 卷6 先祖考弘文館應教府君碑陰記》

127 채유후(蔡裕後) : 1599~1660. 본관은 평강, 자는 백창(伯昌), 호는 호주(湖洲)이다. 《希菴集 卷29 從祖祖父湖洲先生集後遺事》

曹判書)에 이르렀다. 아아, 졸졸 흐르는 실개천이 끊어질 것 같지만 근원이 있으면 반드시 멀리까지 도달하고, 막 불이 붙기 시작할 때 마치 꺼질 것 같지만 불꽃이 있으면 반드시 타오르기 마련이다. 이렇듯 하늘이 채씨에게 이지러짐을 채워 주는 보답이 징험에 어긋남이 없으리라.

공은 아들이 둘인데, 장남은 곧 대제학 유후(裕後)이고, 막내 진후(振後)[128]는 현감이다. 딸 하나는 지평(持平) 남중회(南重晦)[129]에게 출가하였다. 현감 진후는 아들이 둘인데, 진사 시귀(時龜)는 공의 장남이 후사(後嗣)로 삼았고, 차남은 시상(時祥)이다. 두 딸은 홍우희(洪宇熙)와 권현(權玹)에게 출가하였다. 다음과 같이 명을 짓는다.

저 박복한 사람	彼窶人子
갑자기 얻더라도 잃지만	暴得以喪
이 사람 쌓은 음덕 많으니	此惟多積
반드시 보상 받으리	受報必償
온화한 채공	溫溫蔡公
세덕을 이었는데	世德是似
가진 복록 다 누리지 않고	不庸其有
효자에게 남겨 주었네	貽以孝子
문단 주도하고 법을 맡아	司文秉憲

128 채진후(蔡振後) : 1602~? 본관은 평강, 자는 계창(季昌)이다.

129 남중회(南重晦) : 1605~? 본관은 의령(宜寧), 자는 공저(公著)이다. 사헌부 지평(司憲府持平)을 지냈다.

빛나는 모습으로 조정에 있었으니[130] 焜燿在廷
어찌 그 사당 살피지 않으랴 闔視其廟
관작 높이 추증하였지 贈秩崇崇
등성이에 있는 무덤 有坎于丘
한강이 그 옆에 있으니 漢流在旁
그 근원 마르지 않듯이 其源不渴
대대손손 영원히 이어지리 奕世彌長

130 문단……있었으니 : 채충연의 장남 채유후가 대사헌(大司憲)과 양관(兩館)의 대제학을 역임했기에 한 말이다.

사간원 정언 이공 묘갈명 병서

司諫院正言李公墓碣銘 幷序

정릉(靖陵 중종(中宗))의 중년인 기묘년(1519, 중종14)에 국가가 오랫동안 평안하자, 임금께서 오롯한 마음으로 훌륭한 정치를 도모하여 좋은 계책을 내도록 요구하였다. 당시 정암(靜庵) 조 선생(趙先生)[131]이 뜻을 알아주는 임금을 만난 것에 감격하여 예악(禮樂)으로써 교화를 도왔는데, 정사로써 나라를 다스림에 인재를 얻는 것이 최우선이라 여겼다. 이에 맨 먼저 천과(薦科)[132]를 설치하여 훌륭한 인재들을 두루 뽑으니, 그들이 모두 떨쳐 일어나 한껏 능력을 발휘하여 늠름하게 등용되었다. 그러나 북문(北門)의 화(禍)[133]가 일어나 여러 현철

131 정암(靜庵) 조 선생(趙先生) : 조광조(趙光祖, 1482~1519)로, 본관은 한양(漢陽), 자는 효직(孝直), 호는 정암이다. 김종직(金宗直)의 학통을 이어 사림파의 영수로 중종의 신임이 두터웠으나, 훈구파(勳舊派)인 홍경주(洪景舟), 남곤(南袞), 심정(沈貞) 등의 무함으로 기묘사화(己卯士禍)에 능주(綾州)로 유배되었다가 사사(賜死)되었다. 선조 초기에 신원(伸冤)되어 영의정에 추증되고 문묘(文廟)에 배향되었다. 《靜菴集 附錄 卷6 行狀》

132 천과(薦科) : 한(漢)나라의 현량방정과(賢良方正科)를 본보기로 삼아, 학문과 덕행이 뛰어난 인재를 천거하여 관리로 임명하는 현량과(賢良科)를 말한다. 서울에서는 홍문관·춘추관 등 4개의 관(館)에서, 지방에서는 유향소(留鄕所)에서 적격자를 추천하여 예조에 보고하였다. 예조는 후보자의 천거 사항을 종합하여 의정부에 보고한 뒤, 천거된 사람들을 대궐 뜰에 모아 임금이 참석한 가운데 대책(對策)으로 시험을 보고 선발하였다.

133 북문(北門)의 화(禍) : 북문은 신무문(神武門)을 가리킨다. 북문의 화란 조광조가 왕도 정치를 실행하려다가 훈구파인 남곤, 심정 등의 참소로 기묘사화에 희생되었던

(賢哲)들이 목숨을 잃게 되자, 천과(薦科)는 폐지되고 천과를 통해 등용된 사람들도 조정에서 물러났다. 을사년(1605, 선조38)에 천과가 회복되고, 그 사람들도 다시 서용(敍用)되어 조정에 서게 되었다.

정언(正言) 이공(李公) 휘(諱) 부(阜)는 맑고 깨끗한 절개를 지켜 한 시대의 추앙을 받았다. 처음에 정암공(靜庵公)과 뜻이 합하고 도(道)가 합하여 오로지 강마(講磨)하기를 그치지 않다가, 천과를 통하여 병조의 낭관이 되고 정언(正言)에 임명되었다. 어느 날 문득 병을 핑계로 사직하고 호서(湖西)의 진천(鎭川)으로 돌아갔는데, 정암공이 한강까지 따라와 군신의 의리와 명분을 들어 떠나지 말라고 책망하는 데까지 이르렀다. 공이 개연히 탄식하며 말하기를 "흉악하고 간사한 무리들이 옆에서 기회를 엿보고, 선한 사람들과 악한 무리들이 같은 그릇에 담겨 있으니, 나는 차라리 시내에서 물고기 잡고 골짜기에서 농사나 지으며 나의 신명(身命)을 보전하겠소."라고 하고는 미련 없이 가버렸다. 그해 겨울에 재앙(災殃 기묘사화(己卯士禍))이 일어났는데, 공만은 법망(法網)에서 멀찍이 벗어났다. 그 후에는 비록 은혜롭게 서용되더라도 마지못해 조정에 나와 한 번 사은(謝恩)했을 뿐, 여러 차례 불러도 끝내 나오지 않았다. 은미한 기미를 살펴 고상하게 지내면서 자취를 감추고 살다가 운명하니, 거의 신도반(申屠蟠)[134]에게 견주어

것을 가리킨다. 훈구파 세력들은 1519년(중종14) 음력 10월 15일 밤, 신무문을 통해 대궐 안으로 들어가 왕께 입대하여, 조광조 등이 당파를 조직하여 구신(舊臣)들을 몰아내고 나라를 뒤집어 놓았으니 그 죄를 밝혀 달라고 주청하였다.

134 신도반(申屠蟠) : 진류(陳留) 외황(外黃) 사람으로, 자는 자룡(子龍)이다. 당고(黨錮)의 화를 예견하고 자취를 감추었는데, 뽕나무를 기둥으로 삼아 집을 만들고 스스로 품팔이하는 사람처럼 살았다고 한다. 《後漢書 卷83 申屠蟠列傳》

도 부끄럽지 않을 것이다.

공은 어머니 복중에 있을 때 아버지께서 돌아가셨으므로, 외가(外家)에서 자랐다. 말을 할 줄 알면서부터 이미 《소학》을 통달하였고, 점차 육경(六經)을 공부하여 장성해서는 대유(大儒)가 되었다. 외조부 최윤공(崔允恭) 공이 과거공부를 하라고 권하였으나, 공은 과거를 통해 명성을 이루고 싶지 않았으므로 사양하여 말하기를 "저는 아버지를 잃은 외로운 몸이니, 만약 세상에 나간다면 장차 어머니를 어찌하겠습니까."라고 하였다. 어머니 상(喪)을 당하자, 태어나서 아버지의 얼굴을 한번도 보지 못한 것을 스스로 마음 아파하며 6년 동안 상복을 입었고, 죽을 마시며 하염없이 눈물을 흘리니, 세상 사람들이 고자고(高子羔)[135]에 비교하였다.

공이 늘그막에 집에서 지낼 때, 노군(盧君)이 먼 곳에서 와서 공의 집에 들렀다가 명경과(明經科)에 응시하러 가려고 하였다. 공은 그가 경학에 그다지 익숙하지 못한 것을 의아해하며, 정색(正色)하고 이르기를 "노군은 공부가 이처럼 엉성한데, 어찌 요행수로 과거에 합격하기를 바라는가."라고 하였다. 노군이 부끄러운 나머지 얼굴이 붉어져 하직하고 돌아갔다. 한번은 밥상을 차려왔는데, 공에게는 고깃국을 올리고 손님에게는 나물밥을 드렸다. 그러나 공은 이유를 묻지도 않고 먹었으니, 모계위(茅季偉)[136]와 견주어 볼 때 더욱 진솔한 면이 있었던

135 고자고(高子羔) : 공자의 제자 고시(高柴)로, 자고는 그의 자이다. 《공자가어(孔子家語)》 권3에 고시에 대하여 표현하기를 "발로는 그림자를 밟지 않았고, 땅속에서 막 나온 벌레를 죽이지 않았으며, 한창 자라나는 초목을 꺾지 않았고, 부모의 상을 당해서는 이를 드러내어 웃은 적이 없었다.〔足不履影, 啓蟄不殺, 方長不折, 執親之喪, 未嘗見齒.〕"라고 하였다.

것이다.

공의 자(字)는 자릉(子陵), 호는 행원(杏院), 본관은 고성(固城)이다. 선조 문정공(文貞公) 암(嵒)[137]은 호가 행촌(杏村)인데, 해서(楷書)를 잘 썼고 철성부원군(鐵城府院君)에 봉해졌다. 부원군의 아들 문경공(文敬公) 강(岡)[138]과 손자 좌의정 원(原)[139]까지 대대로 명신(名臣)이 되어 높은 벼슬을 지냈다. 공의 선고(先考) 휘(諱) 금(嶔)에 이

136 모계위(茅季偉) : 진류(陳留) 사람 모용(茅容)으로, 자는 계위이다. 《후한서(後漢書)》 권98 〈곽태열전(郭太列傳)〉에 모용에 대하여 "나이 40에 들에서 밭을 갈 때에 여러 사람들과 함께 나무 아래에서 비를 피하였다. 사람들은 모두 다리를 뻗고 서로 마주하고 있었는데, 모용이 홀로 단정히 앉아 더욱 공손하였다. 곽태가 지나다가 그 모습을 보고 기이하게 여겼다. 마침내 그와 더불어 이야기하다가 하룻밤 묵기를 청하였다. 아침에 모용이 닭을 잡아 반찬거리로 삼았는데, 곽태는 자신을 위해 잡은 것으로 여겼다. 얼마 후 닭고기는 어머니에게 드리고 자신은 소채를 가지고 손님과 함께 먹었다. 곽태가 일어나 절하고 말하기를 '그대는 어질도다.' 하고, 학문을 권하여 마침내 덕을 이루었다.〔年四十餘, 耕於野時, 與等輩避雨樹下. 衆皆夷踞相對, 容獨危坐愈恭, 林宗行見之而奇其異, 遂與共言, 因請寓宿. 旦日容殺鷄爲饌, 林宗謂爲已設. 旣而以共其母, 自以草蔬與客同飯, 林宗起拜之曰, 卿賢乎哉. 因勸令學, 卒以成德.〕"라고 기술한 내용이 있다.

137 이암(李嵒) : 1297~1364. 본관은 고성(固城), 호는 행촌(杏村), 시호는 문정(文貞)이다. 고려 공민왕 때 홍건적의 난이 일어나자, 문하시중으로서 도원수를 맡았고 안동(安東)까지 왕을 호종하여 공신에 봉해졌다. 글씨에 뛰어나 동국(東國)의 조자앙(趙子昂)으로 불렸다. 《白軒集 卷35 杏園李先生行狀》

138 이강(李岡) : 1333~1368. 고려 공민왕 때 밀직부사(密直副使)로 있다가 36세의 나이로 죽었다. 왕이 매우 슬퍼하여, 보통 전례에 추밀(樞密)에게는 시호를 내리지 않는 법인데, 특별히 문경(文敬)이라는 시호를 내렸다. 《新增東國輿地勝覽 卷32 固城縣》

139 이원(李原) : 1368~1430. 본관은 고성, 자는 차산(次山), 호는 용헌(容軒)이다. 1421년(세종3)에 좌의정에 임명되었다. 《容軒集 卷4 神道碑銘》

르러 일찍 별세하여 빛을 발하지 못하였다. 공은 진천의 어느 산 모향(某向)의 등성이에 안장되었다.

아아, 천과로 등용된 제공(諸公)들은 당시의 훌륭한 명유(名儒) 석덕(碩德)이었으나, 지난 백여 년을 돌이켜 보니, 그 이름과 지위와 출처에 대해 아는 사람이 드물다. 지금 공의 현손(玄孫) 건규(健規)가 후세에 영원히 전할 계획으로 내게 그 드러난 행적을 기록해 달라고 하니, 훌륭한 후손이 있다고 하겠다. 다음과 같이 명을 짓는다.

등성이에 묘표 있고	有表其岡
고향에서 제사도 모시며	有祀其鄕
자손들이 길이 이어져	有世其長
길이 사라지지 않으리니	其長不亡
그리운 마음 진실로 잊지 못하리	懷允不忘

종실 운성군 묘갈명 병서

宗室雲城君墓碣銘 幷序

국가에서 종척(宗戚)들을 후대(厚待)하는 제도는 중국을 모방하여 4대까지 봉록(封祿)을 주게 되었다. 그 사람들은 벼슬길에 나갈 수 없기 때문에 혹은 방종한 생활을 즐기기도 하고 목숨을 가볍게 여기는 협객(俠客)들과 어울려 의롭지 못한 일을 저지르기도 한다. 하지만 여러 왕손들 가운데 오직 운성군(雲城君)[140]은 멋들어진 풍류를 지닌 훌륭한 공자(公子)로 불렸다.

공은 어려서 수려하고 뛰어났는데 자라면서 더욱 빼어났으니, 그 의젓한 모습에 비견될 사람이 없었다. 서호(西湖)의 경치 좋은 곳에서 거주하였는데, 손님이 오면 반드시 술상을 마련하여 즐겁게 어울리고 거문고를 타며 유유자적하였다. 때로 매사냥을 나가거나 그물로 물고기를 잡으면 반드시 이웃들에게 나누어 주었다. 무술과 용기가 출중했지만 부드럽고 온화하여 마치 겁이 많은 사람처럼 하였다. 말타기와 활쏘기에도 능숙했지만 그 사실을 아는 사람들이 없었다. 그러나 명예와 의리가 달린 문제에 이르러서는 쉬운 일이든 어려운 일이든 가리지 않았다고 한다. 나 민구(敏求)는 늘그막에 서호에서 살았지만 미처 공자(公子)를 만나보지 못했고, 고을의 장로(長老)들이 전해 주는 이야기로 들은 것이 이와 같은데, 특히 공의 효성과 정의(情誼)를 더욱

140 운성군(雲城君) : 이계남(李繼男, 1566~1622)으로, 본관은 전주(全州), 자는 백술(伯述)이다. 세조(世祖)의 4세손으로 운성군에 봉해졌다.

칭찬하였다.

광릉(光陵 세조(世祖))의 지자(支子) 가운데 덕원군(德源君) 휘(諱) 서(曙)[141]는 정난 공신(定難功臣)에 책훈(策勳)되었고, 시호(諡號)는 소간공(昭簡公)이다. 이분이 휘 난(瀾)을 낳았으니 기성 도정(箕城都正)에 추증되었고, 이분이 휘 적(磧)을 낳았으니 명천군(明川君)에 추증되었다. 두 분이 추증된 것은 공이 귀한 신분이 되었기 때문이다. 명천군이 학생(學生) 차식(車軾) 공의 딸에게 장가들어 가정(嘉靖) 병인년(1566, 명종21)에 공을 낳았다.

공의 휘는 계남(繼男), 자(字)는 백술(伯述)이다. 어려서 아버지를 여의었는데, 비통해하는 모습이 어른과 같았다. 할머니와 두 어머니를 섬겨 살아 계실 때나 돌아가신 뒤에나 예(禮)를 다하였다.

15세에 처음으로 운성감(雲城監)에 임명되었다. 임진왜란이 일어나 적군이 날로 다가오자, 공은 분발하여 신립(申砬)[142]의 휘하에 들어가 죽음으로 나라에 보답하고자 하였다. 선조(宣祖)께서 그 의리에 감격하여 특별히 도정(都正)으로 승진시키고 구마(廐馬)와 활과 칼을 하사하셨다. 공이 군진(軍陣)에 미처 도착하기도 전에 달천(獺川)의 군사가 궤멸되니,[143] 어가(御駕)가 관서(關西)로 파천하였다. 공은 필마(匹

141 이서(李曙) : 1449~1498. 본관은 전주, 자는 정수(晶叟), 호는 종덕암(宗德菴), 시호는 소간(昭簡)이다. 1458년 덕원군(德源君)에 봉해졌다.

142 신립(申砬) : 1546~1592. 본관은 평산(平山), 자는 입지(立之), 시호는 충장(忠壯)이다. 1592년(선조25) 임진왜란이 일어나자, 삼도 순변사로 충주 탄금대(彈琴臺)에서 왜군과 맞서 싸우다가 참패하고 남한강물에 투신하여 순절하였다. 영의정에 추증되었다.

143 달천(獺川)의 군사가 궤멸되니 : 신립이 이끌던 조선군이 충주 탄금대 전투에서

馬)로 밤낮없이 달려 관북(關北)으로 들어가 어머니를 뵙고 오지(奧地)에 모신 뒤, 곧바로 눈물을 흘리며 대부인(大夫人)과 작별하였다. 산과 계곡을 넘으며 샛길을 통해 행재소(行在所)로 갔다. 공은 싸움터에서 죽지 못하였으니 의리상 감히 상으로 내려준 자급(資級)을 헛되이 띠고 있을 수 없다는 이유로, 세 번이나 소장을 올려 전에 내리신 명을 거두어 달라고 요청하였으나, 임금께서 허락하지 않으셨다.

조정에서 강화도의 함락 여부를 탐문할 사람을 모집하자, 공이 또 대각(臺閣)에 나아가 자신이 가겠다고 요청하였다. 적들의 소굴을 뚫고 바닷가로 가서 창의사(倡義使) 김천일(金千鎰)[144] 공에게 조정의 명을 전하고는 서로 붙잡고 통곡하니, 온 섬 안 사람들이 눈물을 흘렸다. 창의공이 장차 조정에 요청하여 공이 그곳에 머물며 군사 계획에 참여하게 하려고 했으나, 공은 대부인과 떨어져 지낸 지 오래된 점을 염려하여, 울면서 작별하고 의주(義州)로 돌아와 수행한 일을 보고하였다. 대부인을 해서(海西)로 옮겨 모시고 대가(大駕)를 호종(扈從)하여 서울로 돌아왔다.

당시 전국이 막 병화를 겪은 터라, 공적으로나 사적으로나 굶주리고 궁핍한 상황이었다. 공은 관작(官爵)을 받고서도 공을 세워 보답하지 못하였으니 분의(分義)로 볼 때 대단히 부끄럽다고 생각하여, 단지 6품의 관직에 해당하는 월봉(月俸)만 받았다. 얼마 뒤에 대각(臺閣)의

참패한 일을 가리킨다. 달천은 속리산에서 발원하여 충주시로 흘러드는 하천이다.

144 김천일(金千鎰) : 1537~1593. 본관은 언양(彥陽), 자는 사중(士重), 호는 건재(健齋), 시호는 문열(文烈)이다. 1592년(선조25) 임진왜란이 일어나자 의병을 모아 활약하여 창의사(倡義使)에 임명되었다. 강화도에 주둔하며 전력을 보강하고 전투력을 재정비하였다. 1593년 진주성 전투에서 아들 김상건(金象乾)과 함께 순국하였다.

의론에 의해 남용된 직책의 녹봉을 회수하니, 동료들이 매우 부끄러워하였다.

을미년(1595, 선조28)에 임금께서 친히 나오셔서 활쏘기를 살피셨는데, 공이 수석을 차지하였고 다시 도정(都正)이 되었다. 정유년(1597)에 남쪽 변방이 다시 시끄러워지자, 조정에서 무예가 뛰어난 종실(宗室)의 인재를 뽑아 선전관(宣傳官)으로 삼았다. 공이 명을 받아 중전(中殿)을 수안군(遂安郡)에서 3년 동안 호위하였으며,[145] 나랏일이 더욱 안정되자 비로소 어가를 호종한 공로로 정의대부(正義大夫) 운성군(雲城君) 겸 오위부총관(五衛副摠管)에 올랐다. 의논하는 사람들이 공은 오랫동안 동분서주하며 수고하였으니, 마땅히 정훈(正勳)에 녹훈해야 한다고 하였다. 공이 사양하며 말하기를 "신하의 분의(分義)로 어찌 감히 하늘의 공을 탐하여 자기 공으로 삼겠는가."[146]라고 하였다.

임자년(1612, 광해군4)에 어머니 차 부인(車夫人)이 세상을 떠났다. 10년 뒤 임술년(1622)에 경산(京山)으로 무덤을 옮기려고 장련(長連)[147]의 농장에 있었는데, 8월에 갑자기 병이 나서 운명하였다. 부음

145 중전(中殿)을……호위하였으며 : 정유재란(丁酉再亂) 때 의인왕후(懿仁王后) 박씨(朴氏)가 선조(宣祖)와 떨어져 광해군(光海君)과 함께 황해도 수안(遂安)으로 피난한 상황을 말한 것이다. 의인왕후는 선조보다 훨씬 늦은 1599년(선조32) 윤4월에 환궁하였다.

146 신하의……삼겠는가 : 신하의 직분을 다했다고 여겼을 뿐 포상을 바라지 않는다는 말이다. 탐천(貪天)은 자연적으로 이루어진 공을 가리키는 말이다. 《춘추좌씨전》 희공 24년 기사에 "남의 재물을 훔치는 것을 도적이라고 하는데, 하물며 하늘의 공을 탐내어 자기의 공으로 하겠는가.〔竊人之財, 猶謂之盜, 況貪天之功, 以爲己力乎.〕"라고 하였다.

(訃音)이 알려지자 연로(沿路)에 지시하여 호상(護喪)하게 하고, 관(官)에서 상례 물품을 도와 장사하였다. 묘는 양주(楊州)의 입석(立石)에 있다.

부인 홍씨(洪氏)는 처사(處士) 훈(勳)의 딸인데, 자식을 두지 못하였다. 갑신년(1644, 인조22)에 운명하였고 공의 오른쪽에 부장(祔葬)하였다. 처음 공은 최씨(崔氏)에게 장가들어 1남 1녀를 두었다. 아들 첨지중추부사(僉知中樞府事) 의중(宜重)은 2남 2녀를 낳았는데, 모두 어리다. 딸은 상생(庠生) 유진창(柳晉昌)에게 출가하여 아들 호(浩)를 낳았는데, 무과(武科)에 급제하였다.

서호(西湖) 사람들은 또 다음과 같이 말하였다.

"선조(宣祖) 말년에 왕자 임해군(臨海君)은 횡포가 심하였고, 여러 종친들 가운데 활을 잘 쏘는 사람들과 놀기를 좋아하였다. 공은 평소 활을 잘 쏘기로 이름났고,[148] 거기다가 아름다운 정자도 소유하고 있었다. 임해군이 직접 보고 싶다는 핑계로 서로 어울려 술자리를 즐기려고 하였다. 그러자 공이 서둘러 그 집을 헐어버리니, 임해군이 화를 내며 절교하고 가버렸다. 임해군이 패망하는 데 이르러 예전에 그와 어울렸던 여러 종친들 가운데 재앙을 당한 사람들이 많았다.

광해군(光海君)이 모후(母后)를 서궁(西宮)에 유폐(幽閉)하자[149]

147 장련(長連) : 황해도 은율의 옛 지명이다.

148 공은……이름났고 : 이계남이 활을 대단히 잘 쏘았다는 말이다. 천양(穿楊)은 버들잎을 뚫는다는 말로, 명사수를 가리킨다. 춘추 시대 초 공왕(楚共王)의 장군인 양유기(養由基)가 백보 떨어진 곳에서 활로 버들잎을 쏘아 백발백중시켰다는 고사에서 유래하였다. 《史記 卷4 周本紀》

149 광해군(光海君)이……유폐(幽閉)하자 : 광해군이 인목대비(仁穆大妃)를 유폐

조정의 신하들은 권력자의 눈 밖에 날까 두려워 모두 모후의 존호(尊號)를 깎자고 요청하였다. 그러나 공은 물러나 그 자리에 참여하지 않았다. 공이 세상을 떠난 이듬해 계해년(1623, 인조1)에 인조(仁祖)께서 즉위하여 예관(禮官)으로 하여금 특별히 제사하게 하였으니, 대단히 공을 포양(褒揚)하고 총애(寵愛)하신 것이다."

나라를 위해 몸을 일으켜 국난을 막을 때, 어머니를 모시는 일과 임금을 지키는 일에 있어서 안팎으로 한결같고, 또 지혜롭게 환난을 피해 정도를 지키면서 스스로의 지조대로 살아가기란 어려운 일이다. 공의 아들 의중(宜重)이 후손으로서 해야 할 일을 게을리하지 않고 한결같이 선친의 뜻에 따라 양대(兩代)의 묘역(墓域)을 정비하였다. 아울러 세대가 멀어지면서 징험할 수 없게 될 것을 대단히 염려하여 나에게 비문을 요청하여 비석에 새겨 영원히 후세에 전하고자 하니, 그 뜻이 슬프도다. 다음과 같이 명을 짓는다.

사람마다 마음 달라	人百各心
자기만을 위하니	自私於己
겨우 십 금을 쥐고서	其操十金
그 죽음을 애석해하지	乃惜厥死
우뚝하구나 운성군	卓矣雲城

시킨 사건을 말한다. 1613년(광해군5) 계축옥사(癸丑獄事)를 일으켜 인목대비의 친아들 영창대군(永昌大君)과 친정아버지 김제남(金悌男)을 제거한 대북파(大北派)는 1618년 마침내 인목대비를 폐위시키고 인왕산(仁王山) 아래에 새로 지은 인경궁(仁慶宮)에 유폐하였다. 서궁(西宮)은 인경궁을 가리킨다.

호방한 자품 뛰어나니	豪資有揭
어지러운 시대를 만나	遭時橫潰
명성과 절의 떨쳤네	奮其聲節
어버이 편히 모시고 나라 지켜	寧親衛國
두 가지 일 온전히 하였으니	兩全其事
충과 효를 다하여	旣忠旣孝
후회도 부끄러움도 없어라	庶無悔愧
충성스러운 마음 아니면 어찌 이루며	非忠奚遂
효성스러운 마음 아니면 어찌 따르랴	非孝奚從
돌에 글을 새겨	劖辭在石
모든 종실에게 고하노라	以告諸宗

사헌부 감찰 이공 묘갈명 병서

司憲府監察李公墓碣銘 幷序

나의 종형(宗兄) 사헌부 감찰(司憲府監察) 이운근(李雲根) 공의 자는 사앙(士昻)이다. 공정대왕(恭靖大王 태종(太宗))의 지자(支子) 경녕군(敬寧君) 휘(諱) 비(裶)[150]는 시호(諡號)가 제간공(齊簡公)이다. 이분의 증손(曾孫) 하동군(河東君) 휘 유(裕)는 일곱 아들을 두었다. 그 넷째 아들이 문과에 2등으로 급제하였으니, 성균관 전적(成均館典籍) 휘 희량(希良)이다. 이분이 사복시 첨정(司僕寺僉正) 휘 중광(重光)을 낳았는데, 창원 황씨(昌原黃氏)에게 장가들어 가정(嘉靖) 임술년(1562, 명종17)에 공을 낳았다.

유학을 공부하였으나 과거에 급제하지 못해 그만두었고, 음직(蔭職)으로 돈녕 참봉(敦寧參奉)에 보임되었다가 전례에 따라 내섬시 봉사(內贍寺奉事), 사옹원 직장(司饔院直長), 한성부 참군(漢城府參軍)에 오르고, 사헌부 감찰(司憲府監察)을 거쳐 연기 현감(燕岐縣監)을 맡았다. 한참 뒤에 세자익위사 위솔(世子翊衛司衛率)에 서용되었다가, 외직으로 나가 서흥 현감(瑞興縣監)이 되었다. 신유년(1621, 광해군13) 봄에 병 때문에 면직되고 우봉(牛峯)의 장사(莊舍)로 돌아와 마침내 같은 해 2월에 운명하였다. 양주(楊州) 옹암리(甕岩里)에 있는 하동공의 묘소 부근에 반장(返葬)하였다. 그 뒤 36년이 지난 병신년(1656,

150 이비(李裶) : ?~1458. 태종(太宗)의 서자(庶子)로, 어머니는 효빈(孝嬪) 김씨(金氏)이다.

효종7)에 아들 감역(監役) 기영(耆英)이 빗돌을 마련하여 묘도(墓道)의 앞에 세웠다.

공은 자질이 근후(謹厚)하며 웃음과 말수가 적고 헌칠하게 키가 컸으니, 한 번 보면 관후(寬厚)한 장자(長者)임을 알 수 있었다. 차라리 다른 사람들에게 백 번 기만을 당하더라도 일찍이 피차의 경계를 설정하거나 덫을 놓고서 사람을 대하지 않았다. 집안이 본래 가난하였지만, 선세(先世)와 종사(宗事)를 반드시 정성스럽고 신중하게 받들었다. 일가나 친척이 상사(喪事)를 만나면 정성을 다해 도와주었다. 전후로 두 고을을 맡았는데, 아전과 백성들이 편안하게 여겼다.

부인 연안 송씨(延安宋氏)는 집안을 돌보고 제사를 받드는 데 있어 공의 뜻을 잘 이해하였으니, 내외가 하나와 같았다. 기축년(1649, 인조27)에 운명하였고 공의 묘소에 부장(祔葬)하였다. 두 아들은 사과(司果) 기수(耆壽)와 감역 기영이고, 네 딸은 좌랑(佐郎) 민명철(閔明哲), 현감(縣監) 정건(鄭鍵), 찰방(察訪) 정사현(鄭思賢), 사인(士人) 채유태(蔡有泰)에게 출가하였다. 사과 기수는 아들 성삼(省三)을 두었고, 감역 기영은 두 아들 익삼(益三)과 여삼(與三)을 두었다. 사과의 다섯 딸과 감역의 한 딸은 모두 사족(士族)에게 출가하였다. 내외의 손자들이 모두 자손을 두었다. 다음과 같이 명을 짓는다.

비었기 때문에 받을 수 있으니	沖故可受
받은 것 적었지만 비루하지도 않았는데	約而非陋
오직 거두어 축적할 뿐 드러내 누리지 않고서	惟斂不發
후손에게 복록 물려주었네	以貽厥後
하동군의 묘역	河東之域

그 땅이 대단히 좋아 甚宜壤土
효성스러운 자손 이어서 부장하니 孝孫承祔
오래도록 평안하고 영원히 견고하리 尙寧永固

형조 좌랑 정공 묘갈명 병서

刑曹佐郎鄭公墓碣銘 幷序

내가 일찍 세상에 나와 선배(先輩) 및 장자(長者)들을 따라 놀기를 좋아하였는데, 어느 해에 태어났는지를 다시 묻지 않았다. 그분들도 또한 나를 이끌어 주면서 교제하여 서로 대단히 즐겁게 지냈다. 당시 정시약(鄭時若) 공은 나보다 20년 앞선 기사년(1569, 선조2)에 태어났는데, 자주 즐거운 마음으로 만나 반드시 술을 마련하여 정담을 나누며 하루해를 다 보낸 뒤에 돌아갔다. 그분은 인품이 화락(和樂)하여 진실한 마음으로 사람을 대하였고, 선(善)을 좋아하여 게을리하지 않았다. 마음이 향하는 사람에게는 반드시 경계를 없애고 흉금을 털어놓았으며, 그와 거취(去就)를 함께하여 싫어함이 없었다.

지난 신유년(1621, 광해군13)에 공이 경차관(敬差官)의 명을 받고 황해도(黃海道)로 나갔는데, 우연히 옛날에 정을 주었던 사람을 만났다. 내가 희롱하는 뜻으로 〈하방편(荷舫篇)〉을 지었는데, 흥을 부쳐서 읊을 만하였다. 공이 보고 감탄하여 다음과 같이 말하였다.

"내가 늙었으니 다시 얼마나 살겠는가. 안타깝게도 우리나라는 땅이 좁아, 풍류를 즐기며 지은 작품들이 사라져 그 부근을 벗어나지 못한다. 가령 이 시와 《여정(麗情)》[151] 등의 책을 보관하여 후세의 사람들로 하여금 나 정양(鄭暘)이 있었다는 것을 알게 한다면 또한 충분하다."

151 여정(麗情) : 이수광(李睟光)의 《지봉유설(芝峯類說)》 권14에 보이는데, 한유(韓愈)와 백거이(白居易) 등 역대 문인들이 여인들과 있었던 일화를 소개하였다.

그리고는 함께 술을 실컷 마셨으니, 지금 돌이켜 보면 기억이 까마득하다. 공이 마침내 이해 가을에 병들어 운명하니 향년 53세였다. 양주(楊州)의 풍양(豐壤)에 안장하니, 그 등성이는 해좌(亥坐)이다.

공의 본관은 초계(草溪)이다. 고려 시대 상주국광유후(上柱國光儒侯) 배걸(倍傑)[152]이 시조이다. 우리 조정에 들어와 판한성부사(判漢城府事) 호희공(胡僖公) 요(曜)[153]와 공조 참판(工曹參判) 갱(賡)과 지중추부사(知中樞府事) 발(發)은 조손(祖孫)이 연달아 공훈에 책봉되어 명성이 있었다. 발이 목사(牧使) 휘(諱) 윤신(允愼)을 낳고, 이분이 부사(府使) 휘 전(銓)을 낳고, 이분이 찰방(察訪) 휘 희년(熙年)을 낳고, 이분이 장령(掌令) 휘 유정(惟精)을 낳았으니, 이분들이 공이 제사를 모시는 4대 선조(先祖)이다. 선비(先妣)는 전주 이씨(全州李氏)이다.

공은 나면서부터 단정하고 민첩하였다. 일찍 가학(家學)을 계승하여 기축년(1589, 선조22)에 진사가 되었으니, 앞길이 매우 평탄하였다. 그러나 이윽고 병란(兵亂)과 상사(喪事)의 고난을 겪게 되어 공부를 그만두고 과거에 응시하지 않았다. 처음에 금오랑(金吾郎)에 뽑혔고, 오수 찰방(獒樹察訪)과 경조부 참군(京兆府參軍)을 지냈다. 전후(前後)로 사복시(司僕寺)와 광흥창(廣興倉)과 군자감(軍資監)의 주부

152 정배걸(鄭倍傑) : 초계 정씨(草溪鄭氏)의 시조로, 경술(經術)에 뛰어났으며, 예부 상서(禮部尙書)를 역임하고 상주국광유후(上柱國光儒侯)에 추증되었다. 《保晩齋集 卷第12 刑曹參判鄭公墓誌》

153 정요(鄭曜) : 1313~1414. 본관은 초계(草溪), 시호는 호희(胡僖)이다. 1388년(우왕14) 왜적이 침범하였을 때, 화령 윤(和寧尹)으로서 왜적을 막았다. 조선 개국 후 회군 2등공신(回軍二等功臣)이 되어 숭정대부(崇政大夫)에 이르렀고, 판한성부사(判漢城府事)로 치사(致仕)하였다.

(主簿)와 사헌부 감찰(司憲府監察)이 되었고, 두 번 형조(刑曹)의 낭관(郎官)이 되었다. 목천(木川)과 과천(果川)을 맡아 다스렸는데, 고을 사람들이 공경하고 사랑하였다. 관직에서의 공로를 인정받아 사후에 이조 참의(吏曹參議)에 추증되었다.

당시 공은 교유하던 사람들이 매우 많아 대부분 당대의 명성이 있는 이들이었는데, 때를 만나지 못한 공의 운명을 안타까워하며 뇌문(誄文)을 지어 애도하였다. 수몽(守夢) 정엽(鄭曄)[154] 공은 공과 재종간으로, 시를 지어 애통해하였다.

공의 부인 신창 맹씨(新昌孟氏)는 고(故) 재상 사성(思誠)[155]의 후예이다. 공이 살아 계실 때는 정숙하고 신중하여 명성이 있었고, 공이 돌아가시자 거친 밥을 먹고 소복을 입은 채 17년을 하루처럼 변함없이 지냈다. 운명한 뒤에 공과 합장하였다. 족질(族侄) 원첨(元詹)을 후사(後嗣)로 삼았는데, 지금 의금부 도사(義禁府都事)이다. 원첨의 다섯 아들은 황(捉), 변(抃), 수(授), 채(採)이고 하나는 어리다. 두 딸은 이오빈(李梧賓)과 유명전(柳命全)에게 출가하였다. 원첨이 이미 서운함이 없을 정도로 무덤을 정비하고, 또 빗돌을 마련하여 글을 새겨서 후세에 남겨 알리고자 하니, 아아, 누가 공에게 아들이 없다고 하겠는가. 다음과 같이 명을 짓는다.

154 정엽(鄭曄) : 1563~1625. 본관은 초계, 자는 시회(時晦), 호는 수몽(守夢)이다. 《象村稿 卷28 鄭知事行狀》

155 맹사성(孟思誠) : 1360~1438. 본관은 신창(新昌), 자는 자명(自明)·성지(誠之), 호는 동포(東浦)·고불(古佛)이다.

지조도 있고 지혜도 있었으며	有守有猷
관직에서 공적도 있었건만	有職有績
다만 장수하지 못한 채	獨無年命
아득한 황천으로 떠나셨네	沈淪冥莫
오직 무덤이 견고하고	維封旣固
빗돌에 아름다운 글 새겨	維石載媺
사후의 일 부족함 없으니	後事罔缺
이분께 훌륭한 자손 있도다	是爲有子

호조 정랑 신공 묘갈명 병서
戶曹正郎申公墓碣銘 幷序

명숙(明叔) 신상철(申尙哲) 군은 나와 어려서부터 마음이 맞아 서로 친하게 지냈다. 조금 성장해서는 기유년(1609, 광해군1)에 진사시에 함께 합격하여 또 서로를 아껴 주었다. 나의 외고(外姑) 정씨(鄭氏)는 군의 이모이므로, 매번 함께 안채에 모여 술을 마시며 즐거워하였다.

군은 대대로 서울에서 살았는데, 만력 무오년(1618)에 온 가족이 조령(鳥嶺)을 넘어 상주(尙州)의 영순리(永順里)에 거처를 정했다. 내가 일찍이 사명을 띠고 그의 집에 들렀는데,[156] 군이 대탄(大灘)가에 술자리를 마련하고 밤새도록 함께 평소의 이야기를 나누었다. 3년이 지난 갑자년(1624, 인조2)에 내가 경상도 관찰사(慶尙道觀察使)가 되었는데, 군은 그보다 1년 전에 태학의 천거로 출사하여 사포서 별제(司圃署別提)와 한성부 참군(漢城府參軍), 광흥창 주부(廣興倉主簿), 형조 좌랑(刑曹佐郎)을 역임하였으므로, 다시 대탄가에서 함께 즐길 수 없어 마음이 무료하였다. 얼마 뒤에 내가 조정으로 돌아왔지만, 각자 관직에 얽매어 조정에 드나드느라 예전과 같은 즐거움을 함께 할 수

156 내가……들렀는데 : 이민구는 1622년(광해군14)에 선유사(宣諭使)의 신분으로 동래(東萊)에 다녀온 적이 있는데, 당시 오가는 길에 신상철의 거처에 들렀던 것으로 보인다. 《동주집(東州集)》 전집(前集) 권1 선유록(宣諭錄)에 〈숙정현곡효과대탄(宿鄭玄谷曉過大灘)〉이라는 작품이 있다.

없었으므로, 매번 서로 이야기를 나누며 한탄하였다.

군은 관리의 업무에 정밀하고 민첩하였으며, 더욱이 간사하게 기만하는 사람들을 미워하여 아랫사람들을 젖은 땔감 묶듯 손쉽게 다루었다.[157] 정묘년(1627, 인조5)에 어가(御駕)가 강화도로 피란(避亂)하였는데, 군은 호조(戶曹)의 낭관(郎官)으로서 홀로 남아 자물쇠를 관리하게 되었다. 밤에 도둑놈이 담을 넘어 들어왔는데, 모든 관청의 사람들이 물결치듯 달아나려고 하였다. 군이 수리(首吏)를 불러 이르기를 "만일 도둑놈이 나라의 창고에 접근한다면, 내가 너희들을 먼저 벨 것이다."라고 하고, 평상시처럼 코를 골며 잠을 잤다. 이에 도적들은 달아나고 이서들은 탄복하였다. 나라의 헤아릴 수 없이 많은 재산을 조금도 잃어버리지 않고 모두 배로 실어 날랐다. 장관이 공의 재능을 보고 천거하여 주야(晝夜)로 행궁(行宮)의 문을 지키게 하였으며, 불시에 마련해야 하는 물건은 대소를 막론하고 군에게 의지하여 마련하였다.

조정에서 복잡한 일로 공의 능력을 시험하려고 전주 판관(全州判官)에 임명하였다. 전주에 부임해서는 자신을 청렴하고 엄격하게 단속하였으며, 과조(科條)를 정해 시행하고 기회(期會)[158]를 준엄하게 지켜서 간사한 무리들을 통렬히 바로잡았다. 그해 봄에 해창(海倉)의 전세를 감독하였는데, 교활한 백성이 세력 있는 사람을 끼고 백성들의 세금을 운반하다가 빼돌려서 이득을 취하므로, 군이 법을 집행하여 조금도

157 아랫사람들을……다루었다 : 이 내용은 《사기(史記)》 권122 〈혹리열전(酷吏列傳)〉에 보인다.

158 기회(期會) : 일 년의 회계(會計)를 장부(帳簿)에 기입하여 기일(期日)까지 조정에 보고하던 일, 또는 기한 안에 물품을 조정이나 관부에 납부하는 것을 말한다.

용서하지 않았다. 그 사람이 근거 없는 비방을 만들어 "말의 용량을 늘려 받았다."라고 언지(言地)에 모함하니, 임금께서 도신(道臣)에게 내려 보내 조사하게 하셨다. 조사를 맡은 관리가 근거 없다는 사실을 밝혔지만, 끝내 그만두고 돌아왔다. 내가 웃으며 이르기를 "그대가 조금이라도 온화함에 신경을 썼다면, 마땅히 비방(誹謗)[159] 받을 걱정은 하지 않아도 되었을 것 아닌가."라고 하였다. 군이 말하기를 "감히 각박하게 한 것이 아니라, 서리들이 법을 농단하는 데도 관리가 그대로 두는 것을 싫어했던 것이라네."라고 하였다.

경오년(1630, 인조8)에 병조 정랑(兵曹正郎)에 서용되었는데, 여러 번 차대(次對)를 통해 이로움과 해로움에 대해 매우 분명하게 말하니, 임금께서 귀 기울여 듣고 받아들이셨다. 얼마 뒤에 승진하여 의흥 현감(義興縣監)에 보임되었으나, 해당 부서에서 그대로 머물게 해달라고 요청하므로 오래도록 그 자리에 있었다.

159 비방(誹謗) : 회전(懷磚)은 벽돌을 품는다는 말로, 본래 민심의 향배(向背)가 쉽게 변함을 의미하는데, 여기서는 신상철이 모함을 당한 일에 대해 말하고 있으므로 이와 같이 풀이하였다. 위 장제(魏莊帝)의 외삼촌 이연실(李延實)이 청주 자사(青州刺史)가 되었는데, 장제가 "회전의 풍속을 세상 사람들이 다스리기 어렵다고 하니, 외숙께서는 마땅히 주의를 기울여 조정에서 맡긴 뜻에 부응하도록 하십시오.〔懷磚之俗, 世號難治, 舅宜好用心, 副朝廷所委.〕"라고 하였다. 이때 문하시랑(門下侍郎) 양관(楊寬)이 장제의 옆에 있다가, 회전이 무슨 뜻인지 알지 못하여 사인(舍人) 온자승(溫子昇)에게 물었다. 온자승이 팽성왕(彭城王)의 빈객이 대답했던 "제나라 백성들의 풍속이 천박하여 태수가 처음 고을 경계에 들어가면 모두 벽돌을 품고 머리를 조아려 그 뜻을 보이다가, 교체되어 돌아갈 때에 이르면 벽돌로 칩니다."라는 말을 들려주며 "향배를 바꾸는 것이 손바닥 뒤집는 것보다도 빠르다는 뜻입니다.〔向背速於反掌〕"라고 하였다. 《天中記 卷34 刺史》

임신년(1632, 인조10)에 안동 통판(安東通判)이 되고 두 번 대부(大府)[160]를 보좌하였는데, 그 정사는 예전의 신조대로 하였다. 얼마 뒤에 병을 앓게 되었는데, 병이 심해지자 빗질하고 용모를 정돈한 뒤 대부인(大夫人)과 영결하며 끝까지 봉양하지 못하는 것을 큰 불효로 여겼다. 아들 숭구(崇耈)에게 대부인을 잘 섬기라고 당부하고 운명하니 향년 48세였다. 문경(聞慶)의 오리동(梧里洞)에 안장하였으며, 그 뒤 정사원종훈(靖社原從勳)으로 좌승지(左承旨)에 추증되었다.

군은 행실이 완비되고 뜻이 고결하였으며 학문이 뛰어났지만, 운명이 기박(奇薄)하였다. 어려서부터 지극한 성품을 지녀 아홉 살 때 예천(醴泉)의 산 속으로 왜구를 피했는데, 여러 아이들을 따라 도토리와 밤을 주웠다. 그러나 군은 홀로 먹지 않으며 말하기를 "조모(祖母)께서 굶주리고 계신데, 내가 어찌 입에 대겠는가. 장차 돌아가 조모님께 드릴 것이다."라고 하였다. 대간(大諫) 홍호(洪鎬)[161]도 당시 어렸는데, 군의 그런 모습을 보고 깜짝 놀랐으니, 대개 군의 천성(天性)이 이와 같았다. 열 살 때 아버지께서 돌아가셨으므로 편모(偏母)를 극진한 사랑으로 모셨다. 홀로된 고모가 의지할 곳이 없었으므로, 돌아가실 때까지 어머니 모시듯이 봉양하니, 군자들이 하기 어려운 일이라고 여겼다. 자질이 굳세고 바르며 꿋꿋하여 불가하다고 생각하는 것은 문득 미련 없이 내던지고 돌아보지 않았다. 10년 동안 관직 생활을

160 대부(大府) : 일반적으로 조정의 재물을 관장한 천관(天官)의 부서를 가리키는데, 여기서는 안동도호부(安東都護府)를 가리키는 것으로 보인다.

161 홍호(洪鎬) : 1586~1646. 본관은 부계(缶溪), 자는 숙경(叔京), 호는 무주(無住)·동락(東洛)이다.《木齋集 卷8 先考通政大夫司諫院大司諫府君家狀》

하며 맡은 관직을 힘써 행하여 일찍이 조금도 사사로운 이익에 물들지 않았으며, 일을 만나면 한결같은 마음으로 행하여 흔들리지 않았다.

군은 처음에 우복(愚伏) 정경세(鄭經世)[162]의 문하에서 수업하여 스스로 덕을 증진시키고 학문을 닦는 데 노력하였다. 직접 《소학》과 《논어》를 써서 날마다 이용하는 데 대비하였다. 당시 여러 사람들을 따라 과거에 응시하여 어버이를 영예롭게 하리라 기대하였으나, 살아서는 높은 벼슬을 하지 못했고 죽음은 요절을 면하지 못하여, 늙은 어머니와 어린 아들을 남겨둔 채 한을 품고 운명하였으니, 어찌 눈을 감을 수 있었겠는가.

군의 본관은 평산(平山)으로, 장절공(壯節公) 숭겸(崇謙)[163]이 시조(始祖)이다. 좌의정(左議政) 문희공(文僖公) 개(槩)가 대사성(大司成) 자승(自繩)을 낳았고, 이분이 장령(掌令) 숙정(叔禎)을 낳았으니, 군의 고조(高祖)이다. 부사과(副司果) 응원(應元)과 부사과 극효(克孝), 그리고 좌승지(左承旨)에 추증된 여길(汝吉)과 그의 부인 숙부인(淑夫人) 한씨(韓氏)가 군의 증조(曾祖)와 조부(祖父), 그리고 선고(先考)와 선비(先妣)이다.

신씨는 문희공(文僖公 신개(申槩))으로부터 지파가 모두 번성하였다. 오직 군의 가계는 3세가 떨쳐 일어나지 못하다가 비로소 군이 나오게 되었는데 끝내 운명이 형통하지 못하였으니, 하늘은 기필할 수 있는

162 정경세(鄭經世) : 1563~1633. 본관은 진주(晉州), 자는 경임(景任), 호는 우복(愚伏)이다. 《宋子大全 卷205 愚伏鄭公諡狀》

163 신숭겸(申崇謙) : ?~927. 평산 신씨(平山申氏)의 시조로, 초명은 능산(能山), 시호는 장절(壯節)이다.

것인가. 군은 군수 이문명(李文蓂)의 딸에게 장가들어 네 아들을 낳았으니, 숭구(嵩耉), 태구(泰耉), 형구(衡耉), 항구(恒耉)이고, 딸 하나는 박승휴(朴承休)에게 출가하여 자손이 끊어지지 않고 자라고 있으니, 천도가 과연 여기에 있는 것인가. 숭구는 지금 대구 부사(大丘府使)인데, 나에게 묘갈명을 부탁하므로 다음과 같이 명을 짓는다.

하늘은 뛰어난 인재를 쉽게 내리지만 天惟輕與之才賢
장수는 쉬 허락하지 않고 而重與之久壽
사람도 영달하기는 쉽지만 人亦易爲之特達
성취하기는 어렵도다 而難爲之成就
아아 신군이여 재주 있고 특달했지만 已乎申君得其輕與易
장수하지 못하고 성취하지도 못했으니 失其重與難
어쩔 수 없구나 어쩔 수 없어 已乎已乎
어이할까 신군이여 奈何乎申君

증 의정부 좌찬성 정공 묘갈명 병서
贈議政府左贊成鄭公墓碣銘 幷序

아아, 좌찬성(左贊成)에 증직된 효자(孝子) 동래(東萊) 정공(鄭公)의 무덤이여! 지난 선조조(宣祖朝) 기축년(1589, 선조22)과 경인년(1590)의 일은 형언하기 어렵다. 유자(儒者)의 이름을 가탁하여 간악한 일을 꾸민 자가 가장 먼저 반역을 꾀한 죄로 주살(誅殺)되었지만, 시대가 불행하여 진신(搢紳)의 의논이 서로 맞지 않은 지 이미 오래되었다. 큰 옥사(獄事)가 일어남에 연루자가 사방에서 발생하니, 식자(識者)들이 그 파급을 염려하였다고 한다.

우의정(右議政) 정공(鄭公) 휘(諱) 언신(彦信)[164]은 공훈(功勳)이 있어서 임금의 지우(知遇)를 받아 재상의 지위에 올랐고, 이때에 이르러 위관(委官)의 신분으로 죄수들을 신문(訊問)하였다. 그러나 말하는 사람들은 공이 반역한 사람과 같은 성씨이므로 옥사를 담당하는 것은 마땅하지 않다고 탄핵하였다. 공이 신하의 신분으로 악언(惡言)을 들었으므로 분명하게 해명하지 않을 수 없었기 때문에, 소장을 올려 반역한 사람과 친하지 않은 정상을 스스로 밝혔다. 이윽고 옥에 갇히게 되었는데 공이 일찍이 한 장의 편지를 보내 안부를 물은 일이 있었으므로, 이전의 소장이 거짓이라고 하여 남해(南海)로 귀양 보냈다.

이듬해 경인년(1590)에는 간악한 양형(梁泂), 양천경(梁千頃), 강

164 정언신(鄭彦信) : 1527~1591. 본관은 동래(東萊), 자는 입부(立夫), 호는 나암(懶庵)이다.

해(姜海) 등이 연달아 악언(惡言)을 임금께 올렸고, 옥사를 처리하는 사람이 그 말에 근거하여 처벌을 요청하므로 조정 뜰에서 곤장을 친 뒤에 갑산(甲山)에 안치하는 지경에 이르렀다. 공의 둘째 아들 찬성공(贊成公) 율(慄)은 스스로 의정공(議政公 정언신(鄭彦信))을 대신하여 그 소장을 초했다는 이유로, 식음(食飮)을 전폐하다가 피를 토하고 운명하였다. 의정공이 가시울타리 안에서 공의 운명 소식을 듣고 통한(痛恨)을 견디지 못해 또한 운명하였다. 부자(父子)가 전후로 세상을 떠났으니, 세상 사람들이 지금까지도 슬퍼한다.

그 뒤 10년이 지난 기해년(1599, 선조32)에 선조(宣祖)께서 의정공에 대해 언급하셨다. 이때 재신(宰臣) 신잡(申磼)[165]과 신점(申點)[166]이 비로소 애매모호한 정상을 명백하게 드러내 부자가 모두 원통하게 죽은 사실을 말하였다. 그러자 임금께서 불쌍히 여기며 낯빛을 바꾸시고, 의정공의 관작(官爵)을 회복하게 하셨다. 찬성공은 두 아들 판서(判書) 세규(世規)[167]와 관찰사(觀察使) 세구(世矩)[168]가 선후(先後)로 귀한 신분이 되었기 때문에, 여러 번의 증직을 거쳐 지금의 관직에 이르게 되었으니, 아련한 하늘의 보답은 진실로 속일 수 없는 것이다.

165 신잡(申磼) : 1541~1609. 본관은 평산(平山), 자는 백준(伯俊), 호는 독송(獨松)이다.

166 신점(申點) : 1530~?. 본관은 평산, 자는 성여(聖與), 시호는 충경(忠景)이다. 《陶菴集 卷27 判中樞申公神道碑》

167 정세규(鄭世規) : 1583~1661. 본관은 동래, 자는 군칙(君則), 호는 동리(東里), 시호는 경헌(景憲)이다. 《歸鹿集 卷17 吏曹判書鄭公諡狀》

168 정세구(鄭世矩) : 1585~1635. 본관은 동래, 자는 대방(大方)이다. 전라 감사(全羅監司)를 지냈다.

처음에 공이 운명하였을 때, 집안사람들이 두려워하여 강 밖에 임시로 장사 지냈다. 백사(白沙) 이 문충공(李文忠公 이항복(李恒福))이 그 원통함을 슬퍼한 나머지 시를 지어 광(壙)에 넣었는데, 그 내용은 다음과 같았다.

입이 있은들 말할 수 있으랴	有口豈能言
눈물만 흐를 뿐 감히 곡도 못하네	有淚不敢哭
베개 어루만지며 남이 볼까 두려워	撫枕畏人窺
소리 삼키며 남몰래 울음 머금네	呑聲潛飮泣
누가 잘 드는 날선 칼로	誰將快翦刀
내 애달픈 마음 삭둑 잘라줄까	痛割吾心曲

공의 두 아들이 성장한 뒤에야 비로소 예를 잘 갖추어 옮겨 모셨으니 36년 만의 일이었다. 그런데도 그 시를 적은 종이와 글씨가 그대로 있었으니, 보는 사람마다 눈물을 흘리며 울었다. 묘소는 장단(長湍) 둔지천(屯池川)에 있다.

정씨는 고려 시대 좌복야(左僕射) 목(穆)으로부터 대대로 관직에 올랐다. 휘(諱) 가종(可宗)은 예조 판서(禮曹判書)이고, 휘 수홍(守弘)은 대사헌(大司憲)이다. 그 뒤로 휘 걸(傑)은 홍주 판관(洪州判官)이고, 휘 홍손(洪孫)은 도총경력(都摠經歷)이고, 휘 진(振)은 예조 좌랑(禮曹佐郎)이다. 3대가 높은 관직에 증직되었으니, 쌓은 음덕이 많고 후대에 드리운 것이 넉넉하다. 이분이 의정공을 낳았는데, 평산 신씨(平山申氏) 사직(司直) 휘 예(禮)의 딸에게 장가들어 가정(嘉靖) 계해년(1563, 명종18)에 공을 낳았다.

공은 어려서 몸이 허약하여 부모님께서 학문을 하지 못하도록 하였으나, 스스로의 힘으로 학업을 성취하여 일찍이 높은 성적으로 향시에 합격하였다. 어버이를 효성으로 섬겨 기쁘게 받들었다. 형제들과 우애 있게 지내며 인륜을 극진히 하여 옷과 음식을 주고받았다. 대범하고 중후한 자세를 스스로 견지하여 여러 사람과 함께 있을 때에도 매우 엄숙하였다. 방 하나를 깨끗이 치우고 지내면서 남들과 어울리는 것을 좋아하지 않았다. 그러나 사람들이 어려움을 겪거나 위태로울 때에는 배고픈 사람이 밥을 찾고 목마른 사람이 물을 찾는 듯한 심정으로 도와주었다. 가난하게 사는 친구가 어버이 봉양을 제대로 하지 못하는 것을 불쌍하게 여겨 항상 맛난 음식을 먹지 않고 가져다주니, 그 사람이 감격하여 눈물을 흘렸다. 공이 어렸을 때 종조고(從祖姑)에게서 길러져 그 재산을 물려주었는데, 공이 사양하고 받지 않았다. 의정공(議政公 정언신(鄭彦信))이 병조 판서(兵曹判書)가 되었을 때, 공은 막 서호정사(西湖亭舍)를 지으려고 재목을 이미 마련한 상태였으나 중간에 그만두어 완성하지 않았으니, 그 높은 식견과 혐의를 멀리함이 이와 같았다.

공은 타고난 자품이 매우 뛰어났다. 집에서는 어진 자제였고 밖에 나가서는 국기(國器)라는 칭송을 들었다. 그러나 집안의 환난을 만나 참소(讒訴) 속에 운명하였으니, 하늘이 정한 것이 아니라 사람이 그렇게 만든 것이다. 비록 그러하나 세성(歲星)이 일주하는 기간 안에 억울함을 씻어냈고,[169] 우로(雨露)와 같은 은택을 흡족하게 받아 저승에

169 세성(歲星)이……씻어냈고 : 정언신과 정률의 억울함이 1기(紀) 안에 풀렸다는 말이다. 주성(周星)은 세성인 목성(木星)이 하늘을 한 바퀴 도는 12년, 즉 1기를 말한다.

계신 두 분의 억울함도 풀리게 되었다. 수척했던 두 아들이 우뚝하게 성공하여 차례로 국가의 훌륭한 인재가 됨으로써 높이 추증되고 제향을 받으며 자손들이 번성하게 되리라고 누가 생각이나 했겠는가. 게다가 장차 비석을 세우고 글을 새겨서 무궁한 후대에까지 밝게 보여주려고 하니, 아아, 사람이 할 수 있는 일이 아니라 하늘이 정한 것이다.

부인 원주 원씨(原州元氏)는 좌찬성(左贊成) 계검(繼儉)의 손녀이며 학생(學生) 호준(虎俊)의 딸이다. 자애롭고 온화하며 유순한 성품으로, 일찍 예교(禮敎)를 익혀 윗사람과 아랫사람의 마음에 꼭 맞게 하였으니, 집안을 매우 화목하게 이끌었다. 미망인(未亡人)이 되어서는 살고 싶지 않아 곡하고 울다가 건강이 상했으며, 마침내는 시력을 잃게 되었다. 규문(閨門)에서 아름다운 음덕을 쌓은 근원은 판서(判書 정세규(鄭世規)) 형제를 살펴보면 잘 알 수 있다.

재물에 관해서는 득실(得失)과 이익에 대단히 깨끗하여 사사로운 욕심을 부리지 않았다. 아우와 조카가 부모를 여의고 가난하게 사는 것을 염려하여 재산을 나눌 때 자신보다 많이 차지하도록 하였다. 처음에 의정공(議政公 정언신(鄭彦信))이 경계의 말씀을 남겨 전주(全州)에 있는 선업(先業)을 판서 형제에게 주도록 하였다. 그 뒤 판서 형제가 젊은 나이로 조정에 나가게 되자, 부인께서 말씀하기를 "두 아이가 다행히 굶주림과 추위를 면하게 되었구나."라고 하고는 선업을 제방(諸房)에 나누어 주니, 친족들이 모두 그 의로움에 감복하였다. 만력(萬曆) 신유년(1621, 광해군13)에 향년 56세로 운명하였고 공과 합장하였다.

판서(判書 정세규(鄭世規))는 두 아들 담(儋)과 순(侚)을 두었는데, 담은 현감(縣監)이다. 딸 여섯은 최성(崔晟), 진사(進士) 윤의미(尹義

美), 이석규(李碩葵), 이국균(李國均), 교리(校理) 신혼(申混), 진사(進士) 이은진(李殷鎭)에게 출가하였다. 관찰사(觀察使 정세구(鄭世矩))의 아들은 판관(判官) 하(何)이고, 딸은 부윤(府尹) 민희(閔熙)에게 출가하였다. 증손자와 증손녀는 많아서 기록하지 않는다. 다음과 같이 명을 짓는다.

오직 하늘이 사람을 이기는데	唯天勝人
금방 나타나지 않고 천천히 드러나	不疾而遲
우레 같은 고난이 앞서 닥치고	霆霹在前
우로와 같은 은혜 뒤에 베풀지	雨露後施
아아 정공이여	嗟嗟鄭公
효를 위해 죽었으니	以生殉孝
어찌 넉넉한 복 없으랴	豈無其贏
음덕 쌓으면 보답 받는다네	種德食報
곤륜산이 이미 불타면	崑岡旣爇
옥도 빛을 감추게 되지만[170]	玉乃鏟彩
사람이 선을 실천할 때	人亦爲善
후회하지도 말고 게을리하지도 말아야지	勿之悔怠
임단[171]의 무덤	臨湍之丘

170 곤륜산(崑崙山)이……되지만 : 한 때의 화란이 억울하게 번질 수도 있다는 말이다. 《서경》 〈윤정(胤征)〉에 "곤강에 화염이 치솟아, 옥과 돌이 모두 불탄다.〔火炎崑岡, 玉石俱焚.〕"라는 말이 있다.

171 임단(臨湍) : 정률의 묘소가 있는 장단(長湍)의 옛 이름이다.

경사가 모여 보답 받으리니 慶鍾攸酢
나를 믿지 못하겠거든 謂不我信
이 빗돌을 볼지어다 請覩斯石

함경도 도사 신군 묘갈명 병서

咸鏡道都事申君墓碣銘 幷序

상세(上世)에는 사람이 선악(善惡)을 행하면 그에 따라 받는 화복(禍福)이 한결같이 어긋나지 않았는데, 중세(中世)에는 그렇지 않은 경우가 발생하여 사람들이 비로소 의심하게 되었다. 세대가 후대로 내려와 쇠퇴하는 데 이르러, 선하지 않은 일을 저지르더라도 뜻을 얻어 귀한 지위에 오르고 장수를 누리고 죽으니, 이는 무슨 덕을 따른 것이란 말인가. 맑고 온화하며 상서롭고 순한 자질을 지니고 천성적으로 훌륭한 재주를 타고 나서 현인(賢人)과 군자(君子)로 여겨지는 사람들은 대부분 기구한 삶 속에 좌절을 겪다가 억눌린 채 삶을 마치니, 하늘은 무슨 까닭이 있어서 이렇게 한단 말인가. 신군 계량(申君季良)은 옛날의 이른바 선인(善人)이니 마땅히 복을 받을 사람인데, 말세에 태어나 걸핏하면 때와 맞지 않았다. 끝내 복을 받지 못하고 요절하였으니, 장차 무엇을 믿고 선을 행한단 말인가.

계량의 이름은 최(最)이다. 시조(始祖) 태사(太師) 숭겸(崇謙)[172]은 고려(高麗) 태조(太祖)의 개국(開國)을 도왔으나, 끝내 기신(紀信)에 비견될 만한 절의를 지키고 운명하였다.[173] 평산(平山)을 관향으로 하

172 신숭겸(申崇謙) : ?~927. 평산 신씨(平山申氏)의 시조로, 초명은 능산(能山), 시호는 장절(壯節)이다.

173 기신(紀信)에……운명하였다 : 후백제군에 포위되어 위급해진 왕건(王建)을 구하기 위해 신숭겸이 힘써 싸우다가 순절(殉節)했다는 말이다. 기신은 한(漢)나라 초기의 장군이다. 유방(劉邦)이 형양(滎陽)에서 항우(項羽)에게 포위당해 위급해졌을 적

사받았으니, 그의 후손들이 대대로 관직에 올랐다. 고조(高祖) 휘(諱) 영(瑛)은 우참찬(右參贊)을 지냈고 시호(諡號)는 이간공(夷簡公)이다. 증조(曾祖) 휘 승서(承緖)는 도사(都事)를 지냈고 영의정(領議政)에 추증되었다. 조부(祖父) 휘 흠(欽)은 영의정을 지냈고 시호는 문정공(文貞公)이니, 인조(仁祖) 묘정(廟庭)에 배향되었으며 세상에서는 상촌(象村) 선생이라고 부른다. 선고(先考) 휘 익성(翊聖)[174]은 선조(宣祖)의 딸 정숙옹주(貞淑翁主)에게 장가들어 동양위(東陽尉)에 봉해졌으며 호는 낙전(樂全)인데, 대를 이어 문장으로 훌륭한 명성을 드날렸다.

군은 선대의 아름다운 덕을 이어받아 태어나면서부터 남다른 자질을 지녔으며, 어려서부터 기상이 빼어나 어른스러웠다. 글짓기에 있어서 천부적으로 타고난 재주가 지극하였다. 글을 지을 때 진한(秦漢)의 글에서 체재를 취하였고, 성명(盛明) 제가(諸家)의 글에 출입하여 반드시 법도가 있어 볼만하였다. 특히 초사(楚辭)를 잘 지어 거의 신(神)의 조화로부터 나온 듯했으니, 명성이 이로 인해 자자하게 일어났다.

열일곱 살 되던 을해년(1635, 인조13)에 진사시 3위로 합격하였고, 무자년(1648, 인조26)에 정시 문과(庭試文科)에 합격하였다. 처음에 승문원(承文院)에 배속되었다가 얼마 뒤에 사국(史局)에 천거되었고,

에, 그가 한왕의 행세를 하며 항우에게 항복을 하고 그 틈에 유방을 탈출하게 하였는데, 항우가 그 사실을 알고 불태워 죽였다. 《漢書 卷1 高帝本紀上》

174 신익성(申翊聖) : 1588~1644. 본관은 평산(平山), 자는 군석(君奭), 호는 낙전당(樂全堂)・동회거사(東淮居士), 시호는 문충(文忠)이다. 선조(宣祖)의 딸 정숙옹주(貞淑翁主)와 결혼하여 동양위(東陽尉)에 봉해졌다. 《淸陰集 卷26 東陽尉申公神道碑銘 幷序》

홍문록(弘文錄)에 올랐으며 설서(說書)를 역임하였다. 소장(疏狀)을 올려 새로운 정치를 펼치기 위해 먼저 힘쓸 것을 논하니,[175] 임금께서 절목을 요약하여 올리라고 명하셨다. 박사(博士)를 거쳐 검열(檢閱)에 임명되었다. 임금께서 일찍이 야대(夜對)에서 정복심(程復心)의 〈심학도(心學圖)〉[176]를 차분하게 논하시니, 좌우(左右)의 신하들 가운데 끝내 대답하는 사람이 없었다. 군이 앞으로 나서서 막힘없이 낱낱이 분석하여 말씀드리니, 임금께서 칭찬하고 술잔을 내리셨다. 3년 동안 사직(史職)을 담당하면서 여러 차례 파직되었다가 다시 임명되었으며, 주서(注書)로 옮겼다가 봉교(奉敎)로 승진하였다. 그해 겨울에 집안에 재앙이 일어났다.[177] 군은 마침내 세상에 대한 뜻을 접고, 온 가족과 함께 선영이 있는 곳으로 가서 묘전(墓田)을 가꾸며 생활하였다. 아울러 홀로 된 형수를 잘 보살폈다.

오랜 뒤에 전적(典籍)으로 서용되었고, 계사년(1653, 효종4)에 낭천 현감(狼川縣監)이 되었다. 고을이 폐해진 지 10년이 지나 온갖 폐단이 마구 발생하였다. 군은 힘껏 개혁을 시행하려고 하였으나, 일이 뜻대로 되지 않자 벼슬을 그만두고 돌아왔다. 병신년(1656, 효종7)에

175 소장(疏狀)을……논하니 : 1649년 5월에 인조(仁祖)가 승하하고 효종(孝宗)이 즉위하자, 신최는 문학(文學) 이제형(李齊衡)과 함께 신정(新政)에 보탬이 되도록 시강(侍講) 때 했던 말들을 정리하여 소장을 올렸다. 《承政院日記 孝宗 卽位年 6月 5日》

176 정복심(程復心)의 심학도(心學圖) : 정복심(1279~1368)은 원(元)나라 사람으로, 자는 자견(子見)이다. 이학(理學)을 깊이 연구하였으며, 《사서장도(四書章圖)》를 저술하였다.

177 집안에 재앙이 일어났다 : 신최의 큰형인 신면(申冕)이 김자점(金自點)의 역모 사건에 연루되어 심문을 받다가 죽은 일을 가리킨다.

또 외직으로 나가 함경도 도사(咸鏡道都事)에 임명되었다. 군은 세상 사람들과 원만한 관계를 형성하지 못했으므로 삼가고 조심해도 인정받지 못했다. 이로 인해 궁벽한 변방의 산골로 두 번이나 내쳐져 풍토에 시달려 모르는 사이에 원기(元氣)를 잃었으니, 임기를 마치고 돌아와 병이 나고 말았다. 겨울을 넘기면서 더욱 심해져 무술년(1658) 1월에 운명하였다. 광주(廣州) 사부촌(莎阜村)에 안장하니, 문정공(文貞公 신흠(申欽))의 묘소가 바로 오른쪽에 있다.

군은 남들보다 뛰어난 자질과 세상을 초탈하는 식견을 지니고도 이리저리 떠돌고 버림받아 자신의 능력을 백에 하나도 펼치지 못했다. 아아, 안타깝도다. 군은 스스로 집안 대대로 선비의 길을 걸어왔다고 여겨, 덕행과 선행을 쌓아 후세에 경사(慶事)를 남겨 주려고 하였으나, 뜻하지 않게 재앙을 당했다. 숙씨(叔氏) 진사공(進士公)[178] 또한 영동 바닷가에서 떠돌다가 한을 품고 세상을 떠났는데, 평소 문득문득 울분을 느껴 왕왕 술에 취해 눈물을 줄줄 흘리곤 하였다. 평소 살려는 의지가 적었는데 끝내 불행한 삶을 마쳤으니, 하늘이 훌륭한 재주를 부여한 사람에게 이와 같이 어긋났다.

군은 일찍부터 가학(家學)을 이어받아 이치 탐구에 몰두하였다. 19세에 《동관내외편(童觀內外篇)》을 지어 수리(數理)를 밝혔고, 이어서 열한 편의 원(原)[179]을 지어 뜻을 분별했고, 《예가부설(禮家附說)》을

178 진사공(進士公) : 신경(申炅, 1613~1653)으로, 본관은 평산, 자는 용회(用晦), 호는 화은(華隱)이다. 1643년(인조21) 척화오신(斥和五臣)으로 지목되어 청나라에 붙잡혀 갔던 아버지 신익성(申翊聖)이 풀려나 이듬해 죽자, 서울로 돌아왔다가 1652년에 다시 강릉으로 내려가 그곳에서 죽었다. 저서로는 《재조번방지(再造藩邦志)》가 있다.

179 열한 편의 원(原) : 신최의 《춘소자집(春沼子集)》 권3에 〈원속(原俗)〉, 〈원교(原

지어 의문점을 고증하였다. 그 글이 수만 자에 이르렀으며, 두루 정통하고 밝게 이해하여 조금도 부족한 점이 없었다. 그밖에 구류(九流)와 칠략(七略)[180]으로부터 율력(律曆), 복서(卜筮), 의술(醫術)에 이르기까지 널리 통달하지 못한 것이 없었으니, 여기에서 그의 전모를 볼 수 있다.

한가한 곳으로 물러나 살면서 자호(自號)를 춘소(春沼)라 하였다. 마음을 가다듬고 시를 지어 충담(沖澹)하고 화평(和平)하며 풍부한 재주로 침울하고 울적한 심사를 드러냈다. 일찍이 말하기를 "내가 세상에서 버림받아 스스로 당대에 드러날 수 없게 되었으므로, 내가 더욱 시에 힘을 쏟아 스스로 적응하여 경지를 만들 것이다. 어찌 인간세상의 일에 관여하여 평생을 묻혀 지내겠는가. 수천 년 뒤에라도 알아주는 사람이 나온다면 또한 즐거운 일이다."라고 하였다. 이제 그의 시문(詩文) 몇 권이 영원히 전해질 것이니, 군이 스스로 했던 말이 거의 이루어질 것이다.

군은 청송 심씨(靑松沈氏) 교리(校理) 희세(熙世)의 딸에게 장가들어 2남 7녀를 낳았다. 아들은 진사 의화(儀華)와 범화(範華)인데, 의화

敎)〉, 〈원농(原農)〉, 〈원재(原財)〉, 〈원병(原兵)〉, 〈원정(原政)〉, 〈원례(原禮)〉, 〈원악(原樂)〉, 〈원력(原曆)〉, 〈원재(原才)〉, 〈원학(原學)〉이 실려 있다.

180 구류(九流)와 칠략(七略) : 구류는 한대(漢代)의 아홉 학파로서, 유가(儒家)·도가(道家)·음양가(陰陽家)·법가(法家)·명가(名家)·묵가(墨家)·종횡가(縱橫家)·잡가(雜家)·농가(農家)를 가리킨다. 칠략은 유향(劉向)이 아들 유흠(劉歆)과 함께 작성한 서적의 목록 일곱 가지로서, 집략(輯略)·육예략(六藝略)·제자략(諸子略)·시부략(詩賦略)·병서략(兵書略)·술수략(術數略)·방기략(方伎略)을 가리킨다.

는 1남 1녀를 두었다. 맏딸은 정자(正字) 권두추(權斗樞)에게 출가하여 3남 2녀를 두었다. 동생들은 한백기(韓伯箕), 김환(金奐), 권적(權頔)에게 출가하여 모두 딸 하나씩 두었다.

정묘년(1627, 인조5) 정숙옹주(貞淑翁主)가 운명했을 때, 군은 아홉 살이었는데 곡하며 가슴을 치고 조문객에게 절하는 모습이 예법에 어긋남이 없었으니, 그 모습을 보면서 내가 가엾게 여겼던 것을 지금도 기억하고 있다. 이제 군은 장성하였고 나는 늙어 70세가 되었으니, 조만간 다가올 내 묘도문자(墓道文字)에 관한 일을 일찍이 군에게 부탁하여 사라지지 않게 해달라고 했었다. 그런데 생사(生死)와 수요(壽夭)가 이처럼 고르지 못할 줄을 누군들 생각이나 했겠는가. 군에게 부탁했던 일을 도리어 나에게 부탁하게 되었으니, 슬프도다. 다음과 같이 명을 짓는다.

너그럽고 화락하며 효성스럽고 우애로운 데다	寬樂孝友
아름다운 재주까지 갖추었으니	克有才美
하늘에서 부여받은 것이 온전하건만	天受者全
떠밀고 거꾸러뜨렸네	旣擠旣躓
끝내 요절하고 말았으니	而卒夭閼
하늘이 어찌 이리도 혹독하게 앗아갔나	天奪胡偏
오직 훌륭한 이름은	唯有令名
천지와 더불어 영원히 사라지지 않으리니	穹壤不滅
이 말로 저승의 혼령을 위로하노라	以慰下泉

종부시정 겸 춘추관편수관 박공 묘갈명 병서
宗簿寺正兼春秋館編修官朴公墓碣銘 幷序

군의 휘(諱)는 손(蓀), 자(字)는 형숙(馨叔)으로, 나보다 11년 먼저 태어났다.[181] 성품이 순박하고 중후하여 사람을 만날 때 피차의 경계를 두지 않았으니, 안팎이 한결같았다. 나의 형님과 함께 계묘년(1603, 선조36)에 진사시에 합격하였다. 나와 교분이 특히 깊어 서로 찾아갈 때마다 말을 많이 하지 않으면서 술을 마시고 밤새 즐겁게 놀다가 헤어지곤 하였다.

군은 두 번 호서(湖西)의 고을을 다스렸는데, 내가 그때마다 찾아갔었다. 무오년(1618, 광해군10)에 평택 현감(平澤縣監)으로 있을 때에는 군의 첩을 나오게 하여 나에게 인사 시켰고, 정묘년(1627, 인조5)에 온양 군수(溫陽郡守)로 있을 때에는 내가 들어가서 군의 부인을 뵈었다. 10년 뒤 병자년(1636)에 철원 부사(鐵原府使)를 그만두고 서울로 돌아와 병으로 운명하였으니 향년 58세였다. 그해 8월에 장사 지냈다.

당시 나는 사신을 맞이하는 접반사(接伴使)의 임무를 맡아 관서 지방으로 가야 했는데, 상여와 같은 날에 도성을 나가게 되었으므로 시를 지어 곡하기를 "함께 도성 나가는 나그네 되었는데, 돌아오지 못하는

181 나보다……태어났다 : 이민구는 박손이 1636년(인조14) 향년 58세로 운명하였다고 기술하였다. 그렇다면 박손은 1579년(선조12)에 태어난 것이다. 이민구는 1589년에 태어났으므로, 박손과는 정확히 10년의 차이가 나는 셈이다. 사윤(四閏)은 11년에 윤달이 네 차례 돌아오기에 한 말이다.

사람 유독 슬프다오."라고 하였으니, 군과의 교제가 살아서나 죽어서나 시종 이와 같았다. 22년이 지난 무술년(1658, 효종9)에 비로소 슬픔을 머금고 눈물을 흘리며 무덤 앞의 비석에 다음과 같이 명(銘)을 새긴다.

박씨(朴氏)는 계림(鷄林)에서 가문이 시작되어 자손들이 줄기와 잎처럼 뻗어나갔는데, 삼성(三姓 박(朴)·석(昔)·김(金))의 운이 다하여 밀양(密陽)으로 관향을 삼으니, 고려 시대부터 조선에 이르기까지 그 세대가 끊어지지 않았다. 사지(司紙) 휘 억령(億齡)이 현령(縣令) 휘 춘란(春蘭)을 낳고, 이분이 현감(縣監) 휘 정수(貞秀)를 낳고, 이분이 감찰(監察) 휘 효제(孝悌)를 낳으니, 이분들이 군의 고조(高祖) 이하 4대 선조(先祖)이다. 순흥 안씨(順興安氏) 존도(尊道)의 딸이 군의 어머니이다.

군은 처음에 동궁 세마(東宮洗馬)로 관직에 나갔다가 한성부 참군(漢城府參軍)으로 옮겼다. 태복시 주부(太僕寺主簿)와 두 관청의 낭관(郎官)이 되었으며, 호조 정랑(戶曹正郎)을 역임하고 평택 현감(平澤縣監)에 임명되었다. 얼마 뒤에 문과(文科)에 을과(乙科)로 합격하였는데, 당시 양친(兩親)께서 살아 계셨다. 군이 부모님 상을 당했을 때는 이미 3, 40대[182]를 넘긴 나이였는데, 상복을 입고 건강을 상할 정

182 3, 40대 : 강장(彊壯)은 3, 40대를 의미한다. 이수광(李睟光)의 글에 "사람이 처음 태어나면 영아라고 하고, 3세를 소아, 10세를 동자, 15세를 성동, 16세를 정, 20세를 약관, 30세를 장, 40세를 강, 50세를 애, 60세를 기, 70세를 모, 80세를 질, 90세를 황구, 100세를 기이라고 한다.〔人始生曰嬰兒, 三歲曰小兒, 十歲曰童子, 十五歲曰成童, 十六曰丁, 二十曰弱冠, 三十曰壯, 四十曰彊, 五十曰艾, 六十曰耆, 七十曰耄, 八十曰耋, 九十曰黃耇, 百歲曰期頤.〕"라고 하였다.《芝峯類說 卷17 人事部 生產》

도로 슬퍼하여 사람들에게 소문이 났다.

예조 정랑(禮曹正郞)을 거쳐 온양 군수(溫陽郡守)가 되었다. 내직으로 들어와 성균관 사예(成均館司藝), 제용감(濟用監)·상의원(尙衣院)·종부시(宗簿寺)의 정(正), 춘추관 편수관(春秋館編修官)에 임명되었다. 외직으로 나아가 철원 부사(鐵原府使)를 맡은 뒤에 운명하였으니, 군이 역임한 관직과 지우(知遇)를 입은 것이 시원찮았다고 하겠다.

형숙(馨叔)은 빼어난 자질을 지녀 문채가 났으며, 도량이 넓고 전아하여 원대한 운치가 있었다. 노비를 부릴 때에도 큰 목소리를 내거나 노한 낯빛을 띠지 않았고, 동료들과 관청에서 지낼 때에도 눈살을 찌푸리고 남을 대한 적이 없었다. 낭관의 지위에 있을 때 정사가 혼란한 시기를 만났는데, 행실을 단속하여 스스로의 지조를 지키면서 일찍이 요로(要路)에 발을 들이지 않았다. 관직이 조금 올라가고 시절이 태평해졌을 때 선비들이 모두 갈고닦아 알려지기를 구하였는데, 저 의기양양하게 대각(臺閣)에 들어가 높은 벼슬에 오른 자들 가운데 재주와 덕행을 헤아려 보면 그 누가 형숙보다 앞서겠는가. 그러나 군은 홀로 묵묵히 백관들의 아래에 있으면서 다른 사람들이 알아주기를 구한 적이 없었고, 군을 아는 사람들도 이끌어 줄 만한 힘을 가진 사람이 없었으니, 이것도 또한 운명이다.

군의 묘소는 호남의 금산(錦山)에 있는데, 그 산의 이름은 진악(進樂)이고 산이 있는 마을 이름은 악소(樂韶)이다. 숙인(淑人) 이씨(李氏)를 합장하였다. 숙인은 공정대왕(恭靖大王 태종(太宗))의 후손이며 우윤(右尹) 원(瑗)의 딸로, 부덕(婦德)을 순수하게 갖춘 분이었다. 2남 1녀를 낳았으니, 맏아들은 찰방(察訪) 민행(敏行)이고, 둘째 아들은 수행(粹行)이며, 딸은 침랑(寢郎) 이자(李滋)에게 출가하였다. 민행의 다섯 아들은 아무개 등이며, 두 딸은 아무개 등에게 출가하였다. 수행의 한 아들은 아무개이고, 두 딸은 아무개 등에게 출가하였다. 사위 이자의 네 아들은 아무개 등이며, 세 딸은 아무개 등에게 출가하였다. 군은 측실(側室) 소생으로 아무개 등 네 아들을 두었다. 내외(內外)의 자손이 매우 많으니, 옛말의 이른바 '음덕을 두텁게 쌓고 적게 쓰면 복으로 드러남이 많다.'라는 것에 해당한다고 하겠다. 다음과 같이 명을 짓는다.

자상한 용모와	肫肫其容
조심스러운 말투	吶吶其言
행실은 정연하고	其行循循
기품은 온화했네	其氣溫溫
가식과 겉치레 제거하고	去飾與貌
실로 천진함을 온전히 하였는데	實全其天
장수하지 못하였으니	不耋以崇
어찌 사람들 기대 저버렸나	胡負於人
많고 많은 자손들	振振孫子
번성하여 선량하고	旣庶且令
크게 경사를 드리웠으니	鴻垂厥慶
어찌 공경일 뿐이겠는가	豈其公卿

사간원 사간 이공 묘갈명 병서
司諫院司諫李公墓碣銘 幷序

무릇 선비가 그 덕행(德行)은 세상을 선하게 할 만하고 재주와 지략은 일을 도모할 수 있으며, 여기에 학문을 갈고 닦았다면 또한 훌륭한 인재라고 할 수 있다. 그러나 항상 운명에 막혀 그 능력을 다 발휘하지 못할까 걱정이다. 사간(司諫) 이도장(李道長) 군은 세상의 이른바 국기(國器)에 해당하는 인재였는데, 중도에 운명하였으니 어찌 안타깝지 않으랴.

처음 군이 태어났을 때 남다른 기상을 지녀 대단히 영특하였으니, 겨우 돌이 되었을 때 글자를 알고 기억력이 뛰어났다. 조금 성장해서는 뛰어난 재주와 호방한 성격으로 탁월하게 두각을 나타내 막힘없이 두루두루 통하였다. 본성이 효성스럽고 우애가 있어서 부모를 받들고 형제를 대할 적에 모두 인륜에 합당하게 하였다. 한강(寒岡) 정 선생(鄭先生)이 사수(泗水) 가에서 도를 강론할 때,[183] 군은 아직 어린 나이였는데 책을 들고 찾아가 뵈었다. 선생이 군의 총명함을 보고 기뻐하여 곁에 머물게 하니, 날로 학문이 발전하였다.

183 한강(寒岡)……때 : 한강 정 선생(鄭先生)은 정구(鄭逑, 1543~1620)로, 본관은 청주(淸州), 자는 도가(道可), 호는 한강, 시호는 문목(文穆)이다.《鶴沙集 卷8 寒岡先生墓誌銘 幷序》 72세이던 1614년(광해군6)에 사수(泗水) 물가로 이사하여 경회당(景晦堂)을 지어 지경재(持敬齋)와 명의재(明義齋)를 두었으며, 사양병수(泗陽病叟)라고 자호하였다.《畏齋集 卷3 寒岡鄭先生年譜》 이도장은 이때 정구의 문하에서 수학한 것으로 보인다.

경오년(1630, 인조8)에 과거에 급제하였다. 처음에 승문원(承文院)에 배속(配屬)되었다가, 사근도 찰방(沙斤道察訪)에 임명되자 역관(驛館)의 폐습을 혁파하여 활기를 찾았다. 갑술년(1634)에 주서(注書)에 임명되었으나, 참판공(參判公)[184]의 상을 당하여 거상(居喪)의 예제(禮制)를 행하며 몸을 상할 정도로 슬퍼하였다. 상을 마친 뒤인 병자년(1636) 겨울에 임금께서 남한산성으로 피난하셨는데, 어려운 상황에서 여러 가지 사무가 많았다. 군이 임금 앞에 있으면서 구술(口述)하는 말을 재빨리 쓰고 여러 가지 일을 민첩하게 처리하여 당시 조정의 대사를 결정하는 데 도움을 주자 대신들이 주목하였다. 사태가 안정되자 검열(檢閱)로 자리를 옮겼다.

무인년(1638)에 봉교(奉教)를 거쳐 전적(典籍), 병조(兵曹)의 낭관(郎官), 지평(持平), 수찬(修撰), 정언(正言)으로 승진하였다. 이때부터 거듭 삼사(三司)에 번갈아 가며 임명되었는데, 김상헌(金尙憲)을 문책하여 멀고 험한 곳으로 유배 보내야 한다는 대간(臺諫)들의 논의[185]가 지나치다고 주장하였다. 이조(吏曹)의 낭관이 되어서는 이조판서가 인사를 시행할 때 혐의(嫌疑)가 있음을 보고, 마침내 병을 핑계

184 참판공(參判公) : 이도장의 아버지 이윤우(李潤雨, 1569~1634)로, 본관은 광주(廣州), 자는 무백(茂伯), 호는 석담(石潭)이다.《東溟集 卷8 通政大夫工曹參議知製教李公墓誌銘 并序》

185 김상헌(金尙憲)을……논의 : 김상헌(1570~1652)의 본관은 안동(安東), 자는 숙도(叔度), 호는 청음(淸陰)·석실(石室)이다.《農巖集 卷35 世系》 대관(臺官) 유석(柳碩) 등이 임금도 없고 도리도 없는 것처럼 행동한다는 이유로, 김상헌을 유배 보낼 것을 청하고 아울러 정온(鄭蘊)을 파직할 것을 청한 일이 있었다.《晩靜堂集 第14 贈領議政行江原道觀察使洪公墓碣銘》

로 관직을 그만두었다. 이처럼 군은 사람들과의 관계에 있어서 매번 두루 원만하고자 하여 갈등하는 마음을 갖지 않았다.[186]

바야흐로 남한산성이 포위되었을 때, 오랑캐들이 척화파(斥和派)를 보내라고 급히 독촉하였는데, 권신(權臣)들이 사람들의 말에 따라 군을 불러 여덟 명의 이름을 쓰게 하였다. 그러나 군은 그에 맞서서 이름을 쓰지 않았으므로, 마침내 조빈(趙贇),[187] 홍전(洪瑑),[188] 이시해(李時楷),[189] 신상(申恦),[190] 유황(兪榥)[191] 다섯 사람이 죽음을 면하였다.

186 갈등하는……않았다 : 이도장이 온전한 대인관계를 추구했다는 말이다. 빙탄은 얼음과 숯으로, 상반(相反)되어 서로 용납할 수 없는 관계를 의미하며 군자와 소인이 함께 할 수 없음을 비유하는데, 여기서는 갈등을 의미한다. 《장자(莊子)》 〈인간세(人間世)〉에 "일이 만약 잘못되면 반드시 형벌을 받을 것이요, 일이 잘 된다고 해도 틀림없이 병들게 될 것입니다. 성사되든 안 되든 후환이 없는 자는 오직 덕이 있는 자만이 가능한 일입니다.〔事若不成, 則必有人道之患, 事若成, 則必有陰陽之患, 若成若不成, 而無後患者, 唯有德者能之.〕"라고 하였는데, 이 글에 대한 곽상(郭象)의 주(注)에 "기쁨과 두려움의 감정이 가슴속에서 싸우는데, 이는 원래 인간의 오장 속에 얼음과 숯이 한데 엉겨 있기 때문이다.〔喜懼戰于胸中, 固已結氷炭于五臟矣.〕"라고 하였다.

187 조빈(趙贇) : 1587~? 본관은 한양(漢陽), 자는 계언(季彦), 호는 은성(隱星)이다. 병자호란이 일어났을 때, 척화를 부르짖으며 홍익한(洪翼漢) 등 삼학사(三學士)와 함께 처벌해 줄 것을 주장하였다. 청나라의 힐책으로 한때 귀양 가기도 하였다.

188 홍전(洪瑑) : 1606~1665. 본관은 남양(南陽), 자는 백윤(伯潤), 호는 죽암(竹巖)이다. 병자호란이 일어나자 척화를 주장하다가 김상헌(金尙憲)·오달제(吳達濟) 등과 함께 적진에 끌려갔다.

189 이시해(李時楷) : 1600~1657. 본관은 전주(全州), 자는 자범(子範), 호는 남곡(南谷)·송애(松崖)이다. 1636년(인조14) 문학이 되어 청나라 심양에 볼모로 가는 소현세자(昭顯世子)를 호종하였다.

190 신상(申恦) : 1598~1662. 본관은 평산(平山), 자는 효은(孝恩), 호는 은휴와(恩休窩)이다. 1636년(인조14) 정언(正言)이 되었고, 병자호란이 발생하자 묘사(廟

이일상(李一相)[192]은 급박한 상황에서 호가(扈駕)하지 못했다는 이유로 죄를 얻어 유배되었으나, 군이 분별하여 진언함으로써 풀려날 수 있었다.

영남(嶺南)의 선비 가운데 근거 없는 의론에 현혹되어 "출병하여 오랑캐의 요청[193]에 응하는 것이 의리에 해롭지 않다."라는 의견을 처음 제창하는 사람이 있었는데, 당시 재상이 그의 말을 받아들였다. 군이 그의 사특한 말을 논박하였는데, 임금께서 군의 정직함과 행실이 구차하지 않음을 살피고 깊이 관심을 기울이셨다. 일찍이 휴가를 요청하여 귀성(歸省)할 때, 특별히 어약(御藥)을 하사하셨다. 숙직실에서 병을 앓고 있을 때에는 내의(內醫)를 보내 치료하게 하고, 중귀인(中貴人 환관(宦官))을 보내 위문하기를 그치지 않으셨다. 이에 앞서 이러한 대우를 받지 못하는 하료(下僚)로부터 무함을 받아 작은 죄에 연루되어 면직을 당하게 되었을 때에도, 임금께서 또한 곡진히 살펴 용서해 주셨다.

기묘년(1639, 인조17)에 현감으로 나가기를 요청하여 합천(陜川)으로 부임하였다. 송사를 엄격하고 명백하게 판결하니, 교활한 백성들이

社)를 따라 강화(江華)로 피난하였다. 강화가 함락되었을 때에는 세자빈(世子嬪)의 위급을 면하게 하였다. 이듬해 척화를 주장하다 면직되어 원주에 머물며 독서에 힘썼다.

191 유황(兪榥) : 1599~1655. 본관은 기계(杞溪), 자는 전숙(典叔), 호는 봉주(鳳洲)이다. 병자호란이 일어나자 비빈(妃嬪)과 봉림대군(鳳林大君)을 강화에 호종하였고, 난이 끝난 뒤에는 배청파(排淸派)로 지목되어 단양에 유배되었다.

192 이일상(李一相) : 1612~1666. 본관은 연안(延安), 자는 함경(咸卿), 호는 청호(青湖), 시호는 문숙(文肅)이다. 이정귀(李廷龜)의 손자이다. 《芝村集 卷23 伯父青湖府君墓誌》

193 오랑캐의 요청 : 청(淸)나라가 명(明)나라를 공격하기 위해 조선에 출병을 요청한 사실을 말한다.

감히 아무 말도 하지 못하였다. 하루는 가족들이 모였는데, 급보를 듣고 수군을 뽑아 오랑캐와의 약속을 지키기 위해 서쪽으로 가게 되었다.[194] 군이 울면서 어머니께 아뢰기를 "나랏일이 이 지경에 이르러서, 불초자식이 오늘 사지(死地)로 떠나니, 바라건대 어머니께서는 슬퍼하지 마십시오."라고 하였다. 여러 차례 시종신(侍從臣)의 자리로써 불렀으나 중도에 문득 돌아오게 되므로 소장(疏章)을 통해 득실(得失)을 개진하였는데, 정성스러운 소장의 내용은 황극(皇極)을 세우고[195] 큰 뜻을 확립하라는 것이 주된 요지였다. 응교(應敎)와 사간(司諫)에 임명되었으나, 또한 나아가지 않고 마침내 운명하였으니, 갑신년(1644) 겨울의 일이었고 향년 42세였다.

아아, 세상이 말세에 접어들었으므로 걱정거리가 눈에 넘쳐나니, 군과 같은 사람을 몇 사람만 얻어서 당당하게 조정에 세운다면, 어찌 보잘것없는 사람들과 비교되겠는가. 이것이 세도(世道)를 위해 애석해하는 것이다.

군의 자(字)는 태시(泰始), 본관은 광주(廣州)이다. 둔촌 선생(遁村先生) 집(集)[196]은 도학(道學)으로 명성이 있었고, 연이어 4대가 세상

194 가족들이……되었다 : 이도장이 어머니 생일에 수연을 베풀었는데, 갑자기 선전관(宣傳官)의 행차에 수군을 정제(整齊)하고 청나라를 조병(助兵)하기 위해 떠나게 된 것을 말한다. 《洛村集 卷3 家狀》

195 황극(皇極)을 세우고 : 나라를 다스리는 대중지정(大中至正)한 법칙을 세우라는 말이다. 《서경》 〈홍범(洪範)〉에 "다섯째, 황극은 임금이 극을 세움이다.〔五皇極, 皇建其有極.〕"라고 하였다.

196 이집(李集) : 1327~1387. 본관은 광주(廣州), 호는 둔촌(遁村)이다. 목은(牧隱) 이색(李穡) 및 포은(圃隱) 정몽주(鄭夢周)와 교유하였다. 《白沙集 卷4 推忠奮義平

에 명성을 드날렸다. 5대를 지나 승사랑(承仕郞) 휘(諱) 지(摯)가 남쪽 지방으로 장가들면서 비로소 성주(星州)에 거주하게 되었다. 증조(曾祖)는 휘 준경(遵慶)이고, 조부(祖父) 휘 희복(熙復)은 좌승지(左承旨)에 추증되었다. 선고(先考) 휘 윤우(潤雨)[197]는 한강(寒岡 정구(鄭逑)) 선생에게 배웠고, 화려한 관직을 거쳐 공조 참의(工曹參議)로 재직하다가 운명하였으며, 이조 참판(吏曹參判)에 추증되었다. 선비(先妣) 인천 채씨(仁川蔡氏)는 생원 응린(應麟)[198]의 딸이다. 처음에 승지공(承旨公 이희복(李熙復))의 아우 첨정(僉正) 광복(光復)이 주부(主簿) 영우(榮雨)를 낳았으나, 후사(後嗣)가 없었으므로 군을 후사로 삼았다.

군은 안동 김씨(安東金氏)에게 장가들었으니 판중추부사(判中樞府事) 시양(時讓)[199]의 딸이다. 4남 4녀를 낳았으니, 장남 원정(元禎)은 시강원 문학(侍講院文學)이고, 차남 원록(元祿)은 생원시에 장원하여 익위사 시직(翊衛司侍直)이 되었으며, 그 다음은 원례(元禮)와 원지(元祉)이다. 딸들은 아무개들에게 시집갔다. 다음과 같이 명을 짓는다.

難功臣嘉善大夫兵曹參判廣林君李公碑銘》

197 이윤우(李潤雨) : 1569~1634. 본관은 광주(廣州), 자는 무백(茂伯), 호는 석담(石潭)이다. 《東溟集 卷8 通政大夫工曹參議知製教李公墓誌銘 并序》

198 채응린(蔡應麟) : 1529~? 본관은 인천(仁川), 자는 군서(君瑞), 호는 송담(松潭)이다. 《樊巖集 卷56 書松潭蔡公遺事後》

199 김시양(金時讓) : 1581~1643. 본관은 안동(安東), 초명은 시언(時言), 자는 자중(子中), 호는 하담(荷潭)이다. 1636년(인조14) 판중추부사(判中樞府事)에 임명되었다. 《龍洲遺稿 卷20 判中樞府事荷潭金公神道碑銘 并序》

관직에 나아가 조정에서는　進而當朝
걸출하게 세움이 있었고　杰然有立
물러나 편안히 집에서 지낼 때는　退安家食
말과 행동에 잘못 없었네[200]　不疚不跲
이미 나의 지조 얻고　旣獲我守
내 뜻 어긋나지 않아　我志不愆
거의 영예로웠으니　庶幾令譽
어찌 굳이 오래 살아야 하랴　豈必永年
두루 후손들에게 복이 되어　彌爾後祿
넉넉하게 받으리　載受其贏
이러함 있어 이와 같으니　是有是似
그 경사 크게 할지어다　以鴻厥慶

200 말과……없었네 : 불구(不疚)와 불겁(不跲)은 《중용장구》 제20장에 "말을 미리 정하면 차질이 없고, 일을 미리 정하면 곤궁하지 않으며, 행동을 미리 정하면 결함이 없고, 도를 미리 정하면 궁하지 않게 된다.〔言前定則不跲, 事前定則不困, 行前定則不疚, 道前定則不窮.〕"라고 한 데서 원용하였다.

동주집

문집 제10권

묘갈명 墓碣銘

행 부호군 고공 묘갈명 병서

行副護軍高公墓碣銘 幷序

공의 휘(諱)는 인계(仁繼), 자(字)는 선승(善承)이다. 고씨(高氏)는 두 망족(望族)이 있는데, 하나는 탐라(耽羅)에서 나왔으니 고을나(高乙那)의 후손이고, 하나는 고구려(高句麗)에서 나왔으니 주몽(朱蒙)의 후손으로, 중국에 들어간 자들이 가장 융성하였다. 고구려가 망하자 자손들이 국내에 흩어져 살았는데, 혹은 드러나기도 하고 혹은 쇠미하기도 하였다. 공의 본관은 개성(開城)이다. 고려 말에 판도 판서(版圖判書) 영(瑛)이 사원(士原)[1]을 낳았으니, 벼슬은 예문관 직제학(藝文館直提學)을 역임하였고 공에게는 6대조이다. 통정대부(通政大夫)에 추증된 휘 수연(壽延), 승의 부위(承義副尉) 휘 극검(克儉), 주부(主簿) 휘 윤종(胤宗), 전력 부위(展力副尉) 휘 경운(慶雲)이 공의 고조(高祖), 증조(曾祖), 조부(祖父), 선고(先考)이다. 어머니는 안동 김씨(安東金氏)로, 가정(嘉靖) 갑자년(1564, 명종19)에 공을 낳았다. 고성 군수(高城郡守)를 지내고 도승지(都承旨)에 추증된 백부(伯父) 휘 홍운(興雲)[2]이 아들이 없었으므로 공을 후사(後嗣)로 삼았다.

공은 뜻을 가다듬고 독실하게 학문을 연마하여 명성이 이웃 고을까

1 고사원(高士原) : 본관은 개성(開城), 호는 퇴산(退山) 또는 청천당(聽天堂)이다. 1414년(태종14)에 예문관 직제학(藝文館直提學)을 지냈다.

2 고홍운(高興雲) : 1523~? 본관은 개성, 자는 천상(天祥)이다.《月峯集 卷4 先考都承旨府君墓誌》

지 전해졌다. 임진왜란 때 양모(養母) 박씨(朴氏)를 모시게 되었는데, 피난하는 상황에서도 구걸하여 끼니가 떨어지지 않게 하였다. 생모(生母) 김씨(金氏)와 헤어진 것을 염려하여 슬퍼하고 그리워하는 마음이 가실 겨를이 없다가 세월이 흐른 뒤에 서로 만나 기뻐하였으니, 그 뒤의 일을 알 수 있다. 얼마 후 두 어머니께서 연이어 운명하였다. 당시 병란과 흉년으로 몹시 어려운 시기라 상례(喪禮)를 다할 수 있는 사람이 드물었다. 하지만 공이 슬퍼하며 어쩔 줄 몰라 하여 그 슬픔이 길가는 사람도 감동시킬 정도였으므로, 고을의 대부(大夫)가 재물을 출연하여 장례를 도와주었다.

공은 재주와 능력을 지녔으나 과거에 응시할 때마다 낙방하였다. 을사년(1605, 선조38)에 비로소 진사시에 합격하였고, 이듬해에 명경과(明經科)에 급제하여 성균관 학유(成均館學諭)를 거쳐 박사(博士)와 전적(典籍)으로 옮겼다. 바야흐로 간신들이 권력을 잡고 사당(私黨)을 만들면서 공을 불러 자신들의 문하에 들어오게 하였는데, 공은 의리상 그렇게 할 수 없어 응하지 않았다. 이에 연서 찰방(延曙察訪)으로 쫓겨났으며, 어떤 일에 휘말려 의금부(義禁府)에 갇혔다. 의금부에서 풀려나자 벼슬에 대한 생각을 접고 남쪽으로 돌아가 여생을 마칠 생각을 하였다.

계해년(1623, 인조1)에 이르러 전적과 형조 좌랑(刑曹佐郎)에 임명되었다가 정랑(正郎)에 올랐다. 충청 도사(忠淸都事)와 예안 현감(禮安縣監)에 임명되었으나 스스로 면직하고 떠났다. 그리고 공조 정랑(工曹正郎)과 사예(司藝)에 임명되었으나 모두 부임하지 않았다. 을유년(1645)에 조정에서 노인을 우대하는 정책을 시행하므로, 통정대부(通政大夫)의 품계에 오르고, 용양위 부호군(龍驤衛副護軍)으로 임명되었다. 3년이 지난 정해년(1647, 인조25)에 향년 84세로 별세하여, 상주(尙州)의 송내(松內)에 안장되었다. 부인(夫人) 인천 채씨(仁川蔡氏)는 금룡산(金龍山)에 따로 안장되었다.

두 아들은 용즙(用楫)과 용우(用雨)이다. 장녀는 문과에 급제하여 군수(郡守)를 지낸 전명룡(全命龍)[3]에게 출가하였고, 차녀는 홍유(洪嚅)에게 출가하였다. 용즙의 두 아들은 아무개이다. 용우의 두 아들은 아무개이고, 딸은 진사 이영갑(李英甲)[4]에게 출가하였다.

공은 조용하고 온화하며 편안하고 화평하여 고상한 척 꾸미지 않았다. 사람들에게 휩쓸리지 않았으며, 외적인 일에는 마음을 두지 않았다. 오직 성품이 사율(詞律)을 좋아하여 입을 열면 문장을 이루었지만, 또한 화려한 수식을 좋아하지 않고 오로지 이치에 힘썼다. 대체로 공이 어렸을 때 승지공(承旨公)이 공을 가르쳤는데, 비록 길을 가거나 일을 할 때라도 반드시 과정(課程)을 두어 틈틈이 고인(古人)들의 시편에 화답하게 하였으므로, 공이 늘그막에 이르러서도 이 일을 그만두지 않았다. 그러나 하위직에 침체되어 세상에서 알아주는 이가 없었다. 오직 우복(愚伏) 정공(鄭公)[5]만은 몹시 안타까워하였는데, 정공이 지은 시에 "세상에 어찌 천리마가 없으랴만, 세상에 구방고(九方皐)[6] 얻

3 전명룡(全命龍) : 1606~1667. 본관은 옥천(沃川), 자는 백유(伯兪), 호는 영서(瀨西)이다. 《淸臺集 卷12 瀨西全公墓碣銘 並敍》

4 이영갑(李英甲) : 1622~? 본관은 경주(慶州), 자는 화언(華彦)이다.

5 우복(愚伏) 정공(鄭公) : 정경세(鄭經世, 1563~1633)로, 본관은 진주(晉州), 자는 경임(景任), 호는 하거(荷渠)·승성자(乘成子)·우복이다. 《愚伏集 別集 卷4 年譜》

6 구방고(九方皐) : 백락(伯樂)의 추천을 받아 진 목공(秦穆公)에게 천리마를 구해 바쳤던 사람으로, 구방인(九方堙)이라고도 한다. 목공이 그에게 천리마를 구하게 한

기 어렵구나."라고 하였다. 이 말이 후세의 사람들에게 공의 진면모를 보여 줄 수 있다고 하겠다. 다음과 같이 명을 짓는다.

하늘에는 합하고 인간에게 어긋났지만	合乎天而乖於人
어찌 원망하고 어찌 슬퍼하랴	奚怨奚恫
벼슬길 막혔으나 오래 살았으니	閼其進而侈於年
인색한 게 아니라 풍성하였네	匪嗇伊豐
집에서는 평안히 거처하고 조정에서는 벼슬하여	家居朝爵
살아서는 선하였고 죽어서는 영예로웠으니	生善沒令
내가 그 무덤에 명을 써서	我銘于丘
나라 사람들이 공경하게 하노라	邦人所敬

지 석 달 만에 노란색의 수컷을 구했다는 보고를 받고, 사람을 시켜 가서 가져오게 하니 검은색의 암컷이었다. 목공이 백락을 불러 그의 능력을 의심하자, 백락이 크게 탄식하며 말하기를 "구방인이 본 것은 천기입니다. 정밀한 것은 얻고 거친 것은 잊으며, 안에 있는 것은 얻고 밖에 있는 것은 잊습니다. 볼 것은 보고 보지 않아야 할 것은 보지 않으며, 살필 것은 살피고 살피지 않아야 할 것은 버립니다. 저 사람이 본 것은 바로 말의 귀한 점입니다.〔若堙之所觀者, 天機也. 得其精而忘其粗, 在內而忘其外. 見其所見而不見其所不見, 視其所視而遺其所不視. 若彼之所相者, 乃有貴乎馬者.〕"라고 하였다.《淮南鴻烈解 卷12》

증 병조 참판 최공 묘갈명 병서

贈兵曹參判崔公墓碣銘 幷序

공(公)의 휘(諱)는 흡(翕), 자(字)는 화부(和夫)이다. 최씨(崔氏)는 가계가 전주(全州)에서 시작되었다. 고려 시대 상장군(上將軍)을 지내고 완산군(完山君)에 봉해진 순작(純爵)[7]과 문정공(文貞公) 재(宰)[8]가 당시에 명성이 있었다. 8대를 지나 참봉(參奉) 홍윤(洪胤)이 문화 유씨(文化柳氏)에게 장가들어 가정(嘉靖) 임자년(1552, 명종7)에 공을 낳았다.

공은 성품이 순수하고 성실하며 정성스럽고 조심하였으나, 오직 느긋하고 자유로워서 관직에 나아갈 뜻이 없었다. 임진왜란 때에 수락산(水樂山)으로 피난하였는데, 적에게 맞서다가 운명하였다. 과주(果州 경기도 과천) 관악산(冠岳山) 기슭에 안장하였다. 부인 황씨(黃氏)는 공보다 먼저 죽었으며 후에 합장하였다.

큰아들 복립(復立)[9]은 진사시에 합격하고 교관(敎官)이 되었다. 둘째 복양(復揚)은 무과(武科)에 합격하여 선전관(宣傳官)이 되었다. 막내 복명(復明)[10]도 무과에 합격하여 장련 현감(長連縣監)이 되었는데,

7 최순작(崔純爵) : 전주 최씨(全州崔氏)의 시조로, 고려 시대 문하시중(門下侍中)을 지냈으며, 검교신호위 상장군(檢校神虎衛上將軍)으로 완산군(完山君)에 봉해졌다.

8 최재(崔宰) : ?~1378. 본관은 전주(全州), 자는 재지(宰之)이다. 공민왕(恭愍王) 때에 완산군에 봉해졌고, 시호는 문정(文貞)이다. 《高麗史 卷111 崔宰傳》

9 최복립(崔復立) : 1576~1635. 본관은 전주, 자는 입지(立之)이다.

10 최복명(崔復明) : 1581~1628. 본관은 전주, 자는 명지(明之)이다.

훈적(勳籍)에 오르게 되어 공이 병조 참판(兵曹參判)에 추증되었다. 딸은 구밀(具密)에게 출가하였다.

아아, 공은 명문가에서 태어났으나, 살아서는 공명을 세워 종족을 이루지 못했고 죽는 것도 천명을 다하지 못하였으니, 하늘은 무슨 이유로 이렇게 한단 말인가. 다음과 같이 명을 짓는다.

여기는 최공과	是惟崔公
그 부인 황씨가	爰及婦黃
영원히 잠든 곳이니	萬世之宮
바라건대 훼손하지 말지어다	願勿毁傷

선전관 최공 묘갈명 병서

宣傳官崔公墓碣銘 幷序

내가 어려서 처음 배울 때부터 중표(中表) 최복양(崔復揚)[11] 공과 같은 숙사에서 지내면서 시를 익히고 매우 즐겁게 지냈다. 그러나 공은 학문을 그만두고 무술을 일삼더니, 계묘년(1603, 선조36) 무과에 합격하여 선전관(宣傳官)에 임명되었다.

3년이 지난 을사년(1605)에 병으로 갑자기 운명하니, 향년 28세였다. 나는 상여를 전송하기 위해 강나루에 이르러 관을 두드리며 말하기를 "서생(書生)으로 시작하여 하루아침에 붓을 던지고 스스로 분발하였으니, 어찌 위대하지 않겠습니까. 운명에 막혀 능력을 다 펼치지 못했으니, 아득한 하늘의 뜻은 진실로 이처럼 알 수 없습니다. 저 홀로 남은 어린 자식은 또 어찌 기필할 수 있단 말입니까."라고 하고, 한번 통곡하며 영결하였다.

55년이 흐른 지금, 당시 어린 아이였던 정우(挺宇)가 내게 와서 묘갈명을 써달라고 하는데, 그도 이미 늙어 백발이 성성하였다. 또 장성한 다섯 아들을 두었다고 하니, 이른바 아득한 하늘의 뜻을 알 수 있도다.

공의 세계(世系)는 공의 아버지 참판공(參判公)의 비석에 기록되어

11 중표(中表) 최복양(崔復揚) : 중표는 원래 내외종(內外從) 사촌을 말하지만, 이민구와 최복양은 이종(姨從) 육촌이다. 이민구의 조부 이희검(李希儉)과 최복양의 조부 최홍윤(崔洪胤)이 유오(柳塢)의 사위로서 동서(同壻)이므로, 이민구의 아버지 이수광(李睟光)과 최복양의 아버지 최흡(崔翕)은 이종사촌 사이이다.

있으므로 여기서는 생략한다. 공의 부인 이씨(李氏)는 학유(學諭) 춘상(春祥)[12]의 딸이며 공과 합장하였다. 다음과 같이 명을 짓는다.

이미 하늘이 덜고	旣受天損
또 더해 주었으니[13]	而又益之
모든 자손들은	凡厥子孫
게을리하지 말고 잘 계승할지어다	勿怠克之

12 이춘상(李春祥) : 1545~? 본관은 전주(全州), 자는 응화(應和)이다.

13 이미……주었으니 : 최복양은 일찍 죽었지만 자손들을 많이 두었다는 말이다.

외숙 상의원 정 금사 김공 묘갈명[14]

舅氏尙衣院正金沙金公墓碣銘

신라는 망했지만	鷄圖旣訖
김씨는 세대 이어져	金世則延
방경[15]이 중간에 분발하였고	方慶中奮
구용[16]이 명성을 이었으며	九容嗣聞
윤종[17]은 무관으로서	胤宗用武
이군을 지휘했지	節度二軍

14 외숙(外叔)……묘갈명(墓碣銘) : 금사(金沙) 김공(金公)은 김확(金矱, 1572~1653)으로, 본관은 안동(安東), 자는 정경(正卿), 호는 금사이다. 이 글은 《동주집(東州集)》 문집(文集) 권8의 〈구씨상의원정김공배숙인정씨묘지명 병서(舅氏尙衣院正金公配淑人鄭氏墓誌銘 幷序)〉와 밀접한 연관성을 가지고 있다. 내용에 따라 일일이 주석을 첨가하지 않으므로, 앞의 글을 참고하여 보기 바란다.

15 김방경(金方慶) : 1212~1300. 신라 경순왕의 15세손으로, 본관은 안동, 자는 본연(本然), 봉호는 상락(上洛), 시호는 충렬(忠烈)이다. 탐라에서 삼별초를 토벌하고 동쪽의 왜국을 문죄(問罪)한 공으로 상락공에 봉해졌다. 《陽村集 卷35 東賢事略 金中贊諱方慶》

16 김구용(金九容) : 1338~1384. 본관은 안동, 초명은 제민(齊閔), 자는 경지(敬之), 호는 척약재(惕若齋)・육우당(六友堂)이다. 김방경의 고손이다. 《惕若齋學吟集 先君惕若齋世係行事要略》 김구용은 이민구의 외조부 김대섭(金大涉)의 7대조이다. 《象村稿 卷23 義禁府都事金公宜人沈氏合葬誌銘》 정몽주(鄭夢周), 이숭인(李崇仁) 등과 더불어 성리학을 일으키고 간관으로 활동하였으며 시에 능하였다.

17 김윤종(金胤宗) : 본관은 안동, 자는 건지(建之)이며, 경상도 절도사(慶尙道節度使)를 지냈다. 이민구의 외조부 김대섭의 조부이다.

휘 진기[18]와 有諱震紀
대섭[19]은 爰曁大涉
공의 조부와 아버지이니 惟祖惟禰
관직에 나갔으나 공업 이루지 못했네 宦未成業
공이 선대에 쌓은 음덕 이었으니 公承其積
이름은 확이고 자는 정경이라 矆字正卿
의젓한 얼굴에 큰 도량으로 魁顏偉度
자랑하지도 않고 교만하지도 않았으며 不矜不盈
비로소 나이 열여덟에 始齡十八
진사 되어 명성 드날렸지 進士揚名
대과에는 迨其釋褐
사십대 후반의 늦은 나이에 합격하여[20] 四紀以晚
국학에서 창조를 겸했으니[21] 國學倉曹
관직은 낮고 몸은 괴로웠지 官卑身蹇
원수의 막부에서 종사하고[22] 乃贊帥幕

18 김진기(金震紀) : 본관은 안동, 자는 숙부(肅夫)로, 활인서 별좌(活人署別坐)를 지냈다.

19 김대섭(金大涉) : 1549~1594. 본관은 안동, 자는 사형(士亨)이다. 의금부 도사(義禁府都事)를 지냈다. 《象村稿 卷23 義禁府都事金公宜人沈氏合葬誌銘 幷序》

20 비로소……합격하여 : 김확은 1589년(선조22)에 진사시에 합격하였고, 47세인 1618년(광해군10) 증광시(增廣試)에 을과로 급제하였다.

21 국학에서 창조(倉曹)를 겸했으니 : 김확은 과거에 급제하고 나서 성균관(成均館)에 배속되어 광흥창 봉사(廣興倉奉事)를 겸임하였다.

22 원수의 막부에서 종사하고 : 1622년(광해군14)과 1627년(인조5)에 김확은 한준겸(韓浚謙)의 종사관(從事官)으로 근무하였다.

병조를 보좌하였으며	乃佐騎省
유사로서 문예를 강론하고	儒師講藝
태관[23]에서는 정이었지	太官是正
또한 군자감 정이 되어	亦長軍資
부엌 조공 물리치니	屛斥廚供
상의원이 감화되어	尙方之化
서로 사모하고 따랐었지	胥以慕從
원주에서 정사를 폈으니	敷政于原
잠시 나갔지만 크게 치적 이루어	小出大治
모든 관사와	凡厥廨宇
무너지고 훼손된 향교에	庠序缺隳
지붕과 벽을 다시 수리하여	更脩茨墍
모두 말끔하게 정리하였고[24]	莫不完好
들에서 농사 장려하여	農興于野
노랫소리 길에 가득했지	歌詠載道
빼어난 선비들 향교에서 공부하니	佮紳游校
변술에 과정 있었네	辯術有程
온 고을 안이	環封四疆
매우 혜택을 받고 매우 편안하여	孔惠孔寧

23 태관(太官) : 한나라 때 황제의 끼니와 연회의 음식에 관한 일을 맡아보던 벼슬로, 조선 시대 내자시(內資寺)의 별칭이다. 내자시는 대궐 안에서 소비하는 술, 간장, 기름, 꿀, 나물, 과일과 대궐에서 베푸는 연회에 관한 일을 주관하였다.

24 원주(原州)에서……정리하였고 : 김확이 1625년(인조3) 원주 목사(原州牧使)로 나갔을 때의 치적을 말한 것이다.

백성들이 사욕을 부리다가	民營其私
공이 어떻게 생각할지 염려했네	謂公謂何
아전 중에 기만한 이가 나오자	吏有欺冒
아비가 집에서 볼기 치니	父笞于家
자자한 명성 임금께 보고되어	騰聲上徹
영광스럽게 비단 하사받았고	有光賜帛
남겨 준 그 사랑	有遺其愛
송덕비에 기록되었지	有揭頌石
남쪽으로 순창 동쪽으로 철원[25]	南淳東鐵
연이어 두 고을을 맡았을 때도	踵典二邑
원주에서 한 것처럼 하였으니	循其故蹟
좋은 평판 두루 퍼졌지	淑問愈洽
지방 수령 삼년 세월	經三外庸
날짜로 계산하면 얼마 안 되지만	日計則少
백세토록 그리워하나니	百世之思
두시 같고 소신신 같구나[26]	其杜其召
공이 세상 떠나자	逮公傾逝

25 남쪽으로……철원(鐵原) : 김확은 1628년(인조6)에 순창 군수(淳昌郡守)로 부임하였고, 1629년에 철원 부사(鐵原府使)로 나갔다.

26 두시(杜詩)……같구나 : 김확이 선정(善政)을 베푼 훌륭한 지방관이었다는 말이다. 두소(杜召)는 수령으로서 선정을 베풀었던 전한(前漢)의 소신신(召信臣)과 후한(後漢)의 두시를 가리킨다. 두 사람 모두 남양 태수(南陽太守)가 되어 덕정(德政)을 베풀었으므로, 남양 사람들이 "앞서는 소부(召父)가 있었고, 뒤에는 두모(杜母)가 있었다."라고 하였다.《後漢書 卷31 杜詩列傳》

멀리서 부의를 했고　　自遠將賻
서울에 일이 있어 왔다가　　有事于京
그곳 사람들이 길에서 통곡했지　　其人哭路
그 해는 계유년　　其歲癸酉
공의 나이 예순 둘이었고　　年六十二
동음에 묻혔으니　　堋于洞陰
선영이 있는 곳이라네　　先兆之次
부인 정씨를 합장했으니　　配鄭以祔
재상 언신[27]의 딸이요　　考相彦信
아들 정지[28]는　　一子鼎之
생원으로 일찍 죽었지　　生員夙殞
정지가 또 외아들로 전하여[29]　　是又單傳
실로 묘소를 정비하고　　奥實脩墓
비석에 새겼으니　　貞珉載勒
어찌 영원히 전해지지 않으랴　　曷不千古
내가 위양[30]을 바라보니　　我瞻渭陽

27 정언신(鄭彦信) : 1527~1591. 본관은 동래(東萊), 자는 입부(立夫), 호는 나암(懶庵)이다. 《龍洲遺稿 卷21 右議政懶庵鄭公神道碑銘 幷序》

28 김정지(金鼎之) : 1600~? 본관은 안동, 자는 공실(公實)이다.

29 외아들로 전하여 : 김확의 외아들 김정지가 일찍 죽고, 김정지의 외아들 김환(金奐, 1637~?)으로 이어진 것을 말한다.

30 위양(渭陽) : 위양은 외숙과 생질의 관계 혹은 외숙을 가리키는 말인데, 여기서는 외숙의 무덤을 뜻하는 말로 쓰였다. 춘추 시대 진 강공(秦康公)이 자기 외삼촌인 진 문공(晉文公)을 전송할 때, 이미 돌아간 자기 모친을 몹시 그리워하는 마음에서 위양에

높은 언덕 울창한 곳에 있네	崇丘盤鬱
하나는 자세히 진술하고 하나는 대략을 들었으니	陳詳擧槩
묘지와 묘갈이 짝을 이루는구나[31]	有雙誌碣
길 가는 사람 중에	維行有人
현명하든 현명하지 않든	或哲或否
어찌 이 글을 보고	盍睹斯刻
경박한 자가 부끄러워하지 않으랴	薄夫顔厚

이르러 "내 외삼촌을 전송하여, 위양에 이르렀노라. 무엇을 선물로 드릴까, 노거와 노란 말 네 필이로다.〔我送舅氏, 曰至渭陽. 何以贈之, 路車乘黃.〕"라고 말한 고사에서 유래하였다. 《詩經 渭陽》

31 하나는……이루는구나 : 이민구가 외숙모 정씨의 묘지명은 자세하게 기록하고, 지금 외숙 김확의 묘갈명은 대략만을 들어 기술했다는 말이다. 《東州集 文集 卷8 舅氏尙衣院正金公配淑人鄭氏墓誌銘 幷序》

홍문관 응교 엄공 묘갈명 병서
弘文館應敎嚴公墓碣銘 幷序

응교(應敎) 엄경보(嚴敬甫)[32] 공은 나와 같은 곳에서 태어나, 중간에 헤어졌다가 근래 다시 가까워졌다. 또 나와 같은 해에 과거에 급제하였으니, 사실상 함께 공부하였다. 공이 남쪽으로 낙향해 있는 동안, 내가 임무를 받고 바닷가로 내려가 함께 일 년을 지내면서[33] 더욱 서로 친숙해져 막역한 사이가 되었다. 공이 운명한 지 지금 36년이 지났는데, 나는 늙은 몸으로 죽지 못하여 공의 사위 유수공(留守公)[34]에게 묘갈명을 지어달라는 부탁을 받았으니, 인간 세상을 돌아보며 어찌 서글픈 마음이 들지 않겠는가.

공의 휘(諱)는 성(惺), 자호(自號)는 동강(桐江)이다. 엄씨(嚴氏)는 영월(寧越)에서 가계가 시작되었다. 널리 알려진 조상 가운데 유온

32 엄경보(嚴敬甫) : 엄성(嚴惺, 1575～1628)으로, 본관은 영월(寧越), 자는 경보, 호는 동강(桐江)이다.

33 공이……지내면서 : 이민구는 1621년(광해군13) 겨울 선위사(宣慰使)로 일본 사신을 영접하기 위해 부산에 내려가 이듬해 9월에 돌아오는데, 이 때 양산(梁山)에 낙향해 있던 엄성과 자주 어울렸던 것으로 여겨진다. 엄성은 인목대비 폐모론(廢母論)이 일어났을 때, 유생들을 이끌고 이를 반대하는 상소를 하여 파직되자, 벼슬을 포기하고 양산으로 내려갔다. 《동주집(東州集)》 전집(前集) 권1 〈선위록(宣慰錄)〉에 〈절도사 엄황과 한림학사 엄성 형제와 선동에서 노닐기로 약속하다〔約嚴節度內翰兄弟游仙洞〕〉와 〈한림학사 엄성의 시에 맞춰 짓다〔次嚴內翰韻〕〉에 당시의 상황과 정경이 그려져 있다.

34 유수공(留守公) : 유심(柳淰, 1608～1667)으로, 본관은 전주(全州), 자는 징보(澄甫), 호는 도계(道溪)이다. 첫 번째 부인이 엄성의 딸이다.

(有溫)[35]은 동지총제(同知摠制)이다. 4대를 지나 금천 현감(衿川縣監) 휘(諱) 회(誨)는 연산군(燕山君) 때에 죽임을 당하였는데, 후에 신원(伸寃)되고 참의(參議)에 추증되었으니, 이분이 공의 고조(高祖)이다. 이분이 휘 용화(用和)를 낳았는데, 통례(通禮)에 추증되었다. 이분이 선공감 부정(繕工監副正) 휘 서(曙)를 낳았는데, 참의(參議)에 추증되었다. 이분이 평시서 직장(平市署直長) 휘 인달(仁達)을 낳았는데, 좌참찬(左參贊)에 추증되었다. 이상 3대의 조상이 추증된 것은 모두 공과 공의 아우 동추공(同樞公) 황(愰)이 높은 관직에 올라 추은(推恩)된 것이다. 참찬공(參贊公 엄인달(嚴仁達))이 청송 심씨(靑松沈氏)에게 장가들었으니, 사복시 첨정(司僕寺僉正) 휘 진(鎭)의 딸이다.

공은 만력(萬曆) 을해년(1575, 선조8)에 태어났다. 청명하고 총명하여 또래들 가운데 빼어났다. 11세에 어머니를 여의었는데, 곡하며 우는 모습이 마치 성인과도 같았다. 임진년(1592)에 깊은 산골짝으로 왜구를 피했는데, 참찬공이 왜적의 칼날에 죽고 부정공(副正公 엄서(嚴曙))도 이어서 운명하였다. 이때 공의 나이 18세였고 아우 동추공(同樞公)은 더 어렸다. 슬프고 황망한 가운데 어찌할 수가 없어서 흙을 져 날라 장사하였다. 그 뒤에 스스로 학문에 힘쓰니, 학업이 일취월장하여 임자년(1612, 광해군4)에 사마시(司馬試)에 합격하였고, 그해 가을에 문과(文科)에 급제하였다. 처음에 승문원(承文院)에 선발되고 세자시강원 설서(世子侍講院說書)를 겸직하였다.

35 엄유온(嚴有溫) : ?~1419. 본관은 영월(寧越)이다. 조선을 창업(創業)한 개국공신(開國功臣)으로, 가선대부(嘉善大夫)에 올라 1418년(태종18) 좌군동지총제(左軍同知摠制)가 되었다.

계축년(1613, 광해군5)에 한림원(翰林院)으로 옮겼다. 이때 이이첨(李爾瞻)이 사형수를 꾀어 큰 옥사를 일으키고, 자전(慈殿)에게까지 파급시켰다. 무뢰배 이위경(李偉卿) 등 20인으로 하여금 소장을 올려 모후(母后)를 무함하게 하였는데,[36] 그 말이 차마 들을 수 없을 정도로 지나쳤다. 공이 떨쳐 일어나 말하기를 "인륜이 사라졌으니, 이는 나의 책임이 아니겠는가."라고 하였다. 드디어 사관(四館)의 관리들을 모아 한 모임을 만들어 이위경 등 20인이 국모(國母)를 흔드는 것은 그 죄가 강상(綱常)에 관계된다는 내용으로 그들의 죄를 성토하고 처벌할 것을 주장하였다.[37]

대개 고사(故事)에 모든 유생 가운데 사악하고 도리에 어긋난 짓을

36 이위경(李偉卿)……하였는데 : 1613년(광해군5)에 이위경(1586~1623) 등이 소장을 올려 영창대군(永昌大君)과 인목대비(仁穆大妃), 그리고 국구(國舅) 김제남(金悌男)의 치죄(治罪)를 요청한 사실을 말한다. 이위경은 1623년 인조반정이 일어나자, 이이첨(李爾瞻), 백대형(白大珩), 정조(鄭造), 윤인(尹訒) 등과 함께 사형되었다.

37 사관(四館)의……주장하였다 : 사관의 관원들이 인목대비 폐모론을 주장한 이위경 등을 논죄할 때, 엄성이 나선 일을 가리킨다. 《광해군일기》 5년 7월 11일 기사에 "이에 앞서 관학 유생이 상소하여 이위경 등이 폐모론을 주장한 죄를 논하고, 인하여 이위경 등 20명을 유적(儒籍)에서 이름을 삭제하고 외방 학교에 통문을 보내 그 죄를 포고하였다. 고사(故事)에 관학에 삭적한 자가 있으면 사관(四館)이 따라서 정거하는데, 이위경 등의 이름을 삭제한 후에 사관이 화를 입을까 두려워하여 상회하지 않으려 했기 때문에 이위경 등이 정거를 면할 수 있었다. 검열 엄성이 천추망궐례(千秋望闕禮)에 사관 관원이 일제히 대궐에 나온 것을 인하여 승문원에 나아가 사관 관원을 소집하였으나 관원들이 두려워하며 모두 흩어졌다. 유독 승문원 박사 윤전(尹烇), 정자(正字) 권호(權頀) 등 몇 사람과 의논하여 '모후를 동요시켜 강상에 죄를 얻었다.〔動搖母后得罪綱常〕'라는 여덟 글자로 결정하여 이위경 등을 방에 걸어 정거하게 하자, 듣는 사람들이 쾌하게 여겼다. 그러나 이이첨 등은 더욱 노여워하였다."라고 하였다. 사관은 성균관(成均館), 승문원(承文院), 예문관(藝文館), 교서관(校書館)을 가리킨다.

한 사람이 있으면, 그 이름을 유적(儒籍)에서 삭제하고 과거를 보지 못하게 하였으니, 이것이 곧 학교의 벌이었다. 한찬남(韓纘男)이 참소를 주도하였고 그의 아들이 20인 가운데 포함되어 있었으므로 소장을 올려 임금에게 고발하였는데, 공이 바야흐로 붓을 잡고 임금의 곁에 있다가, 이 일로 인하여 임금께 이위경 등은 패역무도한 자들이라고 말씀드렸다. 광해군이 진노하여 처음에는 체직(遞職)을 명하였으나, 이튿날 죄가 더해져 삭출(削黜)되었다.[38] 바야흐로 사나운 재앙의 불꽃이 활활 타오르고 여기저기 함정이 파져 있었으므로, 사람들이 모두 죽을 목숨을 빌었다. 그러나 공은 가장 앞에서 그 칼날을 범하였으니, 보는 사람들은 공을 위해 두려워하였으나 공은 겁내지도 않고 가책을 느끼지도 않았다.

38 한찬남(韓纘男)이……삭출(削黜)되었다 : 엄성이 인목대비 폐모론의 부당함을 지적하는 상소를 주도한 이유로 파직된 일을 말한다. 《광해군일기》 5년 7월 13일 기사에 "부응교 한찬남, 부교리 이창후(李昌後) 등이 상소하였는데, 그 대략에 이르기를 '신 찬남의 아들 한희(韓嬉), 한급(韓圾), 한오(韓晤)와 신 창후의 아들 이상항(李尙恒)이 역적을 토벌하자는 이위경의 상소에 참여하였는데, 전번에 유생 정복형(鄭復亨), 권심(權淰), 이안진(李安眞) 등이 이를 흉측한 논의로 지목하여 상소를 올린 유생 20명을 유적에서 삭제하게 하고, 또 팔도에 통문을 보내 알도록 호소하였습니다. 신들은 생각하기를 '이것이 비록 놀랍기는 하지만 유생들 간에 있는 일에 불과한데, 어찌 마음 쓸 것이 있겠는가.'라고 하였습니다. 그런데 이번에 검열 엄성이 또 20명을 모두 과거에 응시하지 못하게 하고, 심지어 '국모를 요동시켜 그 죄가 강상에 관계된다.'라는 제목을 붙였으니, 이것은 조정의 커다란 사건입니다.……왕이 심히 노여워하는 목소리로 이르기를 '엄성은 오늘 붓을 잡는 임무에 적합하지 않으니 체차하도록 하라.' 하였다."라고 하였다. 한찬남(1560~1623)의 본관은 청주(清州), 자는 경서(景緖)이다. 대북파로 영창대군과 국구 김제남의 처벌을 주장하였고, 백대형(白大珩)과 함께 인목대비 폐모론에 적극적으로 나섰다. 1623년 인조반정이 일어났을 때 주살되었다.

서호(西湖)에 칩거하다가 얼마 후 양산(梁山)으로 옮겨 낚시질하는 사람들과 어울려 11년을 보냈다. 인조(仁祖) 원년에 다시 사국(史局)으로 들어가 봉교(奉教)가 되고 얼마 후 승진하여 전적(典籍)이 되니, 공의 외로운 충직함을 장려한 것이었다. 이로부터 6년 동안 정언(正言), 수찬(修撰), 교리(校理), 헌납(獻納), 필선(弼善), 사성(司成), 응교(應教), 보덕(輔德), 사간(司諫) 및 제사(諸司)의 정(正)을 역임하였는데, 서너 번이나 임명된 자리도 있고 집의(執義)는 여섯 번이나 임명되었다.

공은 대각(臺閣)에서 오래 벼슬하며 행동거지가 단정하고 위의가 있었으며 경연(經筵)에 출입하면서 남다른 인정을 받았으므로, 사람들의 기대가 집중되고 그 승진도 그칠 줄 몰랐다. 그러나 평소 앓고 있던 소갈증이 매우 심해져 마침내 무진년(1628, 인조6) 4월에 운명하였다. 아아, 젊어서 학문을 쌓고 늦게야 비로소 벼슬길에 나왔으나, 중간에 법망에 걸려 그 능력을 다 펼치지 못하였다. 이윽고 맑고 태평한 세상을 만났으나 또 수명이 짧은 것을 근심했으니, 하늘과 사람에게서 얻은 것이 어그러졌다고 하겠다.

부인 남원 양씨(南原梁氏)는 첨지(僉知) 사행(思行)의 딸이다. 공의 장지는 금천(衿川) 동수리(東秀里)에 있으며, 양 부인(梁夫人)을 부장(祔葬)하였다. 아들은 없고 두 딸을 두었는데, 장녀는 유심(柳諗)에게 출가하였으니, 곧 유수공(留守公)이다. 막내딸은 필선(弼善) 정식(鄭植)에게 출가하였다. 유수공의 아들은 이태(以泰), 이겸(以謙), 진사(進士) 이승(以升), 이정(以井)이고, 딸은 강만석(姜萬碩), 정자(正字) 박순(朴純), 진사(進士) 심남(沈柟), 정내상(鄭來祥)에게 출가하였다. 필선의 아들은 봉교(奉教) 중휘(重徽), 중창(重昌), 중원(重遠)

이고, 딸은 생원(生員) 임상원(任相元)과 이선징(李善徵)에게 출가하였다. 공은 측실에게서 아들을 두었는데 진사 석구(碩耉)이며, 그는 윤(綸)과 전(絟) 두 아들을 두었다. 다음과 같이 명을 짓는다.

캄캄하게 어두운 거리에	曀曀昏衢
소인들 앞을 다퉈	金虎職競
강상은 끊어지고 법망 펼쳐지니	綱絶網張
발 헛디디면 함정에 빠졌지	側足蹈穽
엄공이 붓을 잡고	嚴公秉筆
이에 그 절개 떨치며	乃奮其節
북을 두드려 간사한 꾀 꺾어버리니	鳴鼓折奸
흉악한 무리들 혀를 깨물었네	群兇咋舌
도는 꺾였어도 뜻은 펼쳐서	道詘志信
나의 행동 잘못 없었으니	我行罔跲
또한 형통한 때를 만나	亦遭其亨
또한 칩거한 향리에서 떨쳐 일어났네	亦振其蟄
어찌 높은 자리에 오르지 못하랴만	豈無顯仕
멀리 가는 인생 중도에 꺾였으니	遠駕中摧
맑은 이름과 아름다운 명성만은	淸名令問
황천에서도 사라지지 않으리라	幽壤不霾
금양의 산	衿陽之山
동수의 마을	東秀之里
비석에 시를 새겨	銘詩在石
그 아름다움 드날리노라	載揚厥媺

처사 동강 허공 묘갈명 병서

處士東岡許公墓碣銘 幷序

생각건대 허씨(許氏)는 양천(陽川)에서 가계가 시작되었다. 문경공(文敬公)[39]과 문정공(文正公)[40]은 대대로 공렬(功烈)이 널리 알려졌고, 야당(埜堂)[41]이 뒤를 이어 명성과 지위가 밝게 드러났다. 그 뒤로 4대손 담(聃)과 5대손 한(澣)으로 이어져 관직은 낮았으나 복록이 융숭하여 모두 이조 참판(吏曹參判)에 추증되었다. 이분이 휘(諱) 엽(曄)[42]을 낳으니, 경상도 관찰사(慶尙道觀察使)를 지냈고, 세상에서 초당(草堂) 선생이라 부른다. 이분이 이조 판서(吏曹判書) 휘 성(筬)[43]을 낳았는데, 의춘 남씨(宜春南氏) 절도사(節度使) 언순(彦純)[44]의 딸에게 장가

39 문경공(文敬公) : 허공(許珙, 1233~1291)으로, 본관은 양천(陽川), 시호는 문경이다. 고려 충렬왕의 묘정에 배향되었다.

40 문정공(文正公) : 허공의 손자 허백(許伯)으로, 본관은 양천, 시호는 문정이다. 1356년(공민왕5) 중서시랑동평장사(中書侍郎同平章事)가 되어 양천군(陽川君)에 봉해졌다.

41 야당(埜堂) : 양천군 허백의 손자 허금(許錦, 1340~1388)으로, 본관은 양천, 자는 재중(在中), 호는 야당, 시호는 문정(文定)이다.

42 허엽(許曄) : 1517~1580. 본관은 양천, 자는 태휘(太輝), 호는 초당(草堂)이다. 허성(許筬), 허봉(許篈), 허균(許筠)의 아버지이다. 서경덕(徐敬德)의 문인이며, 김효원(金孝元)과 함께 동인의 영수로 활동하였다.

43 허성(許筬) : 1548~1612. 본관은 양천, 자는 공언(功彦), 호는 악록(岳麓)·산전(山前)이다. 허봉과 허균의 형이고, 허난설헌(許蘭雪軒)의 오빠이다. 문장가로 이름을 날리고 벼슬이 이조 판서에 이르렀다. 1607년(선조40) 선조의 유교(遺敎)를 받은 고명칠신(顧命七臣)의 한 사람이다.

들어 만력(萬曆) 을유년(1585, 선조18)에 군을 낳았다.

군의 휘는 보(寚), 자는 유선(惟善)이며, 동강(東岡)은 호이다. 가정의 교훈을 익혀 순수하고 총명하였으며 한 점의 티도 없었다. 판서공(判書公 허성(許筬))이 만년에 사지가 떨리는 병을 앓아 움직일 때마다 반드시 다른 사람의 도움을 받아야만 했다. 군이 여러 해 동안 보살피며 좌우에서 정성을 다하니 판서공이 편안히 여겼다.

처음에 판서공에게 두 아우가 있었는데, 둘째아우 전한공(典翰公 허봉(許篈))은 어떤 일에 대해 말했다가 당세의 사람들에게 미움을 사서 쫓겨난 뒤에 운명하였다. 막내아우는 본래 사람들에게 천시(賤視)되었다. 경술년(1610, 광해군2)에 막내아우가 고관(考官)을 맡은 과거에서 군이 급제하자, 틈을 엿보던 사람이 이를 지적하여 문제를 제기하니, 군의 이름이 합격자 명단에서 삭제되었다. 이때 상공(相公) 백사(白沙) 이항복(李恒福)이 과거시험을 주관하였는데, 차자(箚子)를 올려 그 억울함을 풀어주면서 자신이 직접 보증하였다. 백사 상공은 한 시대의 훌륭한 분으로, 그 분의 말을 믿지 않는 사람이 없었다. 그러나 이 일은 해결하지 못하였으니, 중상(中傷)이 워낙 깊었기 때문이다. 군은 영욕(榮辱)을 가슴에서 잊어버리고 절대로 과거에 응시하지 않았다. 여러 아들들이 성장한 뒤에 대궐에 나아가 억울함을 알리는 문서를 올리려고 하였으나, 군이 듣고 깜짝 놀라 급히 사람을 보내 회수하였으니, 바른 지조를 알 수 있다.

무오년(1618, 광해군10)에 집안의 일에 연좌되어 벽진군(碧珍郡)에

44 남언순(南彥純) : 1522～1578. 본관은 의령(宜寧), 자는 성보(誠甫)이다. 함경도 병마절도사를 지냈다.

유배되었으나,[45] 태연히 순응하며 마음에 아무런 변화가 없었다. 계해년(1623, 인조1)에 비로소 바다에서 나와 서호(西湖)의 삼포(三浦)에 거처를 정하였다. 이안당(易安堂)을 짓고 담장과 정원을 깨끗이 정비한 다음, 예쁘고 아름다운 화초를 심었다. 거문고와 바둑판과 병풍까지 모든 것을 정밀하게 정돈하고 발을 드리운 누각에서 안석에 기대 앉아 초연하게 날을 보냈다. 손님을 좋아하는 성격이라 손님이라면 가리지 않았으며, 본래 술을 잘 마시지 못했지만 손님이 오면 반드시 술과 음식을 마련하여 한껏 즐거워하였다. 사람들에게 베풀기를 좋아하여 완상할 만한 기물을 가져다가 남에게 주면서도 오직 혹시나 받지 않을까 두려워하였다.

나는 군보다 네 살이 적지만 어려서부터 서로 친하였으며, 자라서는 서로 흠모하며 막역한 사이가 되었다. 군이 섬에 유배되었을 때 내가 거센 파도를 건너 세 번 만났는데, 흉금이 충담하고 고매하여 밖의 근심거리 때문에 마음을 졸이지 않았다. 이윽고 함께 백발의 늙은이가 되어서는 서로 의지하며 지내다가 죽기를 바랐는데, 나는 젊어서부터 병을 잘 앓았고 군은 건강하여 아프지 않았다. 그러므로 일찍이 "내가 바람 앞의 촛불처럼 먼저 죽어서 군으로 하여금 홀로 슬퍼하게 만들겠구나."라고 생각하였다. 그런데 기해년(1659, 효종10) 5월에 이르러 군이 병에 걸려 끝내 일어나지 못했으니, 슬프도다.

45 무오년에……유배되었으나 : 1618년(광해군10) 남대문 격서 사건의 주모자로 허보의 삼촌 허균(許筠, 1569~1618)이 정형되고 일문이 화를 당할 때, 허보 또한 귀양 갔던 일을 말한다. 《광해군일기》 10년 10월 25일 기사에 "기윤헌(奇允獻)과 신천룡(愼天龍)을 석방하라. 허실(許宲)은 먼 외딴 섬에 위리안치하고, 허보는 먼 외딴 섬에 안치하고, 허친 등은 모두 법전에 의거하여 연좌시켜라."라고 하였다.

부인 전의 이씨(全義李氏)는 군과 덕이 잘 맞았으며, 술과 장(醬)을 만들어 군의 집안 살림을 도왔다. 열세 살에 군에게 시집와서 군보다 15년 먼저 운명하였고, 양주(楊州) 청송(青松)에 합장하였다. 아들 여덟을 두었으니, 대(岱), 진사 민(嶅), 진사 학(嶨), 진사 승(丞), 생원 도(島), 돈(嶅), 도사(都事) 제(嶰), 진사 영(嵤)이다. 세 딸은 황여구(黃汝耉), 이윤배(李潤培), 참군(參軍) 황도광(黃道光)에게 출가하였다. 측실에게서 3남 3녀를 두었는데, 맏아들 홍선(興善)은 동지중추부사(同知中樞府事)이고 나머지는 어리다. 내외(內外)의 손자와 손녀가 거의 백 명에 달하니, 그 자신에게는 넉넉하지 못하였으나 받은 보답은 기약이나 한 듯, 허씨의 복은 장차 헤아릴 수 없이 크리라. 다음과 같이 명을 짓는다.

세상과 내가 맞지 않아	世不我諧
사람들이 혹 중상하더라도	人或傷之
나의 행실 어긋나지 않는다면	我行不頗
하늘이 반드시 보상하지	天必償之
아름다운 허군	婉婉許君
사람들이 깎아내렸지만	人損以剋
편안히 삶을 마치고 자손들 번성하니	旣終旣殖
하늘로부터 더해 줌을 받았네	于受天益
여덟 아들과 백 명의 손자	八子百孫
세월 지날수록 더욱 번성하리니	愈久愈繁
내 말을 믿지 못하겠거든	謂不我信
어찌 허씨 가문을 보지 않으랴	盍視許門

단양 군수 이공 묘갈명 병서
丹陽郡守李公墓碣銘 幷序

나의 재종형(再從兄) 이후근(李厚根) 공의 자는 중회(仲晦)이다. 가계(家系)가 태종(太宗)의 아들 경녕군(敬寧君) 휘 비(裶)에서 시작되어, 모양군(牟陽君) 휘 직(稙), 선사군(仙槎君) 휘 승손(承孫), 하동군(河東君) 휘 유(裕)로 전해졌다. 이분이 좌찬성(左贊成)에 증직된 휘 희득(希得)을 낳았는데, 높은 관직을 역임하여 선조조(宣祖朝)의 명신(名臣)이 되었다. 이분이 휘 형광(亨光)을 낳았으니, 연안 이씨(延安李氏)에게 장가들어 융경(隆慶) 임신년(1572, 선조5)에 공을 낳았다.

공은 일찍 부모님을 여의고 조부(祖父) 찬성공의 슬하에서 자랐다. 음보(蔭補)로 제릉 침랑(齊陵寢郎)이 되고, 장흥창(長興倉)과 전생서(典牲署)의 봉사(奉事), 종부시 직장(宗簿寺直長), 사섬시(司贍寺)와 장흥창의 주부(主簿)를 지냈다. 외직으로 나아가 임실 현감(任實縣監)이 되고, 내직으로 들어와 사복시(司僕寺)의 주부와 판관(判官)을 역임한 뒤, 다시 외직으로 나아가 영동 현감(永同縣監)이 되었다.

공은 지방의 백성들을 다스리는 데 뛰어났다. 흡곡(歙谷)에 있을 때는 치적(治績)이 가장 뛰어나 통정대부(通政大夫)의 품계에 올랐고, 괴산(槐山)에 있을 때는 겉감과 안감을 하사받았으며, 합천(陜川)과 단양(丹陽)을 맡았을 때도 공이 임지를 떠난 뒤에 백성들이 그리워하였다. 공은 성품이 효성스럽고 자애로워 대질(大耋 80세)의 나이가 되어서도 손수 제사를 주관하였다. 처음 고을 수령으로 나갈 때, 조부

찬성공께서 여덟 글자로 경계하여 말씀하기를 "나라 걱정하기를 집안 걱정하듯이 하고, 백성 사랑하기를 자식 사랑하듯이 하여라."라고 하였다. 공이 그 왼쪽에 쓰기를 "선조의 명예를 더럽히지 않으려면 이와 같이 해야 한다."라고 하였다.

어려서부터 총명하여 한 번 눈과 귀에 스쳐간 것은 놓치지 않고 기억하여 외웠다. 고금(古今)의 일에 관한 득실(得失)을 논하면 끊임없이 이어지는 말이 귀에 쟁쟁하였고, 때때로 길게 탄식하며 눈물을 흘렸다. 술을 마주하고 읊으며 간간이 담소를 나누었다. 특히 노래를 잘 불러서 술에 취하면 혹 우렁찬 소리로 강개한 심회를 풀어냈는데, 그 소리가 숲에 울려 퍼져 손님들이 자리를 떠나지 못했다. 만년(晩年)에 충주(忠州)의 강가에 거주하며 풍월(風月)을 읊고 즐겼으니, 그 고상한 정취(情趣)가 볼만하였다.

경인년(1560, 효종1)에 작은 병에 걸려 운명하였다. 원주(原州) 강천(江川)의 법엄동(法嚴洞)에 장사 지내고, 부인 연안 송씨(延安宋氏)를 부장(祔葬)하였다. 세 아들을 두었는데, 장남(長男) 현감(縣監) 기현(耆賢)과 차남(次男) 기웅(耆雄)은 모두 공보다 먼저 세상을 떠났고, 막내는 감역(監役) 기선(耆善)이다. 두 딸은 아무개와 아무개에게 출가하였다. 측실을 통해 3남 5녀를 두었다. 다음과 같이 명을 짓는다.

빼어난 형님은　　　犖犖元兄
나보다 열일곱 살 많은데　　　先我十七
나를 사랑으로 돌보며　　　撫我以慈
성취를 가상하게 여기고 좌절을 아파했지　　　嘉成悼屈
풍류로 소탈하게 지내면서　　　風流散誕

세속을 따르지 않았으니	傲睨俗物
군수의 인끈 내던지고	旣抛郡紱
평안히 살다가 평안히 돌아갔네	居安歸佚
새 무덤이 우뚝하고	新阡睪如
그 앞에 빗돌 세웠으니	豎石其陽
새긴 말 사라지지 않아	銘辭不泐
아득한 후대까지 길이 보리라	永視茫茫

공청도 관찰사 정공 묘갈명 병서

公淸道觀察使鄭公墓碣銘 幷序

호서 관찰사(湖西觀察使) 정공(鄭公) 휘(諱) 효성(孝成)은 나의 선친과 가장 막역(莫逆)한 친구였다. 선친께서는 과묵하고 차분하여 교유하는 사람이 드물었다. 정공이 친상(親喪)을 치르며 3년 동안 곡소리가 끊어지지 않았는데, 선친께서 한 달에 두세 차례씩 들르셨다. 돌아오셔서는 반드시 눈물을 흘리며 말씀하기를 "효성스럽다. 효성스러워. 사람이 누군들 부모가 없으랴."라고 하셨다. 대개 공의 선조(先祖) 공대공(恭戴公) 휘 척(陟)[46]은 진양(晉陽) 출신으로, 벼슬이 수문전 태학사(修文殿太學士)에 이르렀다. 그 뒤로 아들 승지(承旨) 휘 성근(誠謹), 손자(孫子) 박사(博士) 휘 주신(舟臣), 증손(曾孫) 증(贈) 참판(參判) 휘 원린(元麟) 형제, 그리고 공에 이르기까지 4대가 모두 효성이 있어서 정려(旌閭)가 세워졌다. 공이 별세한 뒤에 아들과 며느리도 의열(義烈)이 있어서 계속 정려를 받아 세워진 정려문이 즐비하였으니, 비록 지극한 성품은 하늘에서 부여받았지만, 또한 가법(家法)을 갈고 닦은 것은 옛 책 속에서도 사례를 볼 수 없을 정도였다.

공의 자는 술초(述初), 호는 휴휴자(休休子)이다. 선비(先妣) 남원

46 정척(鄭陟) : 1390~1475. 본관은 진주(晉州), 자는 명지(明之), 호는 정암(整菴), 시호는 공대(恭戴)이다. 관직은 정헌대부(正憲大夫) 판한성부사(判漢城府事) 수문전 대제학(修文殿大提學)에 이르렀다. 《燃藜室記述 卷3 世宗朝故事本末》

윤씨(南原尹氏)는 장사랑(將仕郎) 정원(正元)의 딸이다. 공을 임신한 지 9개월이 되었을 때, 참판공(參判公 정원린(鄭元麟))이 세상을 떠났다. 공이 태어나자 어머니 윤 부인이 공을 안고 가서 영연(靈筵)에 고하였는데, 그날 밤 꿈에 선친께서 나타나 이름을 지어 주셨다고 한다.

공은 어려서부터 침착하고 원대한 기상을 지녔으며, 성장해서는 선비들에게 존중받았다. 기축년(1589, 선조22)에 성균관에 들어가고 침랑(寢郎)에 제수(除授)되었으나 나가지 않았다. 조정에서 공의 재지(才智)를 들어 회덕 현감(懷德縣監), 함흥 판관(咸興判官), 호조 정랑(戶曹正郎)에 발탁하였다. 정미년(1607)에 이르러 삭녕 군수(朔寧郡守)가 되었다. 그해 겨울에 윤 부인께서 별세하였다. 공이 지극한 효성으로 상을 치러 세상에 알려졌으니, 그 일이 《삼강행실(三綱行實)》에 갖추어져 있다.

상을 마친 뒤에 형조 정랑(刑曹正郎), 사복시 첨정(司僕寺僉正)을 거쳐 은진 현감(恩津縣監)이 되었는데, 임기가 찬 뒤에도 1년을 더 맡았다. 현의 창고를 가득 채우니, 도신(道臣)이 장계를 올리자 사농(司農 호조(戶曹))이 가져다가 나라의 경비에 보태고, 공을 통정대부(通政大夫)에 특진(特進)시켰다.

무오년(1618, 광해군10)에 조정의 신하들이 광해군(光海君)의 지시를 따라 모후(母后)를 폐하자고 요청하였으나,[47] 공은 목숨을 버릴 각오로 조정의 의론에 참여하지 않았다. 당시 공의 장남 참판군(參判君)이 내한(內翰)으로 있으면서 기휘(忌諱)에 저촉되어 전야(田野)로 쫓겨났다. 공이 6년 동안 명을 기다리며 대단히 위태롭고 치욕스러웠으

47 무오년에……요청하였으나 : 인목대비를 서궁(西宮)에 유폐한 사건을 말한다.

나, 어떠한 기미도 말과 표정에 드러내지 않았다. 광해군이 손위(遜位)했다는 소식을 듣게 되자, 음식을 물리고 눈물을 흘리며 말하기를 "옛 임금이 간사하고 흉악한 자들의 손에 잘못되었으므로, 성상(聖上 인조(仁祖))께서 혼란을 바로잡고 옛 임금으로 하여금 천수를 다할 수 있도록 하시니, 진실로 성덕(盛德)의 일이다."라고 하였다.

공은 계해반정(癸亥反正) 이후 처음에 외직으로 나아가 충주 목사(忠州牧使)가 되었고, 내직으로 들어와 호조 참의(戶曹參議)가 되었다. 병인년(1626, 인조4)에 강화 부윤(江華府尹)이 되었다. 이듬해 임금께서 강화도로 전란을 피하셨는데, 공이 상하(上下)의 요구에 대응하는 것이 주도면밀하고 여유가 있었다. 사태가 안정되자 가선대부(嘉善大夫)에 오르고 유수(留守)로 승진하였다.

무진년(1628)에 판결사(判決事)를 거쳐 청주 목사(淸州牧使)가 되었다가, 3년 뒤에 공청도 관찰사(公淸道觀察使)가 되고 가의대부(嘉義大夫)에 올랐다. 다시 3년 뒤에 나주 목사(羅州牧使)가 되었다. 을해년(1635) 가을에 장남 참판군이 경기 관찰사(京畿觀察使)로 있다가 갑자기 병에 걸려 운명하니, 공이 매우 슬퍼하여 병이 심해져도 달라지지 않았다.

병자년(1636) 겨울에 청나라 군사가 침입하자 공이 조정의 뜻을 따라 강화도에 들어갔다. 이듬해 정월에 강화도가 함락되고 공도 운명하였으니 향년 78세였다. 당시 뜨거운 불길이 집들을 모두 태웠는데, 공의 거처만 다행히 온전하였으니, 암암리에 도와주는 것이 있었던 것이다. 손자 선흥(善興)이 상여를 받들어 광주(廣州)의 선영으로 와서 해좌(亥坐)의 등성이에 장사 지냈다. 두 아들의 공훈으로 추은(推恩)하여, 두 번 추증되어 의정부 좌찬성(議政府左贊成)에 이르렀다.

공은 지극한 행실이 순수하고 독실하여 세상에 다른 말을 하는 사람이 없었다. 선조(先祖)를 받드는 데 정성과 공경을 다하여 비바람이 불어도 사당에 들어가 절하는 것을 그만두지 않았는데, 다른 사람들은 각별히 마음을 다잡아 노력해야 하는 것들이 공에게 있어서는 애써 힘쓰지 않아도 저절로 되는 일이었다. 여러 고을과 변방을 맡아 다스리면서 아랫사람들을 엄격하게 대하였으니, 비록 때때로 우스갯소리를 해도 아전들이 모두 다리를 벌벌 떨며 아무리 작은 일이라도 속이거나 감추려는 마음을 감히 갖지 못하였다. 간사한 도적들을 다스리는 데 방책이 있었으므로 경내가 고요하였다. 그러나 손을 깨끗이 하고 법도를 지켜서 하나라도 부정한 일에 물드는 일이 없었으니, 사람들이 모두 공경하고 존모하였다. 처음 군에 부임하면 아전과 백성들이 혹 공의 정사에 불안감을 느끼기도 하였으나, 치도(治道)가 이루어지고 명령이 행해지는 데 이르러서는 안정되어 믿고 복종하였으며, 반드시 비를 세워 덕을 기록하였다. 더욱이 자신을 절제하고 쓸데없는 낭비를 줄였으니, 거두는 세금을 늘리지 않아도 관의 저장이 넘쳐나, 공의 뒤를 이어 임무를 맡은 사람이 넉넉하게 사용할 수 있었다.

젊었을 때 과거 공부에 힘써서 일찍이 향시에 장원하였으나, 또한 그만두고 나아가지 않았다. 그러나 경전(經傳)과 《소학》과 주자(朱子)의 글을 즐겨 읽었고, 모든 행동은 예법을 준수하였다. 주량도 커서 몇 말의 술을 마셔도 정신이 흐트러지지 않았다. 때때로 친지들과 즐겁게 마셨는데, 겉과 속이 다름이 없이 활짝 트여 있었으니, 아, 어떻게 이럴 수 있단 말인가.

공은 두 번 장가들었다. 첫 번째 부인 백씨(白氏)는 좌윤(左尹) 유검(惟儉)의 딸로, 슬하에 자녀를 두지 못했다. 두 번째 부인 남양 홍씨(南

陽洪氏)는 군수 의필(義弼)의 딸로, 유순하여 부덕에 어긋나는 점이 없었다. 공이 편모(偏母)를 섬기면서 깊이 사랑하고 도리를 다하였는데 부인이 또 공을 도와 봉양하니, 세상 사람들이 “윤 부인은 아들이 하나뿐인데, 두 효자의 봉양을 받는다.”라고 하였다.

2남 1녀를 두었으니, 장남 백창(百昌)은 병조 참판(兵曹參判)이고, 차남 백형(百亨)은 시강원 필선(侍講院弼善)이다. 딸은 통례(通禮) 김이경(金以鏡)에게 출가하였다. 참판 백창은 서평부원군(西平府院君) 한준겸(韓浚謙) 공의 딸에게 장가들어 2남 1녀를 낳았다. 장남 선흥(善興)은 상의원 정(尙衣院正)이고, 차남은 선홍(善弘)이다. 딸은 부사(府使) 김진표(金震標)에게 출가하였다. 필선 백형은 판서(判書) 이시발(李時發) 공의 딸에게 장가들어 딸을 두었는데, 봉사(奉事) 권천(權偏)에게 출가하였다. 통례 김이경은 세 아들을 두었으니, 희(禧)와 상(祥)과 기(祺)이다. 선흥의 두 아들은 어리고, 그 나머지 자손들은 다 기록하지 못한다. 공에게는 서출(庶出)도 있었으니, 아들은 백숭(百崇)과 백륭(百隆)이고, 딸은 김두점(金斗漸)에게 출가하였다. 다음과 같이 명을 짓는다.

정씨는 대대로 효성 지극하였는데	鄭氏世孝
그 자손 번성하지 못했도다	其姓不繁
공이 안쓰럽게도 뱃속에 있었지만	公閔在腹
대를 이어 준 것은 하늘의 뜻이라네	迸續者天
공이 어머니를 모실 때	公侍其慈
그 용모 유순하였고	婉婉其容
공이 사당에 제사 드릴 때	公享于廟

풍성한 제수를 올렸네	列鼎以供
충성스러운 마음을 옮겨 나라 섬기니	移忠事國
확고하게 지키는 바 있어	有確其守
변방 지키고 고을 다스림에	藩鉞州符
선대를 드날리고 후대를 인도하였네	揚先導後
내가 그 문을 바라보매	我瞻其門
붉은 현판 진실로 아름다우니	朱扁載嫩
지나가는 사람이 공경을 표하지 않는다면	過者不式
네 이마에 식은땀 흐르리라	爾顙有泚

경기 관찰사 현곡 정공 묘갈명 병서
京畿觀察使玄谷鄭公墓碣銘 幷序

현곡(玄谷) 정공(鄭公)의 휘(諱)는 백창(百昌), 자(字)는 덕여(德餘)이다. 그의 아버지 동추공(同樞公)[48]은 나의 선친(先親) 문간공(文簡公 이수광(李睟光))과 교의(交誼)가 매우 깊었으므로, 양가(兩家) 자제의 우의(友誼)가 천륜(天倫)으로 맺어진 형제처럼 두터웠다.

처음에 수문관 태학사(修文館大學士) 휘 척(陟)[49]이 진양(晉陽)에서 일어나 한양에서 벼슬살이를 하였으므로, 자손들이 마침내 대대로 도성에서 살게 되었다. 고조(高祖)는 승지(承旨)를 지낸 휘 성근(誠謹)이고 증조(曾祖)는 박사(博士)를 지낸 휘 주신(舟臣)인데, 이들은 부자(父子)가 충효(忠孝)로써 함께 목숨을 바쳤으니,[50] 그 사실이 국승(國乘)에 실렸다. 조부(祖父) 휘 원린(元麟)은 참봉(參奉)을 지내고

48 동추공(同樞公) : 정효성(鄭孝成, 1560~1637)으로, 본관은 진주(晉州), 자는 술초(述初), 호는 휴휴자(休休子)이다. 《東州集 文集 卷10 公淸道觀察使鄭公墓碣銘 幷序》

49 정척(鄭陟) : 1390~1475. 본관은 진주, 자는 명지(明之), 호는 정암(整菴)이다.

50 고조(高祖)는……바쳤으니 : 정성근(鄭誠謹, 1446~1504)의 본관은 진주, 자는 이신(而信)이다. 정주신(鄭舟臣, 1472~1504)의 자는 제옹(濟翁)이다. 정성근은 천성이 지극히 효성스러워서 부모상을 당하여 여막을 짓고 애통해하며 예법을 다하였다. 또 성종(成宗)을 위해서도 삼년 동안 심상(心喪)하여 사람들이 충효(忠孝)를 두루 갖추었다고 하였는데, 1504년(연산군10)에 허위적인 행동이라 하여 죽임을 당하였다. 아들 정주신은 아버지가 천명을 다하지 못했음을 가슴 아파하여 울부짖고 가슴을 치며 굶어 죽었다. 《海東雜錄 卷6》

이조 참판(吏曹參判)에 추증되었다. 동추공 휘 효성(孝成)이 남양 홍씨(南陽洪氏)로 군수(郡守)를 지낸 의필(義弼)[51]의 딸에게 장가들어 만력(萬曆) 무자년(1588, 선조21)에 공을 낳았다.

공은 어려서부터 바르고 장중하며 엄숙하고 삼갔다. 문학을 일찍 성취하였으므로 약관(弱冠) 이전에 과장(科場)에서 뛰어난 재능을 발휘하여, 한 해에 다섯 번 시험에 합격하여 성균관에 올랐다. 문과(文科) 회시(會試)에 이르러 공의 시권(試券)이 높은 등급에 있었으나, 고관(考官)인 정협(鄭協)[52] 공은 공이 일찍부터 화려한 명성을 차지하는 것을 바라지 않았으므로, 급제자 명단에서 제외시켰다.

신해년(1611, 광해군3)에 과거에 급제하였다. 처음에 승문원(承文院)에 배속되었다가 주서(注書)와 한림(翰林)으로 천배(薦拜)되었는데, 사관(史館)에서 붓을 잡으면 숨김없이 기록하였으므로, 간당(奸黨)들이 이때부터 이미 공을 매우 미워하였다.

계축년(1613)에 재앙이 궁궐과 관련되자,[53] 광해군(光海君)이 사관(史官)으로 하여금 신덕왕후(神德王后 태조의 계비 강씨)의 고사(故事)를 살피게 하여 자전(慈殿 인목대비(仁穆大妃))을 동요시켰다.[54] 이때 이이첨

51 홍의필(洪義弼) : 1542~? 본관은 남양(南陽), 자는 양우(良佑)이다.

52 정협(鄭協) : 1561~1611. 본관은 동래(東萊), 자는 화백(和伯)이다. 《星湖全集 卷60 吏曹參判鄭公墓碣銘 幷序》

53 계축년에……관련되자 : 1613년(광해군5)에 발생한 계축옥사(癸丑獄事)를 가리킨다. 영창대군(永昌大君)을 옹립하려고 했다는 이유를 들어 대북파가 소북파를 몰아낸 옥사인데, 사건이 확대되어 선조(宣祖)로부터 영창대군의 보필을 부탁받은 유교칠신(遺敎七臣)도 연좌되었다.

54 신덕왕후(神德王后)의……동요시켰다 : 광해군이 영창대군의 어머니 인목대비

(李爾瞻)이 사국(史局)을 주도하였는데, 방석(芳碩)[55]을 처치(處置)한 전말(顚末)을 모조리 기록하여 장차 영창대군(永昌大君)을 죽이려고 하였다. 공이 말하기를 "임금의 명령은 이렇게까지 하라는 것이 아니었소."라고 하며 붓을 놓고 쓰려 하지 않았다. 이이첨의 안색이 어두워지고 공은 즉시 병가(病暇)를 내고 나와 버렸다.

그 후 모후(母后)를 폐위해야 한다는 논의가 더욱 급박하게 일어 서궁(西宮)에 유폐(幽閉)하더니, 뭇 간사한 자들의 기세가 등등하였다. 공이 비분강개(悲憤慷慨)하여 안색과 말씨에 드러내니, 마침내 요악(妖惡)한 말로 지목되었다. 이에 연루되어 벼슬이 삭탈되자, 양근(楊根)의 대탄(大灘) 가로 물러나 문을 닫아건 채 자정(自靖)하는 삶을 살았다. 당시 청명(淸明)한 선비들은 모두 역사(蜮射)의 공격을 받거나,[56] 혹은 세속에 어울리지 못하여 경치 좋은 곳에 우거(寓居)하는 이들이 많았다. 소암(疏庵) 임군(任君)[57]과 택당(澤堂) 이공(李公)[58]이

(仁穆大妃)를 제거하기 위하여 태종이 태조 사후에 강씨(康氏)의 지위를 강등시켰던 일을 조사하게 했다는 말이다.《燃藜室記述 卷20 廢主光海君故事本末 朴應犀之獄》 신덕왕후는 태조 이성계(李成桂)의 계비(繼妃) 강씨이다.

55 이방석(李芳碩) : ?~1398. 태조의 여덟째아들 의안대군(宜安大君)으로, 시호는 소도(昭悼)이다. 신덕왕후 강씨의 소생으로, 태조의 총애를 받아 1392년(태조1) 세자에 책봉되었으나, 이듬해 폐위되고 1398년 피살되었다.

56 역사(蜮射)의 공격을 받거나 : 간사한 무리들의 비방과 중상을 당했다는 말이다. 역(蜮)은 후한(後漢) 광무제(光武帝) 때 강수(江水)에서 발견된 것으로 단호(短狐)라고도 한다.《수신기(搜神記)》 권12에 역에 대하여 설명하기를 "모래를 입으로 뿜어 사람에게 쏘아 맞추면, 신체의 힘줄이 오그라들고 머리가 아프며 열이 난다. 심하면 죽기까지 한다.〔能含沙射人所中者, 則身體筋急頭痛發熱, 劇者至死.〕"라고 하였다.

57 소암(疏庵) 임군(任君) : 임숙영(任叔英, 1576~1623)으로, 본관은 풍천(豐川),

서로 더불어 술병을 가지고 와 어울리면서 문적(文籍)을 마음껏 즐겼는데, 공을 엿보던 자들이 또 '삼사(三士)'라고 표방(標榜)하여 끊임없이 음해하였다.

이에 앞서 서평부원군(西平府院君) 한공(韓公)은 선왕(先王)에게 일찍이 영창대군의 보호를 부탁받았다는 이유로, 제공(諸公)들과 더불어 유교칠신(遺敎七臣)으로 지목되어 유배자 명단에 포함되었고,[59] 홍무적(洪茂績) 군은 상소하여 폐모론(廢母論)을 배척하다가 절도(絶島)에 유배되었다.[60] 공은 한공의 사위이자 홍군의 생질(甥姪)인데다가, 온 조정의 신하들이 나서서 모후(母后)를 폐하자고 요청하는 데 이르러 동추공(同樞公 정효성(鄭孝成))이 또 죽기를 각오하고 불참하였으므로 바야흐로 유배를 논의하니, 잔악(殘惡)한 자들이 더욱 이것을 가지고 칼을 갈면서 공을 대하였다. 그러나 공은 한창 시를 읊고 술잔

자는 무숙(茂淑), 호는 소암 또는 동해산인(東海散人)이다.《疏菴集 疏菴先生言行錄》

58 택당(澤堂) 이공(李公) : 이식(李植, 1584~1647)으로, 본관은 덕수(德水), 자는 여고(汝固), 호는 택당·남궁외사(南宮外史)·택구거사(澤癯居士)이다.《宋子大全 卷203 澤堂李公諡狀》

59 서평부원군(西平府院君)……포함되었고 : 서평부원군은 한준겸(韓浚謙, 1557~1627)으로, 본관은 청주(淸州), 자는 익지(益之), 호는 유천(柳川)이다. 선조로부터 영창대군(永昌大君)의 보필을 부탁받은 유교칠신(遺敎七臣)의 한 사람으로, 1613년(광해군5) 계축옥사에 연루되어 유배되었다. 인조반정으로 그의 딸이 인열왕후(仁烈王后)로 책봉되자, 영돈녕부사로 서평부원군에 봉해졌다.《愚伏集 卷20 輔國崇祿大夫領敦寧府事兼知春秋館事……西平府院君韓公行狀》

60 홍무적(洪茂績)……유배되었다 : 홍무적(1577~1656)의 본관은 남양(南陽), 자는 면숙(勉叔), 호는 백석(白石)이다. 이위경(李偉卿), 윤인(尹訒), 정조(鄭造) 등이 폐모론(廢母論)을 창도하자, 제생들을 이끌고 극력 반대하다가 마침내 거제도로 유배되었다.《宋子大全 卷159 白石洪公神道碑銘 幷序》

이나 들면서 담박하게 지냈다.

계해년(1623, 인조1)에 천지(天地)가 다시 열리자,[61] 예조의 낭관으로 서용(敍用)되었다가 병조(兵曹)로 옮기고, 지제교(知製敎)가 되었으며 헌납(獻納)에 임명되었다. 공은 서평공(西平公)이 국구(國舅)로서 벼슬에 있었기 때문에 높은 지위에 있으려 하지 않았다. 그러나 조정에서는 더욱 공을 진용(進用)하고자 하여 누차 삼사(三司)에 임명하였고, 호당(湖堂)에서 독서할 말미를 주었다. 공이 벼슬에 나가서는 더욱 관료들을 격려하여 조정을 맑게 하고자 하여 전후로 사특한 관리를 탄핵하였는데, 권세가에 대해서도 두려워하지 않았다.

을축년(1625) 봄에 세자(世子)가 원복(元服)을 입자,[62] 공은 교리(校理)로 있다가 필선(弼善)으로 옮겼다. 예식(禮式)을 마친 뒤에 전례에 따라 상자(賞資)되어야 했으나, 혐의(嫌疑) 때문에 단지 태복시정(太僕寺正)으로 승진하여 보덕(輔德)을 겸임하였으며, 응교(應敎)로 옮겼다가 집의(執義)가 되었다. 이우(李佑)는 상변(上變)하여 훈봉(勳封)을 얻었는데,[63] 권세를 믿고 평민들을 업신여기므로 길 가는 사

61 계해년에……열리자 : 1623년(인조1)에 인조반정(仁祖反正)으로 인조가 임금의 자리에 오른 일을 말한다.

62 세자(世子)가 원복(元服)을 입자 : 소현세자(昭顯世子, 1612~1645)가 세자에 책봉된 일을 말한다. 원복은 원래 남자가 성년(成年), 즉 20세가 되어서 처음으로 입는 어른의 의관(衣冠)이나 그 의식(儀式)을 말한다. 여기서는 세자 책봉을 뜻하는 말로 쓰였다.

63 이우(李佑)는……얻었는데 : 1624년(인조2)에 이우는 문회(文晦), 김광숙(金光熽) 등과 함께 기자헌(奇自獻), 현집(玄楫), 이괄(李适)과 그의 아들 이전(李旃), 한명련(韓明璉)과 그의 아들 한난윤(韓瀾潤) 등이 반란을 음모한다고 고발하였다. 이괄의 난이 평정된 뒤 진무 공신(振武功臣)에 책록되었다. 《燃藜室記述 卷24 仁祖朝故事本末》

람들이 두려워하였다. 공이 논죄하여 먼 지역으로 유배 보내자, 조야(朝野)의 사람들이 경하(慶賀)하였다. 거듭 응교와 집의 및 사간(司諫), 사인(舍人), 사성(司成)을 역임하였다.

병인년(1626, 인조4)에 강궁유(姜宮諭)가 황제의 명을 받들어 우리나라에 오자, 원접사(遠接使) 김류(金瑬)[64] 공이 공을 종사관(從事官)으로 뽑았는데, 중국 사람들이 공의 의용(儀容)과 풍도(風度)가 진정 한림(翰林)의 면모에 부합한다고 자주 칭찬하였다. 그해 가을에 중시문과(重試文科)에 급제하여 통정대부(通政大夫)에 오르고 승문원 부제조를 겸임하였다. 이어 사가독서(賜暇讀書)하고 《광해군일기(光海君日記)》 편찬에 참여하였으니, 인재를 양성하는 곳이었다. 형조 참의(刑曹參議)를 역임하고 승지(承旨)로서 자전(慈殿)을 모시고 강화도(江華島)로 피난하였다. 사태가 안정되자 공의 동료들은 대부분 공로를 인정받아 관질(官秩)이 올랐다. 공은 오직 이조 참의(吏曹參議)로 옮겼을 뿐인데도, 논자(論者)들은 오히려 혐의가 있다고 말하였으므로, 공은 사직하고 취임하지 않았다. 문신들에게 정시(庭試)를 실시하였는데, 공이 2등을 차지하여 구마(廐馬)를 하사받았고, 예조와 병조의 참의(參議)가 되었다. 대사간(大司諫)을 거쳐 다시 인사 행정을 다루는 자리에 들어가 후보자가 적임자가 아님을 꼿꼿하게 따지다가 장관(長官)의 미움을 사 파직되었다. 얼마 후 부제학(副提學)에 임명되었는데, 또 면전에서 대관(臺官)의 선대(先代) 허물을 논척하다가 그에게 공격을 받아 면직되었다.

64 김류(金瑬) : 1571~1648. 본관은 순천(順天), 자는 관옥(冠玉), 호는 북저(北渚)이다. 《白軒集 卷39 領議政昇平府院君金公諡狀》

을해년(1635, 인조13)에 도승지(都承旨)에 임명되어, 추숭(追崇)하여 부묘(祔廟)한 공로[65]로 가선대부(嘉善大夫)에 올랐으며, 형조와 병조의 참판(參判)을 지냈다. 경기도 관찰사로 나갔는데, 8월에 원침(園寢)을 순행하다가 광릉(光陵 세조와 정희왕후(貞熹王后)의 능)을 배알(拜謁)하고서 갑자기 병에 걸려 운명하였다. 운명하기 한 달 전에 공이 문득 내게 말하기를 "최근 선영(先塋)에 묏자리를 봐두었으니, 죽음에 대비하는 일이네."라고 하였다. 이때에 와서 그곳에 장사 지냈으니, 어쩌면 그 징험이었던 것인가.

아아, 공은 평소 병이 없었고 안색과 풍채가 밝고 윤기 났으니, 사람들이 모두 장수할 것으로 기대하였다. 그리고 동추공(同樞公 정효성(鄭孝成))이 연로한 나이로 당(堂)에 계셨으니, 공이 어찌 죽을 수 있단 말인가. 맑은 자질과 아름다운 위의(威儀)가 조정의 반열에서 빼어나 요작(瑤爵)과 옥대(玉敦)가 조정을 환하게 비추는 듯했는데[66] 갑자기 하루아침에 세상을 떠났으니, 다만 어버이 때문에 애석해할 뿐만이 아니다. 어찌 슬프지 않겠는가.

65 추숭(追崇)하여 부묘(祔廟)한 공로 : 인조의 생부 정원군(定遠君)은 처음에는 정원대원군(定遠大院君)으로 추존되었고 연주군부인(連珠郡夫人) 구씨(具氏)는 부부인(府夫人)으로 하였었다. 1632년(인조10)에 존호를 원종 경덕인헌정목장효 대왕(元宗敬德仁憲靖穆章孝大王)이라 올리고, 비(妃)는 경의정정 인헌왕후(敬懿貞靖仁獻王后)로 하여 명(明)나라 조정에 명을 청하였는데, 천자가 조칙을 내려 추봉(追封)하면서 공량(恭良)이라는 시호(諡號)를 내렸다. 1634년(인조12) 8월에 원종대왕을 종묘에 부제하였다. 《國朝寶鑑 卷35》 이 과정에서 정백창이 참여했던 것으로 보인다.

66 요작(瑤爵)과……듯했는데 : 정백창의 빼어난 모습을 말한 것이다. 요작은 아름다운 돌로 장식한 주기(酒器)이고, 옥대는 맹세할 때 피를 담아 마시는 그릇인데 옥으로 장식한 것이며, 서직(黍稷)을 담기도 하였다.

시대가 후대로 내려오면서 진실로 사혐(私嫌)을 멀리하였으니, 한 문제(漢文帝)의 입장에서는 마음을 쓰지 않을 수 없었다.[67] 그러나 사람들이 또 이로 인하여 자신들의 호오(好惡)에 따라 쥐고 흔듦으로써 재주를 다 쓰지 못하게 하였으니, 혹시라도 풍야왕(馮野王)의 탄식이 있을 것인가.[68]

그러나 공의 선대(先代)는 대대로 예법(禮法)을 계승하여 승지공(承旨公 정성근(鄭誠謹)) 이하 지극한 행실로 정려(旌閭)된 사람이 열 명이나 되고, 규문(閨門)의 법도가 다른 가문과는 달랐다. 그러므로 공은 천성적으로 악(惡)을 미워하여 남들의 비위(非違)와 부정(不正)에 대해 일찍이 헤아려 덜어주지 않았다. 비록 이 때문에 때때로 남들의 공격을 받았으나, 또한 낙담하거나 흔들리지 않았다. 공이 더불어 교유한 사람들은 반드시 당대의 명류(名流)였으니, 상하의 일을 품평하면 좌중의 모든 사람들을 압도하였으므로, 비천한 자들은 모두 스스

67 시대가……없었다 : 혐의(嫌疑)를 멀리하기 위해 왕실의 인척이나 고관(高官)의 인척이 요직(要職)에 있지 못했다는 말이다. 한 문제(漢文帝) 때에 두 황후(竇皇后)의 동생 두광국(竇廣國)은 늘 검소하고 겸손한 자세를 지녀 자신이 부귀하다 하여 남에게 교만하지 않았다. 문제는 그를 재상으로 임명하려 하였으나, 황후의 동생이라는 이유로 결국 그만둔 일이 있었다. 《漢書 卷42 申屠嘉傳》

68 사람들이……것인가 : 정백창이 이조 참의에 임명되었을 때, 국구(國舅) 한준겸의 사위라는 이유로 비방을 받아 요직에 오르지 못했는데, 그런 일에 대해 한탄하지 않았을 것이라는 말이다. 한나라 원제(元帝)의 후궁(後宮) 풍소의(馮昭儀)의 오빠 풍야왕(馮野王)은 모든 신하들이 그의 행실과 재능이 천하에 제일이라 하여 어사대부(御史大夫)를 제수해야 한다고 하였으나, 원제는 신하들에게 "후세 사람들은 반드시 내가 후궁의 친속에 사정(私情)을 두었다 할 것이다."라고 하여 그만둔 일이 있다. 《漢書 卷79 馮奉世傳》

로 일어나 가버렸다. 아아, 말세의 사람들이 어리석어서 모난 것과 둥근 것이 뒤죽박죽 섞였는데도, 풍도를 견지하여 남의 선행의 모범이 되었으니, 세상에 어찌 공과 같은 사람을 얻을 수 있겠는가.

공의 문장은 전중(典重)하고 온아(溫雅)하여 쓸데없는 말이나 병통이 있는 글귀가 없었으며 하나라도 법도를 어기지 않았다. 지금 그 문집이 세상에 유포되었으니, 진실로 말을 아는 사람이 반드시 있을 것이다.

공의 부인 정부인(貞夫人) 서원 한씨(西原韓氏)는 인열왕후(仁烈王后)의 언니이다. 정축년(1637, 인조15)의 변란에 강화도(江華島)에서 순절(殉節)하였고, 이식(李植) 공이 그 무덤에 지문(誌文)을 썼다. 두 아들을 두었으니, 선흥(善興)은 준직(準職 정3품)이고 선홍(善弘)은 업유(業儒)이다. 딸 하나는 부사(府使) 김진표(金震標)[69]에게 출가하였다. 다음과 같이 명을 짓는다.

사람에게 세 가지 강상 있으니	人三有綱
충과 효이며	曰忠與孝
그리고 부인의 정렬이니	爰曁婦烈
마을에 이들을 정표하지	宅里是表
훌륭한 정씨 가문	翼翼鄭氏
열 분이나 정려문 세워져	十旌其門

69 김진표(金震標) : 1614~1671. 본관은 순천(順天), 자는 건중(建中), 호는 오애(浯涯)이다.《芝村集 卷22 參議贈參判順寧君金公墓誌銘 幷序》1658년 청송 부사(青松府使)에 임명되었다.《承政院日記 孝宗 9年 1月 19日》

보는 이마다 공경하니 瞻言敬止
하물며 그 자손들이랴 況其子孫
공이 가법을 익혀 公治于家
물러나기도 하고 나아가기도 하였으니 旣屈旣信
나아가서는 어떻게 했나 其信伊何
조정 신하들의 모범이었지 羽儀朝紳
준마가 높이 뛰어오른 격인데도 駿驥高驤
평탄한 길을 끝까지 가지 못했지만 夷塗未極
오히려 웅건한 문장 있으니 猶有遒文
금석처럼 사라지지 않으리라 金石不泐
광릉의 언덕 廣陵之阡
실로 대대로 안장한 곳이라 實惟世藏
그 아래 옥을 묻으니 其下瘞璧
우울하게 그 광채 묻혔어라 鬱鬱埋光

진사 이군 묘갈명 병서

進士李君墓碣銘 幷序

이생인(李生寅) 군의 자(字)는 진경(震卿)이니, 만력(萬曆) 병술년(1586, 선조19)에 태어났다. 고조 경명군(景明君) 휘(諱) 침(忱)은 성종대왕(成宗大王)의 아들이고, 증조는 안남군(安南君) 휘 수련(壽練)이며, 조부는 금천군(錦川君) 휘 보(俌)이니, 삼대(三代)가 나란히 혁혁하게 드러났다. 아버지 휘 세의(世義)에 이르러 일찍 운명하였으니, 창원 군수(昌原郡守)로 벼슬을 마쳤다. 군은 일찍 아버지를 여의었으나 각고(刻苦)의 노력으로 문사(文辭)를 익혔고, 오산(五山) 차천로(車天輅)[70]에게 배워 병오년(1606)에 진사시에 합격하였다.

군은 맑고 아름다우며 대범하고 선량한 데다 의젓하게 빼어난 기상이 있었다. 사부(詞賦)를 잘 짓고 변우체(騈偶體)에 더욱 뛰어났으니, 동배(同輩)들이 모두 따라갈 수 없는 수준의 사람이라고 여겼다. 군은 나보다 세 살이 많았지만 나와 함께 공부하였다. 어머니 성 부인(成夫人)은 참판(參判) 수익(壽益)[71]의 딸로, 본래 현명하였다. 부인은 유독 군과 내가 친하게 지내는 것을 기뻐하여 자주 술자리를 마련하고 정성

70 차천로(車天輅) : 1556~1615. 본관은 연안(延安), 자는 복원(復元), 호는 오산(五山)이다.《五山集 續集 卷4 行狀》

71 성수익(成壽益) : 1528~1598. 본관은 창녕(昌寧), 자는 덕구(德久), 호는 칠봉(七峯)이다. 1592년(선조25) 임진왜란이 발생하자, 왕을 호종(扈從)하던 도중에 형조참판 겸 오위도총부부총관(五衛都摠部副摠管)에 제수되었다.《芝川集 卷4 嘉善大夫禮曹參判成公墓誌銘 幷序》

스럽게 맞이하였으므로 온종일 술을 마시며 즐겁게 놀았으니, 자못 도간(陶侃)의 어머니 담씨(湛氏)[72]의 덕에 비견될 만하였다.

군이 일찍이 나와 함께 과제(課製)에 선발되었을 때는 군이 으뜸이었지만, 명경(明經) 시험에 응시할 때는 날마다 서로 만나 맘껏 술을 마셨기 때문에 우리 두 사람 모두 합격하지 못했다. 그 후 나는 곧바로 과거에 합격하고 군은 번번이 낙방하였는데, 낙방할 때마다 이름은 더욱 알려졌다. 당시에 이위경(李偉卿)이 권간(權奸)의 사주(使嗾)를 받고 뭇 불령(不逞 불평분자)한 자들과 체결하여 모후(母后)를 폐하자는 소장(疏章)을 올렸다.[73] 그러면서 군의 명망이 높다는 이유로 그 이름을 소장 가운데 끼워 넣었으므로 수군거리는 말들이 비등하였다. 그러나 군은 그날 이경증(李景曾),[74] 최유연(崔有淵)[75] 등 여러 공들과 만나

72 도간(陶侃)의 어머니 담씨(湛氏) : 도간(259~334)의 자는 사행(士行)으로, 동진(東晉) 파양(鄱陽) 사람이다. 그의 어머니 담씨는 예장(豫章) 신감(新淦) 사람이다. 집이 몹시 가난하여 매양 길쌈을 하여 도간이 성취하도록 이바지하였는데, 도간의 친구인 범규(范逵)가 많은 사람을 거느리고 지나가다가 도간의 집에 머물게 되었다. 그때 마침 쌀이 떨어졌는데, 담씨가 자신의 머리카락을 잘라 팔아 식량과 술을 마련해 범규를 잘 대접한 고사가 전한다. 《晉書 卷66 陶侃列傳》《晉書 卷96 列女列傳 陶侃母湛氏》

73 이위경(李偉卿)이……올렸다 : 이위경(1586~1623)의 본관은 전의(全義), 자는 장이(長而)이다. 1613년(광해군5) 계축옥사(癸丑獄事)가 일어나자, 성균관 유생으로서 앞장서서 윤인(尹訒)・정조(鄭造) 등과 연이어 소장을 올려, 인목대비(仁穆大妃)가 안으로 무고를 일으키고 밖으로 역모에 응하였음을 주장하고 폐출할 것을 요청하였다. 1622년 이이첨(李爾瞻)의 사주(使嗾)로 강원도 관찰사 백대형(白大珩)과 결탁하여 경운궁(慶雲宮)에 유폐된 인목대비를 시해하고자 하였으나 실패하였다.

74 이경증(李景曾) : 1595~1648. 본관은 덕수(德水), 자는 여성(汝省), 호는 미강(眉江)이다. 《寒水齋集 卷24 判書李公景曾神道碑銘 幷序》

75 최유연(崔有淵) : 1587~1656. 본관은 해주(海州), 자는 지숙(止叔), 호는 현암

서호(西湖)에서 뱃놀이를 하였으니, 이 사실을 아는 사람들은 모두 그 일에 군이 엮인 것을 원통하게 여겼다. 가령 군이 청명한 시대를 만났더라면, 자리에 참석한 자들이 틀림없이 통렬하게 밝혀서 다른 말이 없었을 것이다. 군은 이 때문에 분통해하다가 먼저 병진년(1616, 광해군8) 여름에 술로 병이 심해져 일어나지 못하였으니, 애석하도다. 양주(楊州) 송산(松山)에 안장하였으니, 그 무덤은 간좌(艮坐)이다.

군은 고(故) 재상 김귀영(金貴榮)[76] 공의 딸에게 장가들어 아들 제형(齊衡),[77] 그리고 승지(承旨) 김진(金振),[78] 김정열(金廷說),[79] 감역(監役) 유비(兪棐)에게 시집간 세 딸을 두었다. 군은 이미 풍부한 재능과 좋은 평판이 있었으므로 머지않아 벼슬길에 나아갈 수 있었는데, 백 가지 재능 가운데 한 가지도 시험해보지 못한 채 불행하게 삶을 마쳤으니, 천도(天道)는 끝내 어두운 것인가. 지금 제형이 대각(臺閣)의 관직을 역임하여 명성이 있으니, 군이 남겨 준 복이 발한 것이다. 제형은 아들 다섯을 두었으니, 장남 단석(端錫)[80]은 제형을 이어 현과(賢科)에 발탁되어 승문원 정자(承文院正字)가 되었다. 그 다음은 하석(夏錫),

(玄巖)이다.《玄巖遺稿 玄巖遺稿跋》

76 김귀영(金貴榮) : 1520~1593. 본관은 상주(尙州), 자는 현경(顯卿), 호는 동원(東園)이다.《東園集 卷4 推忠奮義炳機協策平難功臣……上洛府院君東園金公行狀》

77 이제형(李齊衡) : 1605~1663. 본관은 전주(全州), 자는 원옥(元玉)이다.

78 김진(金振) : 1603~1669. 본관은 안동(安東), 자는 군옥(君玉), 호는 낙봉(駱峰)이다.

79 김정열(金廷說) : 1606~? 본관은 광산(光山), 자는 숙량(叔良)이다.

80 이단석(李端錫) : 1625~1688. 본관은 전주, 자는 유초(有初), 호는 쌍호당(雙壺堂)이다.《梅山集 卷33 參判贈吏曹判書雙壺堂李公神道碑銘 并序》

명석(明錫), 화석(和錫), 유석(有錫)이니, 모두 자질이 아름답고 빼어나 문채가 있다. 두 딸은 이시만(李時曼),[81] 최두서(崔斗瑞)에게 시집갔으니, 어둡기만 한 줄 알았던 천도가 또한 밝고 밝은 것이다.

처음에 내가 어머니 상을 당했을 때 군이 별세하였는데, 성 부인(成夫人)이 곡하면서 말씀하기를 "지난날 만일 이 수찬(李修撰)[82]이 술자리에 있었더라면, 틀림없이 내 자식의 원통함을 밝혀 주었을 것이다."라고 하였다. 이윽고 말씀하기를 "이군이 있으니, 끝내 내 자식으로 하여금 황천에 원한을 묻게 하지는 않을 것이다."라고 하였다. 군이 세상을 떠난 지 46년이나 지났는데, 나는 아직도 죽지 않고 살아 이 글을 지어 비석에 새기니, 슬프도다. 다음과 같이 명을 짓는다.

하늘이 내린 재능 남달랐는데	降材旣殊
그의 앞 길 가로막혔으니	而閼其塗
하늘의 뜻은 있는지 없는지	天意有無
자손들 번창하여	子孫振振
훌륭한 석진[83] 계승하였으니	嗣皦席珍

81 이시만(李時曼) : 1634~? 본관은 한산(韓山), 자는 원백(遠伯), 호는 기암(寄菴)이다.

82 이 수찬(李修撰) : 이민구가 언제 수찬에 임명되었는지는 알 수 없으나, 《광해군일기》 5년 6월 10일 기사에 "홍문관 수찬 이민구가 심우영(沈友英)의 일가붙이라는 이유로 상소하여 체차해 줄 것을 청하니 허락하였다."라는 내용으로 보아, 25세인 1613년에 수찬으로 있었음을 알 수 있다.

83 석진(席珍) : 자리 위의 보배라는 뜻으로, 자신의 노력으로 뛰어난 학덕을 소유하게 된 유자(儒者)를 비유할 때 쓰는 표현이다. 노나라 애공(哀公)이 공자에게 자리를

하늘의 뜻 정해지면 사람을 이긴다네[84] 其定勝人

권하자, 공자께서 모시고 앉아 "유자는 자신의 자리 위에 진귀한 보배를 준비해 놓고 초빙해 주기를 기다리는 사람이다.〔儒有席上之珍以待聘〕"라고 말씀한 고사에서 유래하였다. 《禮記 儒行》

84 하늘의……이긴다네 : 하늘의 뜻이 정해지면 사람이 어길 수 없다는 말로, 이생인이 억울하게 죽었지만 그의 자손이 번성한 점을 가리켜 말한 것이다. 춘추 시대 초(楚)나라의 오원(伍員)이 가족을 잃고 오(吳)나라로 달아났다가, 초나라 서울인 영(郢)으로 침입하여 평왕(平王)의 무덤을 파고 시신을 꺼내 채찍으로 300번을 때렸다. 이에 신포서(申包胥)가 말하기를 "그대가 원수를 갚는 방법이 어찌 그리 심한가. 내가 들으니 '사람이 많으면 하늘을 이기지만, 하늘이 안정되면 또한 사람을 깨뜨릴 수 있다.' 하였다. 그대는 예전에 신하로서 북면하여 평왕을 섬기다가 이제 죽은 자를 욕보이기까지 하니, 어쩌면 이리도 무도함이 극에 달했는가.〔子之報讐, 其以甚乎. 吾聞之, 人衆者勝天, 天定亦能破人. 今子故平王之臣, 親北面而事之, 今至於僇死人, 此豈其無天道之極乎.〕"라고 하였다. 《史記 卷66 伍子胥列傳》

홍천 현감 윤군 묘갈명 병서
洪川縣監尹君墓碣銘 幷序

본관은 해평(海平), 자(字)는 유일(惟一)인 홍천 현감(洪川縣監) 윤경지(尹敬之) 군이 기해년(1659, 효종10) 2월에 별세하였다. 그의 아들 기(圻)가 정성껏 묘역을 조성하여 서운함이 없게 하고, 군의 내형(內兄)인 감사 이시만(李時萬)[85]이 행장을 짓고, 막내 사위인 강화 유수(江華留守) 유심(柳淰)[86]이 빗돌을 세워 그 무덤을 표시하려는데, 자부(姊夫)인 전(前) 참판(參判) 이민구(李敏求)가 다음과 같이 글을 지어 새긴다.

고려 시대 좌복야(左僕射)를 지낸 군정(君正)[87]이 군의 시조이다. 그 뒤를 이어 좌찬성에 증직(贈職)된 휘(諱) 희림(希琳)에 이르러 군자감 정(軍資監正)을 지내고 영의정에 증직된 휘 변(忭)[88]을 낳았다. 이분이 영의정을 지낸 해원부원군(海原府院君) 문정공(文靖公) 휘 두수(斗壽)[89]를 낳았다. 이분이 공조 판서(工曹判書) 휘 휘(暉)[90]를 낳았

85 이시만(李時萬) : 1601~1672. 본관은 전주(全州), 자는 석여(錫汝)이다. 전라 감사와 철원 부사를 역임하였다. 《敬庵遺稿 卷10 全羅監司李公墓碣》

86 유심(柳淰) : 1608~1667. 본관은 전주, 자는 징보(澄甫), 호는 도계(道溪)이다. 《雪峯遺稿 卷27 贈資憲大夫……全平君柳公墓碣銘》

87 윤군정(尹君正) : 해평 윤씨(海平尹氏)의 시조로, 1273년 수사공 상서좌복야 판공부사(守司空尙書左僕射判工部事)에 올랐으며, 시호는 충간(忠簡)이다.

88 윤변(尹忭) : 1493~1549. 본관은 해평(海平), 자는 구부(懼夫), 호는 지족암(知足庵)이다. 《高峯集 卷3 故軍資監正贈吏曹參判尹公墓碣銘》

으니, 이분들이 군으로부터 4대 조상들인데 대대로 덕업(德業)이 드러나 집안이 한 시대에 으뜸이었다. 선비(先妣) 정부인(貞夫人)은 영릉(寧陵 세종(世宗))의 지자(支子) 영해군(寧海君) 당(瑭)[91]의 후손이며 사평(司評) 기명(耆命)의 딸이다. 부인은 규문의 법도를 잘 갖추었으며, 만력(萬曆) 갑진년(1604, 선조37)에 군을 낳았다.

내가 같은 해에 판서공(判書公 윤휘(尹暉))의 집안에 장가들었는데, 갓 태어나 울어대는 군은 기질이 빼어나고 맑아 일찍부터 위의(威儀)와 법도(法度)가 있었으며, 진실하고 삼가서 말을 입 밖으로 내뱉지 않을 것 같았다. 어려서는 경박한 놀이를 하지 않았고, 성장해서는 온화하고 선량하다는 지목을 받았다. 부모를 사랑하는 마음을 미루어 형제들에게 미쳤고, 나를 천륜(天倫)으로 맺어진 사이처럼 대하였다. 성품이 고요하고 한적한 것을 좋아하여 날마다 양친(兩親)을 즐겁게 모시며 곁에서 정성을 다하였고, 틈이 나도 욕구를 막고[92] 본성을 지킬 뿐 사람들과의 교유를 좋아하지 않았으며, 생계나 재물 늘리는 데 힘쓰지 않은 채 오직 도서(圖書)를 좋아하여 읽고 감상하면서 흥취를 부쳤

89 윤두수(尹斗壽) : 1533~1601. 본관은 해평, 자는 자앙(子昂), 호는 오음(梧陰)이다.

90 윤휘(尹暉) : 1571~1644. 본관은 해평, 자는 정춘(靜春), 호는 장주(長洲)·천상(川上)이다.

91 이당(李瑭) : 1435~1477. 세종(世宗)의 아홉째아들로, 어머니는 신빈(愼嬪) 김씨(金氏)이다. 1442년(세종24) 영해군(寧海君)에 봉해졌으며, 시호는 안도(安悼)이다.

92 욕구를 막고 : 색태(塞兌)는 《도덕경(道德經)》 제52장의 "욕망을 막고 쾌락의 문을 닫으면, 종신토록 수고롭지 않다.〔塞其兌閉其門, 終身不勤.〕"라고 한 데서 유래하여, 외물(外物)에 대한 관심을 끊는다는 의미이다.

다. 과거 공부를 하여 거의 합격할 것 같았는데, 또한 급급해하는 마음이 없어서 끝내 합격하지 못하였다.

당시 나라가 전란을 만나 세자께서 심양(瀋陽)에 볼모로 가시니,[93] 공경(公卿)의 자제들이 따라갔다. 부친인 판서공이 신사년(1641, 인조19)에 공조 판서(工曹判書)가 되자, 군이 말하기를 "아버지께서 나라를 위해 직책을 맡으셨으니, 아들이 어찌 제 몸을 사사롭게 하겠는가. 두 분 형님께서 병을 앓고 계시니 내가 마땅히 갈 것이다."라고 하고는 마침내 눈물을 흘리며 가게 해 달라고 요청하였다. 심양관(瀋陽館)에 도착해 보니, 우리나라 사람들이 다른 나라 사람들과 섞여 지냈으므로 그들과 교류하며 이해(利害)가 없지 않았다. 오직 군은 당당하고 의젓하게 스스로를 단속하여 일찍이 터럭만큼도 지조를 더럽히지 않았으니, 궁료(宮僚)들과 볼모로 온 사람들, 그리고 아래로 노비들에게 이르기까지 모두가 군을 대단히 존중하였다. 세마(洗馬)에 제수되었으나 병 때문에 사양하였다.

심양에 머문 지 5년째 되던 봄에 어머니 상을 만나 달려왔고, 같은 해 8월에 판서공이 세상을 떠나시니, 거듭 큰 슬픔을 만나 거의 죽을 지경에 이르도록 슬퍼하였다. 상기(喪期)가 끝나자 훈국랑(訓局郎)에 천거되고, 의금부 도사(義禁府都事)를 거쳐 평릉 찰방(平陵察訪)으로 옮겼는데, 군의 노력으로 역로(驛路)가 활기를 되찾았다. 을미년(1655, 효종6)에 또 의금부에 있다가 홍천 현감(洪川縣監)으로 나갔다. 홍천은 산골에 있는 고을이라 땅은 척박하고 백성들의 살림은 가난

93 당시……가시니 : 병자호란 뒤에 소현세자(昭顯世子)와 봉림대군(鳳林大君)이 심양에 볼모로 간 사실을 말한다.

하였으므로, 군이 자신의 생활은 검소하게 하고 백성들을 넉넉하게 하니, 온 고을 사람들이 군의 덕을 기려 마지않았다.

군은 평소 몸이 약하여 병을 잘 앓았는데, 임지에서 돌아온 뒤로 더욱 심해져서 어찌할 수 없는 지경이 되었다. 하루는 중형(仲兄) 인제군(麟蹄君)[94]이 운명하였는데, 집안사람들이 부음(訃音)을 곧바로 알리지 않았다. 그런데 군이 문득 잠에서 깨어 소리 내어 울며 말하기를 "이상한 꿈을 꾸어 매우 슬프니, 중형께서 돌아가신 모양이다."라고 하였다. 임종을 앞두고 아들 기(圻)를 돌아보며, 몸을 닦고 힘써 공부할 것을 타일러 말하기를 "사람에게는 세 가지 즐거움[95]이 있는데, 내가 그 가운데 두 가지를 잃었으니, 어찌 다시 살맛이 있겠느냐. 우러러 선대의 일을 계승하지 못하고 이제 곧 죽게 되었으니, 이것이 나의 운명이다."라고 하고는 드디어 별세하였으니, 애통하다.

군은 연일 정씨(延日鄭氏) 참판 입(岦)[96]의 딸에게 장가들었는데,

94 중형(仲兄) 인제군(麟蹄君) : 윤경지의 아버지 윤휘는 세 아들을 두었는데, 장남은 첨정(僉正) 윤면지(尹勉之), 차남은 현감(縣監) 윤건지(尹建之), 삼남은 윤경지이다.《東州集 文集 卷10 刑曹判書長洲尹公墓碣銘 幷序》윤건지는 인제 현감(麟蹄縣監)을 역임하였다.《承政院日記 孝宗 7年 6月 23日》

95 세 가지 즐거움 : 맹자(孟子)께서 "군자에게 세 가지 즐거움이 있으니, 천하에 왕노릇하는 것은 여기에 끼지 않는다. 부모가 다 생존하고 형제가 무고한 것이 첫 번째 즐거움이요, 위로는 하늘에 부끄럽지 않고 아래로는 사람에게 부끄럽지 않은 것이 두 번째 즐거움이요, 천하의 영재를 얻어서 교육시키는 것이 세 번째 즐거움이다.〔君子有三樂, 而王天下不與存焉. 父母俱存, 兄弟無故, 一樂也. 仰不愧於天, 俯不怍於人, 二樂也. 得天下英才而教育之, 三樂也.〕"라고 하였다.《孟子 盡心上》

96 정립(鄭岦) : 1574~1629. 본관은 연일(延日), 자는 여수(汝秀)이다. 공조 참판(工曹參判)을 역임하였다.《恬軒集 卷33 嘉善大夫工曹參判鄭公墓誌銘》

부인은 규문의 아름다운 덕이 일찍 드러났다. 공보다 26년 먼저 별세하여 광주(廣州)의 복정리(福井里) 해좌(亥坐) 등성이에 장사 지냈는데, 군이 별세하자 같은 광(壙)에 합장하였다. 1남 3녀를 두었는데, 아들 기(圻)는 3남 1녀를 두었다. 군의 맏딸은 사인 이창진(李昌鎭)에게 출가하여 2남 1녀를 두었다. 차녀는 부사(府使) 김진표(金震標)[97]에게 출가하였고, 막내딸은 강화 유수(江華留守) 유심(柳淰)에게 출가하여 1남 1녀를 두었다. 측실 소생의 아들과 딸이 하나씩 있다.

아아, 군은 경사가 쌓인 덕망 있는 집안에서 태어나 타고난 덕성에 차츰 무젖어 아름다운 자질과 뛰어난 행실이 있었으니, 일을 맡아 하지 못할 것이 없었다. 그러나 안타깝게도 운수가 기박하여 벼슬은 현감에 그치고 하늘이 또 일찍 앗아가 버렸다. 우둔한 나만 홀로 구차히 살아남아 붓을 잡고 글을 쓰지만, 정신이 혼미하여 군의 생애를 대략이나마 드러내지 못하였으니, 군을 저버린 격이다. 다음과 같이 명을 짓는다.

대체로 성대한 집안은	凡厥盛族
매양 중도에 쇠락할까 걱정이니	每患中替
어찌 뛰어난 인재가 없으랴만	豈無令器
멀리 갈 수레가 가까이서 멈추었네[98]	遠駕近稅
아름다운 자질의 윤군	有美尹君
마땅히 영달할 것인데 그러지 못했으니	宜達而窒

97 김진표(金震標) : 1614~1671. 본관은 순천(順天), 자는 건중(建中), 호는 오애(浯涯)이다. 《芝村集 卷22 參議贈參判順寧君金公墓誌銘 幷序》

98 멀리……멈추었네 : 사람이 오래 살지 못하고 죽는 것을 비유한 말이다.

저 푸른 하늘에 물어도　　質之上蒼
입을 꿰맨 듯 대답 없구나　　其緘如結
천운이 순환하여 다시 시작되면　　環循復始
오히려 그 값을 꼭 받으리[99]　　猶賈必售
내가 그 신표 가지고　　我操其契
길이 그대 후손들에게 가르쳐주리라　　永詔爾後

99 천운이……받으리 : 윤경지는 복을 누리지 못했지만, 자손들은 복을 받을 것이라는 말이다. 《시경》 〈곡풍(谷風)〉에 "이미 나의 덕을 물리치니, 마치 장사꾼이 물건 팔리지 않는 것과 같구나.〔旣阻我德, 賈用不售.〕"라고 하였다.

별좌 한공 묘갈명 병서

別坐韓公墓碣銘 并序

내가 어렸을 때 본관이 서원(西原)인 별좌(別坐) 한일휴(韓日休) 공을 뵈었는데, 공은 지조가 있고 강직한 사람이었다. 자(字)는 경일(景逸)이고, 군수(郡守) 휘(諱) 기(琦)[100]의 아들이다. 대대로 회덕(懷德)에서 살았으며, 진사시에 합격하였다.

임진왜란 당시 임금께서 의주로 피난하시니, 사람들이 모두 꿩과 토끼처럼 달아나 목숨을 보존하려 하였다. 그러나 공만은 칼을 들고 수천 리 길을 달려가 행재소(行在所)에서 문안하니, 상하의 사람들이 모두 모여 보며 탄식하였고, 장원서 별좌(掌苑署別坐)에 임명되었다. 전란이 끝나자 남쪽 시골로 돌아왔는데, 공을 아끼는 사람들이 간곡히 만류하였으나 잡지 못하였으니, 의리와 분수에 밝아서 나아가고 물러나는 데 구차하지 않음이 이와 같았다.

산야(山野)에서 지내며 농사를 지어 생활하였는데, 지출과 수입을 적절히 조절하여 낭비하는 일이 없었다. 성격이 청렴하고 검소하여 화려한 것을 싫어하였다. 아들 학정군(學正君)이 평소 조금 화려한 옷을 입었는데, 공이 벗을 것을 지시하며 "옷이 화려하면 사치스러운 마음이 생겨나니, 어찌 이런 일을 하겠느냐."라고 말하니, 집안사람들이 감히 좋은 옷을 입고 공을 뵙지 못하였다.

100 한기(韓琦) : 저본(底本)에는 某로 되어 있으나, 한일휴는 한기의 아들이므로 보충하여 번역하였다. 한기의 자는 중온(仲溫), 호는 봉곡(蓬谷)이다.

고을의 장로(長老)들과 약속하여 서원(書院)을 세워 고을의 선생들을 봉안(奉安)하고, 서원의 장(長)이 되어 후진들을 가르쳤다. 사환(仕宦)에 대해 언급하는 사람이 있으면 "관록(官祿)은 노력만으로 이룰 수 있는 것이 아니니, 산방(山房)의 상쾌하고 따뜻함이 나의 성격에 잘 맞는다."라고 하였다. 강가에 월포정(月浦亭)을 짓고 늙을 때까지 소요하며 지냈는데, 그 벽에 "백발이 되어서도 문왕을 기다릴 마음이 없네."[101]라고 썼으니, 스스로 지조를 지켰기에 이와 같이 썼던 것이다.

갑인년(1614, 광해군6)에 선영 아래로 이사하여 말하기를 "공자와 같은 대성인(大聖人)도 73세 밖에 살지 못하셨으니, 나는 부족한 것이 아니다."라고 하더니, 이해에 과연 별세하였다. 청주(清州) 웅동(雄洞)에 장사 지냈다.

부인은 본관이 파평(坡平)인 윤륜(尹輪)의 딸이다. 1남 3녀를 두었으니, 아들 준(峻)[102]은 곧 학정군(學正君)이고, 딸들은 정울(鄭鬱), 현감 이태길(李泰吉), 참봉 유대붕(柳大朋)에게 출가하였다. 여러 손자들 가운데 진영(震英), 명영(命英), 득영(得英), 후영(後英), 사영(士英)은 학정군의 소생이며, 전한(典翰) 이수인(李壽仁)과 신광익(愼光翊)의 처는 현감 이태길의 소생이며, 현령 김진종(金晉宗)의 처는 참봉 유대붕의 소생이다.

101 백발이……없네 : 위에서 인도하는 성군(聖君)이 없어도 스스로 분발하여 선행을 하겠다는 말이다. 《맹자》 〈진심 상(盡心上)〉에 "문왕을 기다린 뒤에 흥기하는 사람은 일반 백성들이다. 호걸의 인사들은 문왕이 없더라도 혼자서 흥기하는 법이다.〔待文王而後興者, 凡民也. 若夫豪傑之士, 雖無文王猶興.〕"라고 하였다.

102 한준(韓峻) : 1576~1615. 본관은 청주(清州), 자는 탁이(卓爾), 호는 설사(雪蓑)이다. 성균관 학유(成均館學諭)를 거쳐 학정(學正)이 되었다.

내가 일찍이 유대붕 군의 말을 들은 적이 있는데, 그의 말에 의하면 공은 아침에 일어나 반드시 그날 먹을 것을 계산하여 장부로 만들어 보관하였다고 하니, 규칙을 만들어 삼가고 절약하는 방법이 매우 잘 구비되었던 것이다. 옛 사람이 항상 하루에 할 일을 따져서 만약 먹은 것에 부합하지 않으면 종일 기뻐하지 않았다고 하니, 공의 뜻도 아마 이러한 취지에서 말미암았을 것이다. 아아, 세상 사람들 가운데 식록(食祿)은 많으면서[103] 실제는 부족하여 천지 사이에서 재물을 축내는 이들은 또한 조금 부끄러울 것이다. 다음과 같이 명을 짓는다.

관직도 없는 몸으로 임금을 뵈었으니	白身王覲
비로소 그 절의가 밝게 드러났고	始明其節
산야로 돌아와	稅駕林埜
집에서 밥 먹으며 곧고 길하였네[104]	家食貞吉
순리대로 살다가 평안히 돌아가	生順沒寧
끝내 그 아름다움 지켰어라	卒保其令
아름드리 나무 자란 등성이에	拱木之原
길가는 사람도 경의를 표하리라	行路所敬

103 식록(食祿)은 많으면서 : 식부(食浮)는 《예기》 〈방기(坊記)〉의 "군자는 식록이 남보다 많은 것보다는, 차라리 남이 내 식록보다 많은 것을 바란다.〔君子與其使食浮於人也, 寧使人浮於食.〕"라고 한 데서 유래한 말로, 덕에 비해 식록이 너무 많음을 의미한다.

104 집에서……길하였네 : 한일휴가 출사(出仕)하지 않고 본분을 지키며 살았다는 말이다. 《주역》 〈대축괘(大畜卦)〉에 "대축은 곧음이 이로우니, 집에서 밥을 먹지 않으면 길하다.〔大畜利貞, 不家食吉.〕"라고 하였다.

수군절도사 엄공 묘갈명 병서
水軍節度使嚴公墓碣銘 幷序

뛰어난 재주를 지닌 사람도 때를 만나지 못하고, 좋은 때를 만난 사람도 운명에 좌절되는 경우가 있으니, 만나느냐 만나지 못하느냐는 저기에 있는 것이지 나에게 있는 것이 아니다. 이것은 예부터 대체로 그러하였다. 절도사 엄공(嚴公)의 경우, 관직을 담당하여 그 능력을 발휘하여 매번 곤직(閫職)[105]이 빌 때마다 시의(時議)가 반드시 공에게 맡겨야 한다고 하였다. 그러나 끝내 임명되지 못한 채 세 번 바닷가 변방을 맡아 다스리고 별세하였으니, 어쩌면 또한 북평 태수(北平太守)[106]와 같은 운명이 아니겠는가.

공의 휘(諱)는 황(愰), 자는 명보(明甫)이다. 영월 엄씨(寧越嚴氏) 가문에는 동지총제(同知摠制) 유온(有溫)[107]이 있는데, 공의 7대조이

105 곤직(閫職) : 지방의 군권(軍權)을 맡은 절도사(節度使) 등을 이른다. 곤(閫)은 도성문으로, 곤직은 곤외지직(閫外之職)의 약칭이다. 옛날 장수를 임명하여 외지로 보낼 때, 임금이 장수에게 당부하기를 "도성문 안은 과인이 통제하고 도성문 밖은 장군이 통제하라.〔閫以內者, 寡人制之, 閫以外者, 將軍制之.〕"라고 한 데서 유래하였다. 《史記 卷102 馮唐列傳》

106 북평 태수(北平太守) : 우북평 태수(右北平太守)를 역임한 한(漢)나라의 명장 이광(李廣)을 말한다. 그는 한 무제 때에 흉노와의 전투에서 혁혁한 공을 여러 번 세웠는데, 그의 부하 장수들은 제후로 봉해진 반면 그는 끝내 높은 관작에 봉해지지 못했으므로, 운명의 탓으로 돌리며 탄식을 금하지 못했다고 한다. 《史記 卷109 李將軍列傳》

107 엄유온(嚴有溫) : ?~1419. 조선의 개국 공신(開國功臣)으로, 1418년(태종18) 좌군동지총제(左軍同知摠制)가 되었다.

다. 그 뒤로 금천 현감(衿川縣監) 휘 회(誨)는 연산군 때에 죽었는데, 신원되어 참의(參議)에 증직되었다. 그리고 좌부장(左部將) 휘 용화(用和), 부정(副正) 휘 서(曙), 직장(直長) 휘 인달(仁達)이 있었으니, 이분들이 공의 4대 선조이다. 공의 형제가 공훈에 책록되었기 때문에 추은(推恩)하여 좌부장공은 좌통례(左通禮)에, 부정공은 참의에, 직장공은 좌참찬(左參贊)에 증직되었다. 선비(先妣) 청송 심씨(靑松沈氏)는 첨정 휘 진(鎭)의 딸이다.

공은 어려서 양친(兩親)을 여의고 외롭게 자랐으나, 성장해서는 아름답고 빼어났으며 영명하고 과단성이 있었다. 젊어서 문장을 익혀 재기(才氣)가 있었으나, 중간에 강개한 마음에 붓을 내던졌고[108] 용맹함으로 명성을 얻었다. 계묘년(1603, 선조36) 무과에 합격하여 사복시 주부(司僕寺主簿)와 남해 현령(南海縣令)을 거쳐 내직으로 들어와 도총부 도사(都摠府都事)가 되고 비국랑을 겸직하였다. 문장에도 뛰어났으므로 대신(大臣)이 뛰어난 인재라고 여겼다. 외직으로 나아가 안동 판관(安東判官)이 되어서는 청렴한 지조로 정사에 힘써서 승진 명령을 받았다.

당시에 청량산(淸凉山)에 성을 쌓느라 그 폐단이 한 지역에 미쳤다.

108 붓을 내던졌고 : 문(文)을 버리고 무(武)에 종사하였다는 말이다. 후한(後漢)의 명장 반초(班超)가 젊었을 때 집이 가난하여 항상 글씨를 써 주는 품팔이 생활을 하다가, 한 번은 붓을 던지면서 말하기를 "대장부가 별다른 지략이 없다면, 부개자나 장건이라도 본받아서 이역에 나아가 공을 세워 봉후가 되어야지, 어찌 오래도록 필연 사이에만 종사할 수 있겠는가.〔大丈夫無它志略, 猶當效傅介子張騫, 立功異域, 以取封侯, 安能久事筆硏間乎.〕"라고 하더니, 뒤에 과연 절부(節符)를 쥐고 서역(西域)에 나아가 공을 세워서 정원후(定遠侯)에 봉해진 고사가 전한다.《後漢書 卷77 班超列傳》

공이 노래를 지어 풍자하니, 도신(道臣)이 그 뜻을 알아채고 그 공사를 그만두었다. 승진하여 함안 군수(咸安郡守)가 되었다. 총랑(摠郎)을 거쳐 가리포(加里浦)를 맡아 다스렸는데, 깃발과 배들을 정밀하고 선명하게 일신하였다. 품계가 올라 절충장군(折衝將軍)이 되었으니, 무오년(1618, 광해군10)의 일이었다.

3년 뒤에 곤양 군수(昆陽郡守)가 되었다가 어떤 일에 연루되어 파직되었는데, 고을 백성들이 서울에 달려가 호소하자, 임금께서 특별히 직임을 돌려주라고 허락하시어 영남 좌수사(嶺南左水使)에 발탁되었다. 계해년(1623, 인조1) 신정(新政)[109] 때 여러 진(鎭)의 채수(債帥)[110]들이 모두 처벌되었는데, 공만은 직분을 잘 수행하였으므로 임기가 찼어도 교체를 허락하지 않았다. 공이 진에 머문 지 4년째 되던 갑자년(1624) 가을에 독향 어사(督餉御使)의 말로 인해 군량을 착복한다는 이유로 공을 옥에 가두었다. 임금께서 해당 부서에 철저히 조사하도록 명령하셔서 억울한 정상이 완전히 드러나니, 이에 공을 석방하고 함정에 빠뜨린 어사의 죄를 다스렸다.

이듬해 평산 부사(平山府使)가 되었는데, 평산부는 주요 도로에 위치하여 사자(使者)들의 수레가 끊임없이 오갔다. 강 학사(姜學士)[111]가

109 계해년 신정(新政) : 1623년(인조1)에 인조(仁祖)가 계해반정(癸亥反正)으로 등극하여 첫 번째 인사행정을 행한 것을 말한다.

110 채수(債帥) : 빚을 진 장수라는 말로, 뇌물을 바치고 장수가 된 사람을 기롱하는 말이다. 당 대종(唐代宗) 이후 정치가 부패하여 장수가 뇌물을 바쳐야 벼슬을 얻었는데, 돈이 없는 자가 부잣집에서 돈을 꾸어 뇌물로 바치고 벼슬을 얻은 뒤에 백성에게 수탈하여 그 이자를 갑절로 갚았다. 여기에서 채수라는 용어가 생겨났다. 《新唐書 卷171 高瑀列傳》

조서(詔書)를 받들고 오갈 때 공이 힘껏 응접했는데, 백성들은 경비가 지출되는 줄도 알지 못하였다.

정묘년(1627, 인조5)에 이르러 관서지방이 갑자기 전란에 휩싸이자, 여러 고을이 와해되고 고을 수령들도 모두 외진 산골로 몸을 숨겼다. 하지만 오직 공은 죽기를 각오하고 맡은 고을을 지켜 반걸음도 벗어나지 않았다. 창고에 쌓인 곡식을 운반하고 백성들을 보호하였으며 이웃 고을의 자녀들까지도 구해 준 사람들이 매우 많았다. 조정에서 공이 전란 속에서도 절의를 다하는 것을 알고 특별히 가선대부(嘉善大夫)에 승진시켰다. 또 의주(義州) 지역이 새로 오랑캐들에게 침탈당해 공적으로나 사적으로나 도탄에 빠졌기 때문에, 반드시 능력이 있는 신하를 등용하여 지친 백성들을 어루만져 편안하게 해야만 했으므로, 공에게 그 고을을 맡게 하였다.[112] 부임해 보니 적병들이 성 가운데 가득하고 백골이 들판에 빽빽하였으며 고을은 텅 비어 사람이 없었다. 떠돌아다니는 백성들을 모아 성벽과 해자와 관아의 건물을 수리하니, 늠름하게 차츰 생기가 완연하였으나, 향신(餉臣)의 모함을 받아 직책이 삭탈된 채 종군(從軍)하였다.

신미년(1631)에 훈련원 도정(訓鍊院都正)에 서용되고 파주 목사(坡州牧使)가 되었다. 이듬해 봄에 전라 좌수사(全羅左水使)에 임명되었다가 파직되어 돌아왔다. 수안(遂安)과 영암(靈巖)의 군수가 되었다.

111 강 학사(姜學士) : 중국 한림원(翰林院)의 편수 강왈광(姜日廣)을 말한다. 1626년(인조4)에 황자 탄생의 조서를 반포하기 위해 조선에 왔었다.

112 공에게……하였다 : 1627년(인조5) 엄황이 의주 부윤(義州府尹)에 임명된 사실을 말한다. 《承政院日記 仁祖 5年 8月 11日》

정축년(1637, 인조15)에 청나라 사람들이 다시 쳐들어와 호남(湖南)의 군대가 안성(安城)에서 붕궤되니, 순찰사(巡察使)는 벌을 받아 유배 가고 공도 또한 중군(中軍)으로 있다가 파직되었다.

기묘년(1639)에 평해 군수(平海郡守)가 되었다가 해임되어 돌아와 영덕(盈德)의 서계(西溪)에 우거하였다. 영덕은 바닷가에 위치하여 땅은 비옥하고 경치는 아름다웠다. 냇가에 집을 짓고 5년 동안 낚시와 사냥에 마음을 두었다. 훈련원 도정(訓鍊院都正)을 거쳐 춘천 부사(春川府使)가 되어 부역을 줄이고 옥사를 잘 다스렸으며, 유학(儒學)을 권장하고 양로연(養老宴)을 행하였는데 모든 일이 잘 시행되니, 그곳 사람들이 비석을 세워 공의 덕을 기록하였다. 임기가 차자 충청 수사(忠淸水使)로 옮겼다가, 조정으로 돌아와 동지중추부사 겸 부총관이 되었다. 임금께서 재주 있는 무관을 뽑아 낮에 공부하는 경연(經筵)에 참여시켜 자문에 대비하게 하였다. 그러므로 공이 바야흐로 전석(前席)에서 임금을 가까이 모시게 되었고 공의 아들 승지군(承旨君)이 승정원(承政院)에 있었으므로, 부자 두 사람이 조정을 출입함에 빛남이 있었다.

임진년(1652, 효종3)에 임금께서 서교(西郊)에서 열병(閱兵)하시면서 좌우의 신하들에게 말을 잘 타는 사람이 있는지 물으셨다. 당시 공은 73세였지만 곧바로 안장에 올라 마치 젊은 사람처럼 내달리니, 보는 사람들이 어깨를 들썩이며 혀를 내둘렀다. 임금께서 내구마(內廏馬)를 하사하셨다. 그해 가을에 영흥 부사(永興府使)에 임명되어 예전과 같은 방법으로 고을을 다스렸다. 이듬해 계사년(1653)에 병에 걸려 임지에서 별세하였고, 금천(衿川) 동수리(東秀里) 선영에 반장하였다. 승지군이 공훈에 책록되었으므로 공을 병조 판서(兵曹判書)에 증직하였다.

공은 스스로의 힘으로 집안을 일으켰으며 여러 번 큰 고을과 방진(方鎭)을 다스렸지만, 집안 살림은 조금도 늘어나지 않아 집에 쓸 만한 물건이 없었다. 백씨(伯氏) 응교공(應敎公)[113]과 어려서나 장성해서나 우애가 돈독하여 차마 서로 떨어지지 못했다. 자질이 빼어나고 탈속적이었으며, 붓을 잡고 글을 지으면 재치가 더 없이 넘쳐났다. 문사(文士)들과 어울리기를 좋아하여 한껏 술을 마시며 속내를 털어놓았다. 무인들 가운데 권력 있는 사람들에게 붙어 생활하는 사람을 똑바로 쳐다보려 하지 않았으니, 이로 인해 거만하다는 평판을 받았지만 또한 개의치 않았다.

첫 번째 부인 광주 이씨(光州李氏)는 집안 대대로 관직이 이어졌으니, 조부(祖父)는 관찰사(觀察使) 휘(諱) 중호(仲虎)[114]이고, 선고(先考)는 응교(應敎) 휘 길(洁)이다. 일찍 여훈(女訓)을 실천하고 경사(經史)에도 능통하였으나 사람들이 알게 하지 않았다. 유순하고 얌전하여 규문을 잘 정돈하였으니, 그 아름다운 태도를 세상 사람들이 공경하였다. 무인년(1578, 선조11)에 태어나 정묘년(1627, 인조5)에 별세하였고 공과 같은 봉분에 장사 지냈다. 두 아들을 두었는데, 장남 우량(宇亮)은 일찍 세상을 떠났다. 차남 정구(鼎耈)는 곧 승지군인데, 아들이 없어서 족자(族子) 찬(纘)을 후사로 삼았다.

113 백씨(伯氏) 응교공(應敎公) : 엄황의 형 엄성(嚴惺)을 가리킨다. 홍문관 응교(弘文館應敎)를 역임하였다. 《東州集 文集 卷10 弘文館應敎嚴公墓碣銘 幷序》

114 이중호(李仲虎) : ?~1582. 본관은 광주(光州), 자는 사문(士文), 호는 이소(履素)이다. 《性齋集 卷30 履素齋李公遺事》

두 번째 부인 전주 이씨(全州李氏)는 충의위(忠義衛) 호학(好學)의 딸로, 또한 부덕(婦德)이 있었다. 외아들 진사 진구(震耉)는 일찍 세상을 떠났고, 두 딸은 정시택(丁時澤)과 진사(進士) 남필성(南弼星)에게 출가하였다. 서녀(庶女)는 정흥주(鄭興周)에게 출가하였다. 다음과 같이 명을 짓는다.

엄씨는 영월에서 일어나	嚴奮于寧
대대로 관직에 나갔는데	代序官閥
공은 붓을 내던지고	公投其筆
탁월한 능력과 노력을 발휘하여	卓厲爰發
정절이 찬란하게 빛나니	煌煌旌節
복파와 하뢰로다[115]	伏波下瀨
북쪽의 큰 고을은	北門雄州
실로 풍패의 고장이었네[116]	實惟豐沛
살아서는 왕명에 복종하고	生膺服命

115 정절(旌節)이……하뢰(下瀨)로다 : 엄황이 수군절도사가 된 것을 말한다. 복파(伏波)와 하뢰는 모두 한(漢)나라 때 장군의 명호(名號)이다. 남월(南越)의 승상 여가(呂嘉)가 반란을 일으켜 남월왕 조흥(趙興)과 왕 태후(王太后)와 한나라 사신을 죽이자, 한 무제(漢武帝)가 노박덕(路博德)을 복파장군(伏波將軍)으로 삼고, 양복(楊僕)을 누선장군(樓船將軍)으로 삼아 정벌하게 하였다. 이때 예전에 한나라에 귀의하여 후(侯)가 된 남월 사람 2인을 각각 과선장군(戈船將軍)과 하려장군(下厲將軍)에 임명한 뒤에 함께 토벌에 참가하여 반란을 평정하게 하였다.《史記 卷113 南越列傳》

116 북쪽의……고장이었네 : 엄황이 영흥 부사(永興府使)에 임명되었던 것을 말한다. 풍패(豐沛)는 한 고조(漢高祖)의 고향이 패현(沛縣)의 풍읍(豐邑)이었던 데서 유래하여 제왕의 고향을 뜻한다. 태조(太祖) 이성계(李成桂)의 고향이 영흥이다.

죽어서는 명예 실추시키지 않았네	沒不隕名
또한 훌륭한 아들 있어서	亦旣有子
임금 곁에서 문채 드날리네	邇列蜚英
효성도 지극하여	孝思蒸蒸
무덤을 정비하고	窀穸于治
아름다운 글 분명하게 새기니	昌辭顯刻
영원히 훼손하지 말지어다	永世罔隳

상의원 정 정군 묘갈명 병서
尙衣院正鄭君墓碣銘 幷序

본관이 진주(晉州)인 정선흥(鄭善興) 군의 자(字)는 경원(慶遠)이다. 그의 선조 공대공(恭戴公)[117]의 세계(世系)로부터 조부 관찰사(觀察使) 휘(諱) 효성(孝成)[118]과 아버지 참판(參判) 휘 백창(百昌)[119]에 이르기까지 세상에 드러난 충효와 큰 절의, 그리고 어머니 청주 한씨(淸州韓氏)가 절조를 지킨 행적은 참판공의 묘갈명에 자세히 실려 있다.[120]

군은 우뚝 기개(氣槪)가 있었으며 호방하고 용기 있는 성품이라 자질구레하게 얽매이는 보통 사람이 아니었기에, 기녀들과도 어울리면서 방탕하게 제멋대로 행동하였다. 그러나 장성해서는 마음을 고쳐먹

117 공대공(恭戴公) : 정척(鄭陟, 1390~1475)으로, 본관은 진주(晉州), 자는 명지(明之), 호는 정암(整菴)・창재(暢齋), 시호는 공대이다.

118 정효성(鄭孝成) : 1560~1637. 본관은 진주, 자는 술초(述初), 호는 휴휴자(休休子)이다. 1630년(인조8)에 충청도 관찰사에 임명되었다. 1636년 병자호란이 일어났을 때에 강화도에 들어갔다가 그곳에서 운명하였다.《東州集 文集 卷10 公淸道觀察使鄭公墓碣銘 幷序》

119 정백창(鄭百昌) : 1588~1635. 본관은 진주, 자는 덕여(德餘), 호는 현곡(玄谷)・대탄자(大灘子)이다. 1631년(인조9)에 이조 참판에 임명되었다.《東州集 文集 卷10 京畿觀察使玄谷鄭公墓碣銘 幷序》

120 어머니……있다 : 정선흥의 어머니 청주 한씨는 한준겸(韓浚謙)의 딸로, 병자호란이 일어났을 때에 강화도에서 순절하였다.《東州集 文集 卷10 京畿觀察使玄谷鄭公墓碣銘 幷序》

고 사림(士林)과 교유하며 의기(義氣)를 중시하고 신의를 지켜서 다른 사람의 다급한 일에 오로지 달려갔으니, 사람들이 모두 군을 아끼고 좋아하였다. 질병에 걸리거나 어려움에 처한 사람들은 반드시 말하기를 "경원만이 나를 도와줄 수 있다."라고 하였다. 풍모가 빼어나고 아름다워 널리 여러 사람들을 덮을 정도였으니, 아득하기가 마치 붉은 노을이 아침에 물든 것과 같았다.

정축년(1637, 인조15)의 난리에 강화도에 들어갔는데, 조부(祖父) 관찰공이 병으로 돌아가셨다. 어머니인 한 부인(韓夫人) 및 군의 아내 권씨(權氏), 김씨에게 시집간 군의 누이, 군의 고(姑) 여씨 부인(呂氏夫人),[121] 군의 계부(季父) 필선공(弼善公)[122]이 모두 의열(義烈)을 지켜 목숨을 버렸다. 군이 피바다 속에서 홀로 살아남아 친족들의 상여를 메고 어린 아우를 이끌고 뭍으로 나왔는데, 당시 갑옷 입은 기병들이

121 군의 고(姑) 여씨 부인(呂氏夫人) : 미상이다. 원문에 君姑라고 하였으므로 우선 정선흥(鄭善興)의 고모일 수 있다. 그렇다면 정선흥의 부친 정백창(鄭百昌)의 누이여야 한다. 정백창의 부친은 정효성(鄭孝成)이다. 정효성은 슬하에 정백창, 정백형(鄭百亨) 형제와 딸 하나를 두었는데, 그 딸은 김이경(金以鏡)에게 출가하였다. 따라서 여씨 부인이라고 표현할 수 없다.《東州集 文集 卷10 公淸道觀察使鄭公墓碣銘 幷序》 장모도 姑라고 하므로, 정선흥의 장모일 수 있다. 이 글의 후미에 의하면 정백창은 윤환(尹瓛)의 딸, 그리고 권심(權諗)의 딸과 혼인하였다. 그러나 두 사람의 어머니는 고증할 수 없다. 참고로 정백창의 어머니 한씨(韓氏)는 한준겸(韓浚謙)의 딸인데, 한준겸의 딸 가운데 여이징(呂爾徵)에게 시집가서 병자호란 당시 강화도에서 운명한 사람이 있다. 그렇다면 정선흥의 이모인데, 姑와는 맞지 않다.《西坡集 卷24 領議政雲浦呂公諡狀》

122 필선공(弼善公) : 정백형(鄭百亨, 1590~1637)으로, 본관은 진주, 자는 덕후(德後), 시호는 충경(忠景)이다. 시강원 필선(侍講院弼善)을 지냈으며, 강화도에서 운명하였다.《耳溪集 卷38 侍講院弼善贈都承旨鄭公諡狀》

늘어서 있는데도 돌아보지 않고 뚫고 지나가니, 많은 오랑캐들이 서로 바라보며 길을 비켜 주고는 보호하여 바다를 건너게 해 주었다.

한 부인은 바로 인열왕후(仁烈王后)의 언니이다. 군은 왕실의 가까운 척족이었지만 터럭만큼도 이를 빙자하여 이익을 구하려고 하지 않았다. 다만 전후의 국상(國喪)에 몸소 큰일을 맡아 염빈(斂殯)으로부터 모든 절차에 두루 정성을 다하지 않은 것이 없었으니, 사전(四殿)[123]이 그 노력을 가상하게 여기셨다.

처음에 선공감 감역관(繕工監監役官)에 임명되었다가, 의금부 도사(義禁府都事)로 옮겨 옥사를 처리하는 데 공로가 있어 상의원 정(尙衣院正)에 발탁되었다. 관직을 맡아 직무를 수행하자, 말하는 사람들이 모두 군은 재주가 뛰어난데도 지위가 낮은 것을 탄식하였다. 그러나 이조(吏曹)의 관리 가운데 군을 탐탁찮게 여기는 사람이 많았고, 왕실의 외척이라는 이유로 배척받아 등용되지 않았다. 오랜 뒤에 군을 재목감이라고 여긴 대신이 천거하여 훈국랑(訓局郎)에 임명되었다. 초석(硝石)을 구워 화약 만드는 일을 맡았는데, 청렴하게 공무를 수행하여 땔감과 짚 등 자잘한 물건까지도 자신을 더럽힐 것처럼 여겨 빼돌리는 일이 없었다.

처음 직책을 맡았을 때, 관청에 곡식 한 말, 베 한 자도 저장한 것이 없어 아침에 들어오면 저녁에 다 나누어줄 정도였는데, 군이 변화시키고 저축하는 한편 아껴 쓰고 잘 저장하여 버려진 자잘한 물건도 거두어서 일신하여 쓸 수 있게 만들었다. 그러자 창고에 여유 자금이 수천이

123 사전(四殿) : 대전(大殿), 중궁전(中宮殿), 대비전(大妃殿), 동궁전(東宮殿)을 이른다.

었고 쌓인 베가 수백이었는데도, 사람들은 군이 시행하고 조치한 자취를 보지 못했다. 관하(管下)의 높고 낮은 관원들이 처음에는 군의 명성을 두려워하여 감히 털끝만한 죄도 짓지 않았는데, 오래 지난 뒤에는 장교와 군관들이 군의 신의에 감복하여 말하기를 "공이 대장이 된다면 어찌 감히 목숨을 아끼겠는가."라고까지 하였다.

군의 집안은 대대로 광주(廣州)에 장사 지냈는데, 묘역에 번듯한 비석이 없었다. 군이 4대 조상의 묘갈을 세우려고 밤낮으로 빗돌을 마련하여 일을 마치고 묘갈을 세웠지만, 군은 이미 병에 걸려 임인년(1662, 현종3) 3월에 끝내 운명하였으니 향년 48세였다. 군이 병을 앓게 되자 임금께서 여러 차례 병세를 묻고 어의(御醫)를 보내 치료하게 하였고 내의원에서 약을 갖다 쓰게 하셨다. 군이 세상을 떠나자 옷가지와 좋은 목재를 내주어 상례를 치르게 하셨으니, 은혜가 매우 두터웠다.

군의 부인 윤씨(尹氏)는 현감 환(瓛)의 딸로, 군보다 먼저 병을 앓았으나 군보다 며칠 뒤에 세상을 떠나 선영 해좌(亥坐)의 등성이에 함께 안장하였다. 첫 번째 부인 권씨(權氏)는 사인(舍人) 심(諗)의 딸이니 같은 기슭에 장사 지냈다.

군이 운명하자 훈련도감의 모든 군졸과 강가의 뱃사공들이 다급히 달려와 곡하였고, 길 가는 사람들도 탄식하며 눈물을 흘렸다. 나물 파는 노파는 광주리를 머리에 이고 울면서 말하기를 "어진 분이 돌아가셨는데, 나 같은 사람은 어찌하여 오래 사는 것인가."라고 하였으니, 군이 사람들을 감동시킨 것이 이와 같았다.

아들 둘을 두었으니 조갑(祖甲)은 열다섯 살이고, 세갑(世甲)은 여섯 살이다.

나와 정공(鄭公) 군칙(君則)[124]은 참판공(정백창(鄭百昌))과 교유하여 우의가 매우 깊었으니, 군이 평소에 우리 두 사람을 대하면서 은혜와 예의를 지극히 갖추었다. 정공이 세상을 떠났을 때 군이 아쉬움이 없도록 염(斂)하여 보냈으므로, 내게도 그렇게 해줄 것이라고 늘 머릿속에 생각하고 있었다. 그런데 지금 군이 나보다 먼저 갑자기 세상을 떠나서 늙고 병든 채 오래 사는 사람으로 하여금 글을 지어 묘에 기록하게 하니, 이 또한 나물 파는 노파의 아픈 마음이다. 다음과 같이 명(銘)을 짓는다.

기량 갖추고 업적도 있으니	有器有業
마땅히 영달하고 마땅히 명성 얻어야 하건만	宜達宜聞
유독 장수하지 못하였으니	獨無年命
어이할까 군이여	奈何乎君

124 정공(鄭公) 군칙(君則) : 정세규(鄭世規, 1583~1661)로, 본관은 동래(東萊), 자는 군칙, 호는 동리(東里), 시호는 경헌(景憲)이다. 《歸鹿集 卷17 吏曹判書鄭公諡狀》

전창군 유공 묘갈명 병서

全昌君柳公墓碣銘 幷序

목릉(穆陵 선조(宣祖))이 왕위에 있을 때 반드시 부마(駙馬)[125]를 엄선하여 공주들을 시집보냈으므로, 재주가 뛰어난 선비들이 국법에 얽매어 자신의 능력을 펼치지 못하였다.[126] 오직 소한당(素閑堂) 유공(柳公) 휘(諱) 정량(廷亮) 자(字) 자룡(子龍)은 14세에 정휘옹주(貞徽翁主)에게 장가들어 전창위(全昌尉)라는 호를 받았는데, 재기가 두텁고 도량이 넓었으며, 지혜롭고 생각이 주밀하였으며, 멀리서 바라보면 엄숙하였지만 가까이 다가가면 온화하였다. 가령 벼슬길에 나가서 삼공(三公)의 자리에 들었더라면, 틀림없이 밝게 시행하여 볼만한 점이 있었을 것이다.

대개 전주 유씨(全州柳氏)는 고려 시대부터 드러나기 시작하였으며,

125 부마(駙馬) : 금련(禁臠)은 아주 맛있는 고기를 뜻하지만, 여기서는 부마로 삼는다는 말로 쓰였다. 동진(東晉)의 효무제(孝武帝)가 진릉공주(晉陵公主)를 사혼(謝混)에게 시집보내려 하였는데, 그만 황제가 승하하여 혼인이 이루어지지 못하였다. 이에 원숭(袁崧)이 사혼에게 딸을 시집보내려 하자, 왕순(王珣)이 원숭에게 이르기를 "경은 금련을 가까이하지 말라.〔卿莫近禁臠〕"라며 농담을 하였다. 처음에 원제(元帝)가 건업(建業)에 진주했을 때, 몹시 곤궁하여 돼지고기를 얻으면 진미로 여겼으며, 그중에서도 목덜미 살을 더욱 진미로 여겼으므로 다른 사람은 먹지 못하고 오직 황제만 먹을 수 있었다. 이 때문에 당시에 이것을 금련이라고 불렀으므로, 왕순이 이렇게 농담을 했던 것이다. 사혼은 마침내 공주와 결혼하였다.《晉書 卷79 謝安列傳》

126 재주가……못하였다 : 부마의 관직 진출을 국법(國法)으로 제한하였기에 한 말이다.

대사간 휘 헌(軒)[127]에 이르러 이조 참판 휘 세린(世麟)[128]을 낳았으니, 곧 공의 고조이다. 이분이 휘 의(儀)를 낳았으니 영의정에 증직되었다. 이분이 휘 영경(永慶)[129]을 낳았으니 영의정 전양부원군(全陽府院君)이다. 이분이 휘 열(悅)[130]을 낳았으니 영의정에 추증된 전원군(全原君)인데, 이분이 첨지(僉知) 전의(全義) 이위(李韡)의 딸에게 장가들어 만력(萬曆) 신묘년(1591, 선조24)에 공을 낳았다.

18세가 되던 무신년(1608)에 전양공(全陽公 유영경(柳永慶))이 간신 이이첨(李爾瞻)에게 재앙을 당하였는데, 임자년(1612, 광해군4)에 이르러 재앙의 불꽃이 더욱 성하여 지하에까지 미쳤으며 집안이 멸족되다시피 하였다.[131] 공은 처음에 고부(古阜)로 유배되어 토담집을 짓고 하늘의 태양을 바라보지 않았으며, 죽만 먹으며 눈물을 흘려 눈이 거의 멀 정도였다. 얼마 뒤에 기장(機張)으로 이배(移配)되었다.

계해반정(癸亥反正)이 일어나자 당일에 소환되어 관작(官爵)이 회

127 유헌(柳軒) : 1462~1506. 본관은 전주(全州), 자는 백여(伯輿), 호는 낙봉(駱峯)이다.

128 유세린(柳世麟) : 1490~? 본관은 전주, 자는 사인(士仁), 호는 활탄(活灘)이다.

129 유영경(柳永慶) : 1550~1608. 본관은 전주, 자는 선여(善餘), 호는 춘호(春湖)이다.

130 유열(柳悅) : 1571~1612. 본관은 전주, 자는 형부(亨夫)이다.

131 임자년에……하였다 : 이미 죽은 유영경이 대역(大逆)으로 몰려 그 자식들까지 사형당한 것을 말한다. 《하담파적록(荷潭破寂錄)》에 "임자년에 이이첨과 정인홍 등이 자신들의 공로를 녹훈하고자 유영경을 대역으로 몰아 형벌을 추시하니, 그의 아들 유열, 유제, 유선 등이 모두 연좌되어 죽었다.〔至壬子, 李爾瞻鄭仁弘欲錄其功, 論以大逆, 追施典刑, 其子悅悌愃等皆坐死.〕"라고 하였다.

복되었고, 숭덕대부(崇德大夫)에 오른 뒤 여러 번 승진하여 성록대부(成祿大夫)에 이르렀다. 선대의 공훈을 세습하여 군(君)에 봉해지고 도총관(都摠管)을 겸하였으며, 일곱 관서(官署)의 제조(提調)를 지냈고 네 번이나 사명(使命)을 받들고 연경(燕京)에 갔었다. 처음에 건강하여 병이 없었는데 만년에 종기를 앓으면서 파리해져, 집안에 들어앉은 지 13년만인 계묘년(1663, 현종4) 4월에 별세하였다. 궁중(宮中)의 임금께서 매우 슬퍼하며 좋은 목재(木材)를 내려 염하게 하고, 중귀(中貴 환관)를 보내 감호(監護)하여 예장(禮葬)하게 하셨다. 이보다 먼저 정휘옹주(貞徽翁主)를 양주(楊州)의 도봉산(道峯山) 정좌(丁坐) 등성이에 안장하였는데, 이때에 이르러 공과 합장하였다.

공은 지극한 성품과 돈독한 행실이 있어서 의로운 일에 달려가기를 목마른 사람이 물을 찾듯이 하였다. 재능과 덕을 온전히 갖추었지만 이미 부마가 되어 능력을 발휘할 수 없게 되자 집안에 정사를 베풀었으니, 절제(節制)와 법도가 모두 본받을 만하였다. 의곡(義穀)을 마련하여 내외의 친인척 가운데 생활이 궁핍한 자들에게 매월 일정한 양의 구호미를 주었으니, 그들이 모두 이것을 받아 밥을 지었다. 배씨(裵氏)에게 시집간 누이동생이 자식은 많고 식량은 부족하였으므로 전지(田地)와 가산(家産)을 나누어 주었으니, 그 뜻은 낟알이라도 나누어 함께 먹으려는 것이었다. 그리고 아버지를 여읜 종질녀(從姪女)를 데려다가 직접 시집보내 주었으니, 집안에서의 지조와 행실에 대하여 사람들이 미칠 수 없는 경지라고 여겼다.

정휘옹주의 어머니는 인빈(仁嬪) 김씨(金氏)이며, 계사년(1593, 선조26)에 해주(海州) 행궁(行宮)에서 태어났다. 어려서부터 아름다운 자질이 있어 가르침을 받지 않고서도 덕성을 갖추었으며 서사(書史)에도 통달하였다. 몸소 집안 살림을 맡았는데, 모든 일마다 예법을 준수하였고 정성을 다해 시부모를 섬겼다. 집안의 어려운 일을 거듭 만나자, 전창군(全昌君)의 배소(配所)에 따라가서 온갖 어려움과 궁핍함을 다 겪으면서도 날마다 몸소 음식을 마련하였으니, 일찍이 부족한 것을 볼 수 없었다. 공이 기장(機張)으로 이배(移配)되자, 옹주는 북쪽 서울로 돌아와 참판공(參判公 유심(柳淰)) 형제를 이끌어 스승에게 나가도록 권면하여 출세하게 하였다. 이이첨(李爾瞻)이 처형될 때 시어머니를 모시고 가서 수레를 멈추고 다가가 보니, 저잣거리에 모인 사람들이 통쾌한 일이라고 하였다. 아래로 여러 잉첩(媵妾)을 어루만지고 여러 서얼에게까지 두루 은의(恩義)를 베풀었으니, 몸가짐과 집안을 다스림이 서민들과 다름이 없었다. 가족을 명예롭게 하고 궁중(宮中)을 존중하였으니, 예우가 매우 두터웠다. 회갑이 되던 계사년(1653, 효종 4)에 운명하니, 삼전(三殿)[132]이 매우 슬퍼하였고 일반적인 경우보다 부의를 더 후하게 내렸다.

모두 2남 2녀를 두었으니, 장남 심(淰)[133]은 곧 참판공이고, 차남 흡(潝)[134]은 군수(郡守)이다. 장녀는 진사(進士) 이중규(李重揆)[135]에게 출가하였고, 차녀는 학유(學諭) 정화제(鄭華齊)[136]에게 출가하였

132 삼전(三殿) : 삼궁(三宮)과 같은 말로, 왕대비전・대전・중궁전을 말한다.

133 유심(柳淰) : 1608~1667. 본관은 전주, 자는 징보(澄甫), 호는 도계(道溪)이다. 《雪峯遺稿 卷27 贈資憲大夫吏曹判書……全平君柳公墓碣銘》

134 유흡(柳潝) : 1611~? 본관은 전주, 자는 화보(和甫)이다.

135 이중규(李重揆) : 1614~1636. 본관은 전주, 자는 군수(君綏)이다. 이민구의 둘째아들이다. 《東州集 文集 卷8 叔子進士重揆墓誌銘 幷序》

136 정화제(鄭華齊) : 1618~1674. 본관은 동래(東萊), 자는 서망(西望)이다.

다. 참판 심의 여섯 아들은 이태(以泰), 이겸(以謙), 이승(以升),[137] 이정(以井), 이복(以復), 이절(以節)이며, 다섯 딸 가운데 넷은 강만석(姜萬碩), 박순(朴純),[138] 심남(沈枏),[139] 정내상(鄭來祥)[140]에게 출가하고 하나는 어리다. 군수 흡의 두 아들은 이진(以震), 이정(以鼎)이며, 두 딸 가운데 하나는 정수민(鄭洙閔)에게 출가하고, 하나는 어리다. 진사 이중규의 두 아들은 현상(玄賞)과 현형(玄夐)이다. 학유 정화제의 세 아들은 도현(度玄), 도홍(度弘)이고 하나는 어리며, 세 딸은 김문원(金文遠), 조이수(趙頤壽), 한종운(韓宗運)에게 출가하였다. 공이 측실(側室)을 통해 낳은 일곱 아들은 회(澮), 영(泠), 창(滄), 척(滌), 익(瀷), 급(汲), 담(潭)이며, 일곱 딸은 모두 훌륭한 행실이 있었다. 내외 적서(嫡庶)의 증손과 현손이 백여 명이다. 공은 특별히 귀한 가문에서 태어나 후손이 번창하였으니, 하늘의 뜻이 정해지면 사람을 이기는 것[141]이 이와 같다. 다음과 같이 명(銘)을 짓는다.

겉치레하여 꾸미는 이들 　　嫺飾爲人
스스로를 닦음은 없으며 　　顧己伊蔑
눈 부릅뜨고 남 내려 보던 사람들 　　盱衡睥睨

137 유이승(柳以升) : 1631~1685. 본관은 전주, 자는 중진(仲進), 호는 동호(東湖)이다. 《西堂私載 卷7 尙州牧使柳公墓碣銘》

138 박순(朴純) : 1632~? 본관은 밀양(密陽), 자는 자수(子粹)이다.

139 심남(沈枏) : 1634~? 본관은 청송(青松), 자는 대재(大材)이다.

140 정내상(鄭來祥) : 1643~1717. 본관은 동래, 대숙(大叔)이다.

141 하늘의……것 : 하늘의 뜻이 정해지면 사람이 어길 수 없다는 말로, 유정량의 가문이 재앙을 만났지만 끝내 자손이 번성했다는 말이다. 212쪽 각주84 참조.

헛된 명성만 있고 실제는 보잘것없었지　　浮名淺實
우뚝한 공만은　　嶷嶷惟公
내면이 성실하고 외면도 확립되었고　　中孚外立
선한 행실 쌓아 자신을 수양하였으니[142]　　積行禔躬
위태로워도 넘어지지 않았네　　危而不跲
외로운 인생 홀로 빼어나고　　孤生獨秀
발복이 더욱 두터워　　其發彌厚
자손들 번성하였으니　　子姓繁庶
하늘이 주신 것을 받은 것이지　　天與我受
왕희는 엄숙하고 화락하여　　王姬肅雍
아 주나라의 시를 읊었고[143]　　於詠周詩
가족과 화합하여 복 내려주니　　宜家錫衍
훌륭한 부부가 물려준 것이라네　　雙美所遺
도봉의 언덕　　道峯之阡

142 자신을 수양하였으니 : 지궁(禔躬)은 양웅(揚雄)의 《법언(法言)》 〈수신(修身)〉에 "혹자가 묻기를 '선비가 어떻게 해야 몸을 평안히 할 수 있습니까.〔士何如, 斯可以禔身.〕'라고 하니, '마음속이 크고 깊으며, 외면이 엄숙하고 법도가 있으면, 몸을 평안히 할 수 있다.〔其爲中也弘深, 其爲外也肅括, 則可以禔身.〕'라고 하였다."라는 말에서 나왔으니, 수신과 같은 의미이다.

143 왕희(王姬)는……읊었고 : 정휘옹주가 유정량에게 하가(下嫁)하였는데, 부가(夫家)에 맞추어 절도가 있었다는 말이다. 왕희는 주(周)나라 왕실의 딸이다. 숙옹(肅雍)은 엄숙하고 화락한 여인의 모습이다. 《시경》 〈하피농의(何彼穠矣)〉는 천자의 딸이 제(齊)나라 제후의 아들에게 시집가는 것을 노래한 작품인데, 그 시에 "얼마나 엄숙하면서도 화락하신고. 아, 우리 공주님이 타신 수레여.〔曷不肅雝, 王姬之車.〕"라고 하였다.

근원이 깊고 땅이 기름진 곳에 源深壤沃
긴 말로 전하노니 載播長言
영원히 부끄럽지 않도다 不愧千億

이조 참판 오공 묘갈명 병서
吏曹參判吳公墓碣銘 幷序

처음에 오씨(吳氏)는 동복현(同福縣)에서 가계(家系)가 시작되었다. 고려(高麗) 시대에 시조(始祖) 대승(大陞)이 동복현에 살았는데, 돌을 쪼아 48개의 등(燈)을 만들고 밤마다 반드시 하늘에 예를 올렸다. 그 후손들이 마침내 창성하고 현달하여 대대로 높은 지위에 올랐다. 여러 대를 지나 보문각 대제학(寶文閣大提學) 식(軾)에 이르러서는 문학(文學)으로 더욱 드러났다. 이분의 아들 참의(參議) 천경(天經)이 조선조(朝鮮朝)에 들어와 가인(可仁)을 낳았으니, 과거에 합격하였으나 일찍 운명하였다. 이분이 원몽(元蒙)을 낳고, 이분이 직장(直長)을 역임한 극권(克權)을 낳고, 이분이 직장 증(贈) 영의정(領議政) 세현(世賢)을 낳았으니, 이분들이 참판공(參判公)의 4대 조상들이다.

어머니는 창녕 성씨(昌寧成氏)인데, 아버지 참봉 근(近)[144]은 대곡(大谷) 선생[145]의 백씨(伯氏)이다. 부인은 현명(賢明)하고 조신(操身)하며 의젓하였으므로 선생이 대단히 사랑하였다. 융경(隆慶) 경신년(1560, 명종15)에 공을 낳았으니, 휘(諱)는 백령(百齡), 자(字)는 덕구(德耇)이다.

144 성근(成近) : 본관은 창녕(昌寧), 자는 가원(可遠)이다.

145 대곡(大谷) 선생 : 성운(成運, 1497~1579)으로, 본관은 창녕, 자는 건숙(健叔), 호는 대곡이다. 《牛溪集 卷6 堂叔大谷先生墓碣記》

공은 어려서부터 자질이 아름답고 온순하며 기색이 온화하고 편안하였으므로, 조부이신 직장공(直長公 오극권(吳克權))이 항상 말하기를 "이 아이가 반드시 우리 가문을 크게 일으킬 것이다."라고 하였다. 12세에 부친상을 당하였는데, 가슴을 치며 통곡하는 모습이 마치 성인(成人)과 같았다. 우상(右相) 정지연(鄭芝衍)[146]이 말하기를 "이 아이는 평범한 아이가 아니니, 마땅히 잘 보호하여 키워야 한다."라고 하였다. 조금 성장해서는 더욱 진실하고 삼가서 말 한 마디를 할 때도 오직 사람을 상하게 할까 두려워하였다. 과장(科場)에서 벗이 먹물을 엎질러 공의 시험지를 망치는 일이 발생하자, 이를 본 사람들이 아연실색하였다. 그러나 공은 태연하게 변함없이 그 사람에게 이르기를 "나는 어찌할 수 없게 되었으니, 그대를 위하여 그대의 시험지를 대신 써주겠다."라고 하니, 그 사람이 크게 부끄러워하며 감복하였다. 상촌(象村) 신공(申公)[147]이 옆자리에 있었는데, 공의 이름을 물어 알고는 항상 이 일을 들어 사람들에게 이야기하였다. 무자년(1588, 선조21)에 생원시(生員試)와 진사시(進士試)에 합격하였다.

임진년(1592)에 배를 타고 피란하는데, 강도가 칼을 들고 아버지 의정공(議政公 오세현(吳世賢))을 찌르려 하자, 공이 몸으로 아버지를 감싸고 공의 아내 고 부인(高夫人)이 또 공의 몸을 가렸다. 그러자 도적이 칼을 거두며 말하기를 "효자와 열부(烈婦)를 해치는 것은 상서

146 정지연(鄭芝衍) : 1525~1583. 본관은 동래(東萊), 자는 연지(衍之), 호는 남봉(南峰)이다. 《燃藜室記述 卷18 宣祖朝相臣》

147 상촌(象村) 신공(申公) : 신흠(申欽, 1566~1628)으로, 본관은 평산(平山), 자는 경숙(敬叔), 호는 현옹(玄翁)·상촌·백졸(百拙)이다. 《象村稿 年譜 領議政申文貞公年譜》

롭지 못하다."라고 하였다. 배에 함께 탄 사람들이 그 덕분에 모두 무사할 수 있었다.

갑오년(1594, 선조27)에 정시(庭試)에 합격하여 괴원(槐院 승문원(承文院))에 뽑히고 사국(史局)에 들어갔다가, 예조(禮曹)와 병조(兵曹)의 낭관(郎官), 그리고 지제교(知製敎)로 옮겼다. 옥당(玉堂 홍문관(弘文館))에서는 수찬(修撰)·교리(校理)·응교(應敎)를, 대각(臺閣 사헌부(司憲府)와 사간원(司諫院))에서는 정언(正言)·헌납(獻納)·지평(持平)·장령(掌令)·사간(司諫)·집의(執義)를, 춘방(春坊 세자시강원(世子侍講院))에서는 사서(司書)·필선(弼善)·보덕(輔德)을, 의정부(議政府)에서는 검상(檢詳)·사인(舍人)을 역임하였으니, 자리를 옮겨 임명된 것이 이들 직위에서 벗어나지 않았다.

목릉(穆陵 선조(宣祖))이 승하(昇遐)하자, 복토(復土)를 감호(監護)한 공로로 통정대부(通政大夫)에 올랐으나, 석축이 견고하지 못하다 하여 상자(賞資)를 박탈당했다.[148] 얼마 후 응교(應敎)를 거쳐 승지(承旨)에 임명되었다. 태묘실(太廟室)을 세울 때, 도청(都廳)에서 일한 노고를 인정받아 가선대부(嘉善大夫)에 오르고 제조(諸曹)의 참판(參判)을 역임하였다. 연경(燕京)에 가서 천추절(千秋節)을 하례하고 돌아온 뒤에 다시 예조 참판(禮曹參判)이 되었다.

148 목릉(穆陵)이……박탈당했다 : 《광해군일기》 즉위년 6월 23일 기사에 "산릉도감(山陵都監)의 당상과 낭청인 이로(李輅), 서성(徐渻), 윤돈(尹暾), 김권(金權), 오백령 등이 일을 마친 뒤에 들어왔다."라는 기록이 있고, 8월 6일 기사에 "산릉도감 낭청 김권, 오백령 등에게는 한 등급씩 가자한다."라는 기록이 있으므로, 선조가 승하했을 때 오백령이 산릉도감 낭청으로 복무하였음을 알 수 있다. 그러나 상자(賞資)를 박탈했다는 기록은 보이지 않는다.

계축년(1613, 광해군5)의 일[149]은 어찌 말할 수 있겠는가. 간신(奸臣)들이 큰 옥사를 일으켜서 영창대군(永昌大君)을 죽이고 모후(母后 인목대비(仁穆大妃))를 서궁(西宮)에 유폐하였으며, 국구(國舅) 연흥공(延興公)[150]을 죽였다. 예조(禮曹)에서 서궁(인목대비)께 상복(喪服)을 올리는 문제를 논의하자, 공은 시론(時論)이 그 일을 막으려 할 것이라 염려하여 수상(首相) 한음공(漢陰公)[151]에게 가서 물었다. 한음공이 눈물을 흘리며 말하기를 "공이 말한 바는 사람의 도리를 붙들어 세우는 것인데, 지금 만약 예(例)에 따라 아뢰었다가 먼저 공격을 받는다면 그 뒤에는 이어서 할 수 있는 일이 없으니, 마땅히 대신(大臣)들에게 의견을 수렴하도록 요청해야 한다."라고 하였다. 논의가 진행되자 한음공은 항언(抗言)하다가 쫓겨났고, 공도 탄핵(彈劾)을 받아 6년 동안 침묵하며 지냈다.[152]

무오년(1618, 광해군10)에 이르러 폐모의 논의를 결정하려고 백료

149 계축년의 일 : 1613년(광해군5) 대북파(大北派)가 영창대군(永昌大君)과 반대 세력을 제거하기 위해 일으킨 계축옥사(癸丑獄事)를 가리킨다.

150 연흥공(延興公) : 김제남(金悌男, 1562~1613)으로, 본관은 연안(延安), 자는 공언(恭彦)이다. 1602년(선조35) 둘째딸이 선조의 계비로 뽑힘으로써 돈녕부 도정(敦寧府都正)이 되었고, 왕비로 책봉되자 영돈녕부사에 오르고 연흥부원군(延興府院君)으로 봉해졌다. 《象村稿 卷24 延興府院君墓誌銘》

151 한음공(漢陰公) : 이덕형(李德馨, 1561~1613)으로, 본관은 광주(廣州), 자는 명보(明甫), 호는 한음이다. 영창대군의 처형과 폐모론을 적극 반대하다가 삭직되었다. 《愚伏集 卷20 漢陰李公行狀》

152 침묵하며 지냈다 : 색태(塞兌)는 입을 막는다는 뜻이다. 팔괘(八卦)에서 두 번째인 태괘(兌卦)는 사람의 입을 상징한다. 또 《도덕경(道德經)》 제52장에 "입을 막고 문을 닫으면, 종신토록 수고롭지 않게 된다.〔塞其兌, 閉其門, 終身不勤.〕"라고 하였다.

(百僚)들을 겁박하여 조정에서 의논하게 하였다. 공이 말하기를 "오직 효도를 다하고 잘 처리하여 국가를 편안하게 할 뿐입니다."라고 하였다. 조정의 신하들이 삭호(削號)와 강등(降等)을 요청하는 데 이르러 공은 꼼짝 않고 나오지 않았으므로 먼 지역으로 유배 되었으니, 성 밖에서 자취를 감추고 지낸 세월이 또 6년이었다.

계해년(1623) 인조(仁祖) 원년에 도승지(都承旨)·대사간(大司諫)·대사헌(大司憲)·이조와 예조의 참판·대사성(大司成)에 차례로 임명되었다. 갑자년(1624, 인조2)에 공주(公州)로 어가(御駕)를 호종(扈從)한 공로로 다시 자급(資級)이 올랐다. 그러나 공은 이미 연세가 높았으므로 병석에 오래 누워 있다가 계유년(1633)에 운명하였으며, 배천(白川)의 선영(先塋)에 안장되었다. 고 부인(高夫人)과 계배(繼配) 양 부인(梁夫人)은 모두 무덤을 달리하여 가까운 곳에 모셨다.

고 부인은 호군(護軍) 경룡(景龍)의 딸이다. 두 아들을 두었으니, 준(竣)[153]은 판중추부사(判中樞府事)이고, 단(端)[154]은 양도 관찰사(兩道觀察使)이다. 양 부인은 첨지(僉知) 사행(思行)의 딸이다. 또한 두 아들을 두었으니, 횡(竑)은 일찍 죽었고, 의(蟻)는 감역(監役)이다. 손자 가운데 정두(挺斗), 현감(縣監) 정상(挺相), 도사(都事) 정한(挺漢), 좌랑(佐郎) 정주(挺柱), 그리고 이원규(李元揆), 진사(進士) 이만상(李萬相)[155]에게 시집간 손녀들은 모두 판중추부사(오준(吳竣))의

153 오준(吳竣) : 1587~1666. 본관은 동복(同福), 자는 여완(汝完), 호는 죽남(竹南)이다. 《藥山漫稿 卷18 高祖輔國崇祿大夫……世子左賓客府君墓誌銘》

154 오단(吳端) : 1592~1640. 본관은 동복, 자는 여확(汝擴), 호는 동암(東巖)·백암(白巖)이다. 《東溟集 卷8 通政大夫……吳公神道碑銘 幷序》

소생이다. 손자 가운데 이조 참판(吏曹參判) 정일(挺一),[156] 감사(監司) 정원(挺垣),[157] 대사간(大司諫) 정위(挺緯),[158] 정자(正字) 정창(挺昌),[159] 그리고 도사(都事) 이상정(李象鼎), 인평대군(麟坪大君), 진사(進士) 이수번(李粹蕃), 유이태(柳以泰)에게 시집간 손녀들은 관찰사(오단(吳端))의 소생이다. 두 아들이 낳아 기른 자손이 매우 번성하였으니, 오씨(吳氏)의 세대는 자못 헤아릴 수 없을 정도이다.

아아, 공은 덕을 닦고 행실을 갖추어 옥루(屋漏)에 부끄럽지 않았으니,[160] 말하는 사람들이 표리(表裏)가 한결같다고 하였다. 형 만취공(晩翠公)[161]을 섬기면서 사랑과 공경이 모두 지극하였으니, 한 가지

155 이만상(李萬相) : 1622~1654. 본관은 연안(延安), 자는 상여(相如), 호는 금곡(琴谷)이다. 《芝村集 卷23 叔父進士府君墓誌》

156 오정일(吳挺一) : 1610~1670. 본관은 동복, 자는 두원(斗元), 호는 구사(龜沙)이다. 《松坡集 卷17 故戶曹判書吳公墓表》

157 오정원(吳挺垣) : 1614~? 본관은 동복, 자는 중보(仲輔)이다.

158 오정위(吳挺緯) : 1616~1692. 본관은 동복, 자는 군서(君瑞), 호는 동사(東沙)이다. 관찰사를 지낸 오단(吳端)의 아들인데, 뒤에 오전(吳竱)의 후사(後嗣)가 되었다. 《博泉集 補遺 卷1 行禮曹判書東沙吳公墓誌銘》

159 오정창(吳挺昌) : 1634~1680. 본관은 동복, 자는 계문(季文)이다.

160 옥루(屋漏)에 부끄럽지 않았으니 : 오백령의 됨됨이가 올곧아 양심에 거리끼는 일을 하지 않았다는 말이다. 《시경》 〈억(抑)〉에 "네 방에 있는 것을 보니, 방구석에서도 부끄럽지 않다.〔相在爾室, 尙不愧于屋漏.〕"라고 하였는데, 옥루는 방의 서북쪽 모퉁이를 말한다. 대개 이곳은 방에서 가장 은밀한 곳으로서 신주(神主)를 안치하는 장소이다. 따라서 옥루에 부끄러움이 없다는 것은 방에 은밀히 혼자 있을 때에도 양심에 거리끼는 일이나 생각을 하지 않는다는 의미이다.

161 만취공(晩翠公) : 오억령(吳億齡, 1552~1618)으로, 본관은 동복, 자는 대년(大年), 호는 만취이다. 《谿谷集 卷11 故議政府右參贊吳公墓誌銘》

맛있는 음식이라도 일찍이 혼자 먹지 않았다. 재상 완평부원군(完平府院君)[162]이 늘 집사람들에게 경계하기를 "오공은 그 형을 모심에 도리를 다하니, 너희들은 마땅히 이를 본받아 게을리하지 말라."라고 하였다. 하늘이 아래를 살피고 복을 내려 자손들의 훌륭함이 다른 집안과 다르니, 모르는 가운데에서 도와줌이 진실로 이와 같은 것이다. 다음과 같이 명(銘)을 짓는다.

오씨는 남쪽에서 떨쳐 일어나	吳奮于南
대대로 훌륭한 인물 배출했으니	世載厥嫩
어찌 중간에 어려움 없었으랴만	豈無中蹇
힘차게 날아 일어났지	翼飛將起
일어난 이 누구인가	其起伊何
형제가 크게 현달하여	伯叔競爽
공은 그 덕이 으뜸이었으니	公爲德首
외면과 내면을 함께 수양하였지	外內交養
가까운 동료들에게 모범 되어	儀于邇僚
예조 참판 되었으나	晉貳春卿
어두운 거리 긴긴 밤에	昏衢長夜
인륜이 기울었지[163]	人紀以傾

162 완평부원군(完平府院君) : 이원익(李元翼, 1547~1634)으로, 본관은 전주(全州), 자는 공려(公勵), 호는 오리(梧里)이다. 1604년(선조37) 호성 공신(扈聖功臣)에 책록되었고 완평부원군에 봉해졌다. 《梧里集 附錄 卷2 諡狀》

163 어두운……기울었지 : 광해군 당시의 일을 말한 것으로, 여기서는 특히 계축옥사를 의미한다.

공의 행실 흔들리지 않아	公行不迷
세 번 그 칼날 만났지만	三觸其鋒
자벌레의 굽힘 용처럼 펴져	蠖屈龍伸
때를 만나 반드시 쓰였네[164]	遇會必庸
평탄한 길을 다 가기도 전에	夷塗未極
이미 노쇠하였으나[165]	旣老旣衰
오직 쌓은 공덕이 두터웠기에	惟其積厚
은택을 베풀어 줌이 많았네	克豐厥施
묘문이 높고 높아	墓門峨峨
차례대로 모시었도다	有序有位
자손들이 와서 절하니	子孫來拜
경사가 영원히 이어지리라	于慶不匱

164 자벌레의……쓰였네 : 오백령이 유배 가는 등 역경을 겪었지만, 인조반정 뒤에 다시 등용된 사실을 말한다. 《주역》 〈계사전 하(繫辭傳下)〉에 "자벌레가 몸을 굽혀 움츠리는 것은 장차 몸을 펴기 위함이요, 용과 뱀이 숨는 것은 자신의 몸을 보전하기 위함이다.〔尺蠖之屈, 以求信也, 龍蛇之蟄, 以存身也.〕"라는 말이 나온다.

165 평탄한……노쇠하였으나 : 인조반정 뒤에 오백령이 다시 관직에 임명되어 전도가 창창하였지만, 늙고 병들어 더 높은 지위에 오르지 못한 것을 말한다.

형조 판서 장주 윤공 묘갈명 병서

刑曹判書長洲尹公墓碣銘 幷序

나의 장인 해평(海平) 윤공(尹公)의 휘(諱)는 휘(暉), 자(字)는 정춘(靜春), 자호(自號)는 장주(長洲)이다. 정헌대부(正憲大夫)로 형조 판서(刑曹判書)에 재직하다가 운명하였으니, 향년(享年) 74세였다. 처음에 원조(遠祖) 군정(君正)[166]은 고려조에 벼슬이 사공(司空)에까지 올랐다. 그 뒤로 밀직사(密直事) 만비(萬庇),[167] 우의정(右議政) 영의공(英毅公) 석(碩),[168] 문하 평리(門下評理) 충간공(忠簡公) 지표(之彪),[169] 찬성(贊成) 문평공(文平公) 진(珍)[170]으로 전해 내려왔다. 조선조(朝鮮朝)에 들어와서 4대를 지나 장원서 장원(掌苑署掌苑) 휘 계정(繼丁)에 이르니, 이분이 바로 공의 고조(高祖)이다. 이분이

166 윤군정(尹君正) : 해평 윤씨의 시조(始祖)로, 시호는 충간(忠簡)이다. 1257년 원주에서 일어난 안열(安悅)의 난을 평정하는 데 크게 공을 세우고, 1273년 수사공 상서좌복야 판공부사(守司空尙書左僕射判工部事)에 올랐다.

167 윤만비(尹萬庇) : 본관은 해평(海平)이다. 1277년 하정사(賀正使)로 원나라에 다녀왔고, 1300년 삼사우사(三司右使)가 되었다가 부지밀직사사(副知密直司事)에 올랐다.

168 윤석(尹碩) : ?~1348. 본관은 해평이다. 1326년 원(元)나라가 고려(高麗)를 없애고 성(省)으로 만들려는 책동을 저지한 공로로 1등 공신에 책봉되었다. 1328년 해평부원군(海平府院君)에 봉해졌다.

169 윤지표(尹之彪) : 본관은 해평, 시호는 충간(忠簡)이다. 해평군(海平君)에 봉해지고 벼슬이 지문하성사(知門下省事)에 이르렀다.

170 윤진(尹珍) : 본관은 해평이다. 1388년에 문하 찬성사(門下贊成事)가 되었다.

휘 희림(希琳)을 낳으니 찬성(贊成)에 추증되었다. 이분이 휘 변(忭)을 낳으니 군자감 정(軍資監正)을 지내고 영의정에 추증되었다. 이분이 휘 두수(斗壽)[171]를 낳으니 지위가 영의정에 오르고 해원부원군(海原府院君)에 봉해졌으며, 시호(諡號)는 문정(文靖)이다. 문정공이 창원 황씨(昌原黃氏) 참봉(參奉) 대용(大用)의 딸에게 장가들어 아들 넷을 낳았는데, 모두 과거에 급제하여 높은 지위에 올랐으니, 공은 그 셋째아들이다. 융경(隆慶) 신미년(1571, 선조4)에 태어났다.

공은 어려서부터 탁월한 자질을 지녀 글 읽을 줄 알게 된 때부터 말을 하면 저절로 문장을 이루니, 선배들이 대성할 인재로 기대하였다. 기축년(1589)에 진사시(進士試)에서 2등으로 합격하여 일찍이 태학(太學)에 들어갔다. 사문(斯文) 원탁(元鐸)이 교의(交誼)를 맺자고 요청하였는데 "의도(儀度)를 일찍 성취하여 따라갈 수 없다."라고 하였다.

임진년(1592)에 어머니 황 부인(黃夫人)의 상을 당하였다. 갑오년(1594)에 복제(服制)가 끝나고, 정시(庭試)에서 2등으로 급제하여 사국(史局)에 천거되고 승문원(承文院)에 배속되었다. 한림원(翰林院)으로 옮겼다가, 형조와 병조의 낭관(郎官)으로 전보(轉補)되고, 직강(直講), 정랑(正郎), 헌납(獻納), 문학(文學), 장령(掌令), 사성(司成), 필선(弼善), 제사(諸司)의 정(正)에 임명되었으며, 어사가 되어 영남의 군사를 위로하였다. 이상이 조정에서 역임한 이력이고 전후로 출입한 청요직(淸要職)이 많지만 생략한다.

171 윤두수(尹斗壽) : 1533~1601. 본관은 해평, 자는 자앙(子仰), 호는 오음(梧陰), 시호는 문정(文靖)이다. 《梧陰遺稿 附錄 神道碑銘》

신축년(1601, 선조34)에 보덕(輔德)과 사간(司諫)을 거쳐 승정원 동부승지(承政院同副承旨)로 임명되고, 차례로 좌승지(左承旨)에 올랐으며 예조와 병조의 참의(參議)를 역임하였다. 을사년(1605)에 해주 목사(海州牧使)로 나갔는데, 떠난 뒤에 그곳 사람들이 비석을 세워 공의 덕을 기렸다.

신해년(1611, 광해군3)에 전라도 관찰사(全羅道觀察使)가 되었다. 이듬해에 경상도 관찰사(慶尙道觀察使)가 되었으며, 가선대부(嘉善大夫)에 올랐다. 호남과 영남은 예로부터 일이 많기로 유명하여 장부와 문서가 구름처럼 쌓이는 곳이었는데, 공이 부임하여 막힘없이 처리하니 늙은 아전들도 혀를 내둘렀다. 계축년(1613)에 권신(權臣)이 큰 옥사를 일으켜 그 여파가 널리 미치니 공도 연루되어 삭직되었다.[172]

무오년(1618)에 다시 주청사(奏請使)로 연경에 다녀왔다. 신유년(1621)에 공조 참판(工曹參判)에서 예조 참판(禮曹參判)으로 옮겼다. 공이 평소 교제하던 사람들은 모두 한 시대의 명사들이었는데, 이때에 이르러 대부분 법망에 걸려들었다. 공이 조정에 있으면서 떠나고자 하였으나 그렇게 하지 못하였다.

172 계축년에……삭직되었다 : 윤휘가 경상도 관찰사로 재임 중 계축옥사(癸丑獄事)에 연루되어 파직된 사건을 말한다. 《광해군일기》 5년 5월 8일 기사에 "사헌부(司憲府)가 아뢰기를 '경상도 관찰사 윤휘가 역적의 괴수 서양갑을 접대한 사실이 이미 초사(招辭)에 나왔습니다. 이 적이 역모를 꾀하리라고는 인정상 물론 헤아리기 어려웠겠습니다만, 사행(私行)을 접대하지 말도록 나라에 금제(禁制)가 있는데도, 1도(道)의 풍헌(風憲)을 담당하고 있는 감사로서 자기가 먼저 법을 범했으니 놀랍기 그지없습니다. 방면(方面)의 중임을 그대로 그에게 맡겨 둘 수 없으니 파직을 명하소서.' 하니 아뢴 대로 하라고 답하였다."라고 하였다.

계해년(1623, 인조1) 인조반정(仁祖反正)에 이르러 말하는 사람들이 사소한 일까지 들춰내어 트집을 잡는 한편, 혼조(昏朝 광해조(光海朝)) 때의 재상과 연계된 인물이라는 이유로 장흥(長興)으로 유배되었다가 곧 아산(牙山)으로 이배되었다. 정묘년(1627)에 서쪽 변방이 호란으로 다급해지자, 폐고된 신분에서 찬획사(贊畫使)로 기용되어[173] 군정(軍政)을 다스리니, 광협(筐篋)에 새는 것이 없었다.[174] 한성부 좌윤(漢城府左尹)을 거쳐 청주 목사(淸州牧使)로 나갔다가 돌아와 형조와 호조의 참판이 되었고, 부총관(副摠管)으로서 비국(備局 비변사)을 겸관(兼管)하였다.

병자년(1636)에 변란(變亂)이 일어나자 어가(御駕)를 호종(扈從)하여 남한산성으로 들어갔는데, 명을 받고 여러 번 적진에 들어가 화친에 대해 논의하였다. 임금께서 공을 돌아보며 "경은 지혜와 생각이 다른 사람보다 뛰어나다. 이제 왕자와 대신(大臣)이 성을 나간다면 이 환난(患難)에서 벗어날 수 있겠는가?"라고 하셨다. 또 말씀하시기를 "경의 말을 듣지 않았다가 오늘과 같은 지경에 이르렀다. 성을 나간 뒤에 다시 경을 볼 수 있겠는가?"라고 하셨다. 당시 위급한 상황에서 임금께서는 일이 생길 때마다 공에게 의견을 물어서 마치 하루라도

173 정묘년에……기용되어 : 윤휘는 1625년(인조3)에 해배되고, 1627년 정묘호란(丁卯胡亂)이 일어나자, 당시 부체찰사 김류(金瑬)의 요청으로 찬획사(贊畫使)에 기용되었다. 《인조실록》 5년 1월 21일 기사에 "김류가 아뢰기를 '윤휘가 비록 죄과는 있으나, 사람들이 모두 등용할 만하다 합니다. 지금 만일 하자를 버리고 녹용한다면 찬획사로 데려가고자 합니다.' 하니, 상이 그렇게 하라고 하였다."라고 하였다.

174 광협(筐篋)에……없었다 : 윤휘가 업무를 매우 잘 처리하였다는 말이다. 광협은 서류를 모아두는 상자이다.

공이 없으면 안 될 것처럼 하셨다. 공은 대답하기를 "이제 화친할 것인지 맞서 싸울 것인지 곧 결정될 것입니다. 또한 원컨대 임금께서는 의지를 확고하게 하셔서 와신상담(臥薪嘗膽)의 효과를 도모하소서."라고 하였다. 이윽고 환도(還都)하여 청(淸)나라 사신들이 연달아 오자 특별히 공을 도승지로 임명하였는데, 주선하고 대응하는 것이 모두 상황에 적절하였다.

무인년(1638, 인조16)에 한성 판윤(漢城判尹)에 초배(超拜)되고, 형조 판서(刑曹判書)와 지의금부사(知義禁府事)가 되었다. 거듭 심양(瀋陽)에 사신으로 갔는데, 본래 청나라 사람들로부터 존경을 받았으므로, 전후로 요청한 것들이 대부분 받아들여졌다.

갑신년(1644)에 역모(逆謀)[175]를 다스린 공로로 정헌대부(正憲大夫)에 올랐다. 같은 해 8월에 병으로 정침(正寢)에서 운명하였다. 장단(長湍) 북쪽 모좌(某坐)의 언덕에 안장하고, 정부인(貞夫人) 이씨를 부장(祔葬)하였다. 뒤에 맏아들 면지(勉之)의 종훈(從勳)으로 인해 의정부 영의정에 추증되고 겸직(兼職)은 실직과 같게 하였다.

공은 도량이 넓고 의젓하였으며 재능과 국량이 두루 넉넉하였다. 말은 차분하고 낯빛은 온화하였으며 화려한 꾸밈을 일삼지 않았다. "생사와 화복은 하늘에 달렸으니, 어찌 밖에서 이르는 것으로 내 안을 어지럽히고 내 본성을 훼손하겠는가."라고 생각하여 비록 여러 번 참소

175 갑신년에 역모(逆謀) : 1644년(인조22)에 발생한 심기원(沈器遠, 1587~1644)의 역모사건을 가리킨다. 당시 좌의정 겸 남한산성수어사 심기원이 회은군(懷恩君) 이덕인(李德仁)을 왕으로 추대하려 한다는 고변이 일어났는데, 이 사건으로 심기원과 그의 일족이 주살되고, 김자점(金自點)이 권력을 장악하였다.

와 비방을 만났지만 일찍이 난처해하는 기색을 나타내지 않았다. 묘당(廟堂)에 있을 때 제기한 모든 일들은 반드시 원대한 계책에 의거하였는데, 그 일들이 끝내 행해지지 않았으니 여기서는 언급하지 않는다.

집에 있을 때 일찍이 독서를 그만두는 일이 없었으니, 책상 위에 《자치통감(資治通鑑)》을 펼쳐 읽기를 게을리 하지 않았다. 비록 미천한 노복들에게도 모진 말로 꾸짖지 않았다. 영남의 아전이 작은 일로 공을 떠보았는데, 공이 모른 척 받아주었다. 그 아전이 또 허위 문서를 바치자, 공이 웃으며 말하기를 "어찌하여 자꾸 속이려 하는가?"라고 하니, 아전이 크게 부끄러워하며 복종하였다. 다른 아전들도 모두 두려워하여 감히 아첨하지 못하였으니, 옛 사람의 이른바 계획도 있고 함도 있다는 말에 거의 부족함이 없었다.[176]

공이 어렸을 때 교관(教官) 정고옥(鄭古玉)[177]은 깨달음이 깊어 사람을 잘 알아보았는데, 공에게 이르기를 "마땅히 경재(卿宰)의 지위에 오르겠지만, 아마도 그때는 나라가 어지러울 것이다."라고 하였으니, 어떤 방법으로 이처럼 정확하게 알았는지 모르겠다.

부인 정부인(貞夫人)은 세종(世宗)의 아들 영해군(寧海君) 당(塘)[178]

176 옛……없었다 : 윤휘가 지모(智謀)도 있고 실질적인 시행을 통해 성과도 있었다는 말이다. 《서경》 〈홍범(洪範)〉에 "무릇 서민들이 꾀함이 있고 실행함이 있고 지킴이 있는 것을 네가 생각하라.〔凡厥庶民, 有猷有爲有守, 汝則念之.〕"라고 하였다.

177 정고옥(鄭古玉) : 정작(鄭碏, 1533~1603)으로, 본관은 온양(溫陽), 자는 군경(君敬), 호는 고옥이다. 학문이 넓고 의술에도 조예가 깊어 《동의보감(東醫寶鑑)》의 편찬에 참여하였다. 《南溪續集 卷22 內資主簿鄭公墓表》

178 이당(李塘) : 본관은 전주(全州), 자는 옹지(顒之), 시호는 안도(安悼)이다. 본래 이름은 장(璋)이었으나 당(瑭)으로 바꾸었다. 세종의 아홉째아들로 신빈(愼嬪) 김

의 후손으로, 사평(司評) 기명(耆命)의 딸이다. 어려서 할머니 전의 이씨(全義李氏)에게서 자랐는데, 유순하고 아름다우며 법도가 있어 규문(閨門) 안에 종일토록 큰 소리가 나지 않았다. 13세에 공에게 시집왔는데, 처음 폐백을 받들고 시부모님을 뵙자 시부모님이 가상하게 여겼다. 동서간에 왕래하기를 일삼지 않았고, 종에게 지시하는 일은 많았으나 꾸짖는 일이 없어도 일이 모두 잘 되었다.

슬하에 3남 3녀를 두었다. 장남 첨정(僉正) 면지(勉之)는 아들 승문원 정자(正字) 계(堦)를 낳았고, 두 딸은 정언(正言) 최후윤(崔後胤), 정자 신의화(申儀華)에게 출가하였다. 차남 현감(縣監) 건지(建之)는 아들 제(堤), 원(垣), 담(墰)을 두었다. 셋째아들 현감 경지(敬之)는 아들 기(圻), 그리고 이창진(李昌鎭), 참의(參議) 김진표(金震標),[179] 참판(參判) 유심(柳淰)[180]에게 출가한 세 딸을 두었다. 공의 장녀는 나 이민구(李敏求)에게 시집와서, 아들 원규(元揆)와 진사 중규(重揆), 그리고 세마(洗馬) 신변(申昪)에게 출가한 딸을 두었다. 차녀는 감찰(監察) 박수소(朴守素)에게 출가하여 아들 위(緭), 소(紹), 증(繒), 그리고 문과에 급제한 이주(李周), 수찬 정석(鄭晳), 진사 정수준(鄭守俊), 조두진(趙斗震)에게 출가한 네 딸을 두었다. 셋째딸은 박동도(朴仝度)에게 출가하였는데 자식을 두지 못하였다. 그 나머지 증

씨(金氏)와의 사이에서 태어났다. 1442년(세종24) 영해군(寧海君)으로 봉해졌다.

179 김진표(金震標) : 1614~1671. 본관은 순천(順天), 자는 건중(建中), 호는 오애(浯涯)이다.《芝村集 卷22 參議贈參判順寧君金公墓誌銘 幷序》

180 유심(柳淰) : 1608~1667. 본관은 전주(全州), 자는 징보(澄甫), 호는 도계(道溪)이다.《雪峯遺稿 卷27 贈資憲大夫……全平君柳公墓碣銘》

손(曾孫)과 현손(玄孫)은 매우 많아서 다 기록하지 않는다. 다음과 같이 명(銘)을 짓는다.

윤씨는 해평에서 발흥하여	尹發海平
현저하게 빼어났으니	顯顯競爽
아름다운 덕망 지닌	載其懿德
문정공 나셨네	乃有文靖
공이 그 아름다움 이어	公承其媺
또한 명성 크게 드날렸으니	亦大厥聞
형조와 의금부에서	司寇金吾
아 밝게 드러나 실추되지 않았지	於赫不隕
중도에 역경 겪고	中更夷險
만년에 알아주는 임금 만났는데	晚乃遭際
남한산성 외로운 성벽에서	南漢孤墉
국운이 위태로웠네	國步將殆
계책을 내고 힘을 다하니	訏謨宣力
임금께서 의지하셨네	聖主所毗
벼슬길 형통하게 되었으나	鼎路嘗亨
철인은 늙고 병들었지	哲人之萎
임단의 언덕에	臨湍之丘
대대로 장사 지내니	曰惟世藏
백대 뒤까지	百代在後
길이 큰 경사 드리우리라	永垂鴻慶

통정대부 형조 참의 이공 묘갈명 병서

通政大夫刑曹參議李公墓碣銘 幷序

우리 마을에 순수한 덕을 지닌 군자가 있으니, 이공(李公) 휘(諱) 목(莯)으로, 자(字)는 자요(子繇)이다. 향당의 사람들이 한 목소리로 그는 관후(寬厚)한 장자(長者)라고 말한다.

처음에 양녕대군(讓寧大君) 휘 제(禔)는 실로 공정대왕(恭定大王 태종(太宗))의 원자(元子)였지만, 임금의 자리를 사양하고 계승하지 않아 주(周)나라 태백(泰伯)처럼 하였으니,[181] 공의 6대조이다. 이분이 함양군(咸陽君) 휘 포(誧)[182]를 낳고, 이분이 호산군(湖山君) 휘 현(鉉)을 낳고, 이분이 진안 부정(鎭安副正) 휘 영남(永男)을 낳고, 이분이 봉사 휘 희년(希年)을 낳고, 이분이 제릉 참봉(齊陵參奉) 휘 세량(世良)을 낳았는데, 모두 봉호를 받고 증직된 사실이 가승(家乘)에 기록되었다.

181 양녕대군(讓寧大君)……하였으니 : 양녕대군은 태종(太宗)의 장남 이제(李禔, 1394~1462)로, 자는 후백(厚伯), 시호는 강정(剛靖)이다. 태백(泰伯)은 주(周)나라 태왕(太王)의 장남이다. 태왕이 막내아들 계력(季歷)의 아들 창(昌)이 성덕(聖德)을 갖춘 것을 보고, 장차 상(商)을 정벌하기 위해 계력에게 왕위를 물려주고자 하였다. 이에 태백이 그 뜻을 알고, 아우 중옹(仲雍)과 함께 형만(荊蠻)으로 달아나니, 그곳 사람들이 귀의하여 임금으로 세우고 오 태백(吳泰伯)이라고 일컬었다. 《史記 卷31 吳太伯世家》 여기서는 양녕대군이 왕위에 오르지 않고 아우 충녕대군(忠寧大君)이 왕위에 오른 사실을 말한 것이다.

182 이포(李誧) : 1416~1474. 태종의 첫째 아들인 양녕대군 이제의 아들이다. 1431년(세종13) 통정대부(通政大夫) 원윤(元尹)에 제수되었고, 이듬해 가정대부(嘉靖大夫) 함양군(咸陽君)에 봉해졌다. 시호는 이안(夷安)이다.

세량의 부인 안동 김씨(安東金氏)는 참판(參判) 휘 주(澍)[183]의 딸이다. 만력(萬曆) 계유년(1573, 선조6)에 공을 낳았다.

공은 약관(弱冠)이 되기도 전에 향시에 연달아 합격하고, 을사년(1605) 사마시(司馬試)에 합격하였다. 임자년(1612, 광해군4)에 과거에 급제하여 강진 현감(康津縣監)이 되었다. 계해년(1623, 인조1)에 내직으로 들어와 병조(兵曹)의 낭관이 되었다가 외직으로 나아가 전라 도사(全羅都事)가 되었다. 돌아와 병조 정랑이 되고, 내섬시 정(內贍寺正)을 거쳐 옥천 군수(沃川郡守)에 제수되고, 다시 제용감 정(濟用監正)에 임명되었다. 봉상시(奉常寺)로 옮겼다가 임기가 차자, 통정대부(通政大夫)의 품계에 올라 영월 군수(寧越郡守)에 제수되었다. 을해년(1635)에 형조 참의(刑曹參議)가 되었다.

병자년(1636) 이후로는 면천(沔川)에 있는 시골집으로 물러나 살았다. 경진년(1640) 가을에 이르러 형조(刑曹)를 거쳐 평창 군수(平昌郡守)가 되었는데, 임오년(1642) 6월에 임소(任所)에서 운명하니, 향년 70세였다.

공은 진실한 성품에 부지런하고 삼가서 다급한 말과 황급한 기색이 없었다. 평소에 고요하고 차분하여 세상에 알려지는 것을 바라지 않았다. 사람들과 교제할 때는 그 장후(長厚)함을 미루어 차별하는 바가 없었으니, 이웃 사람들이 그 화기(和氣)에 젖었다. 때때로 아우나 조카와 고금 인물의 선악(善惡)을 평론하고, 일의 이해(利害)가 뒤에 마땅

183 김주(金澍) : 1512~1563. 본관은 안동(安東), 자는 응림(應霖), 호는 우암(寓庵), 시호는 문단(文端)이다. 예조 참판(禮曹參判)을 역임하였다. 《寓庵遺集 卷7 贈輸忠翼謨光國功臣……寓庵金公諡狀》

히 어떻게 될 것인가를 이야기 할 때 훤히 알아서 막힘이 없었다. 그러나 진솔하기만 하고 화려하게 드러남이 없었으므로, 누구도 그 내면을 아는 이가 없었다. 이로 인해 높은 지위에 오르지 못하고 낮은 관직에서 전전하였으니, 안타까운 마음 견딜 수 있겠는가.

공의 부인 파평 윤씨(坡平尹氏)는 호조 판서(戶曹判書) 휘 자신(自新)의 딸이다. 성품이 성실하여 공과 덕이 잘 맞았다. 아들 하나를 낳았으니 대사헌(大司憲) 만(曼)으로, 조정에서 모범이 되었으며 당대의 중임을 맡았는데, 오래 살지 못해 그 능력을 크게 베풀지 못하였다. 만의 아들은 진사 게(垍)이고, 딸은 지평(持平) 민종도(閔宗道)[184]에게 출가하였다. 이들의 소생은 모두 어리다.

공이 강진 현감(康津縣監)으로 있을 때, 내가 조정의 명령으로 군사를 살피느라 그 현에 갔었다. 당시 도헌공(都憲公 이만(李曼))은 14세였는데 문재(文材)를 이미 성취하였고, 나와서 나의 술자리를 도왔다. 그런데 잠깐 사이에 세대가 변해가는 감회를 이루게 되었다. 지금 나만 죽지 않은 채 상유(桑榆)에 걸린 저녁 해처럼 늙은 신세로 공의 무덤에 기록하니, 진실로 탄식을 금할 수 없다. 다음과 같이 명을 짓는다.

사람들은 바야흐로 겉만 꾸미고	人方嫺飾
이리저리 달려 다니지만	橫騖旁馳
자신의 커다란 구슬은 잃어버리고	失己尺璧
얻은 것은 터럭처럼 하찮네	所得毫氂
의젓한 공은	懿懿維公

184 민종도(閔宗道) : 1633~? 본관은 여흥(驪興), 자는 여증(汝曾)이다.

자랑하지도 고집하지도 않았네 不矜不持

나는 그 달려감을 편안히 하여 我安其驅

갈림길에도 두려워하지 않았네 不懾于岐

작위가 어찌 높았으랴 爵位豈多

보좌하는 관리로 낮았네 參佐以庳

벼슬길 높은 지위 名塗顯秩

누가 그 기회를 막았는가 孰遏其機

아들이 가업을 이어 有子克家

당대에 드날렸네 敭歷當時

구슬이 적수에 빠지니 珠淪赤水

사림들이 슬퍼하네 士林所悲

임존의 산기슭에 任存之麓

흙은 두텁고 광은 깊구나 土厚穴深

그 무덤 우뚝하니 其丘睪如

길 가는 사람도 공경을 표하네 行路攸欽

세마 신군 묘갈음명 병서

洗馬申君墓碣陰銘 幷序

신변(申昪) 군의 자는 중열(仲悅), 자호(自號)는 춘주(春洲), 본관은 평산(平山)이다. 조부(祖父) 휘(諱) 흠(欽)[185]은 선조(宣祖)와 인조(仁祖) 두 임금을 섬기고 영의정의 지위에 올랐다. 선고(先考) 휘 익성(翊聖)[186]은 문장과 예능이 뛰어났으며, 선조의 딸에게 장가들어 동양위(東陽尉)에 봉해졌다. 군은 그의 둘째아들이다.

군은 박식하고 두루 능하였으며 서법에도 뛰어났다. 계유년(1633, 인조11) 진사시에 합격하고 세마(洗馬)에 제수되었으나 나아가지 않았다. 임진년(1652, 효종3)에 집안이 재앙을 만나 그의 형이 뜻밖의 화(禍)로 죽자,[187] 이를 슬퍼하여 세상일을 일삼지 않고 과거 공부를 그만두었다. 때때로 실컷 술을 마시고 스스로 호방하였으며, 사람들과 교유함에 시종 한결같은 태도를 견지하였다. 점을 잘 쳐서 스스로 죽을 때를 예언하였는데, 마침내 갑진년(1664, 현종5) 섣달에 운명하니 나

185 신흠(申欽) : 1566~1628. 본관은 평산(平山), 자는 경숙(敬叔), 호는 현헌(玄軒)·상촌(象村), 시호는 문정(文貞)이다. 영의정을 역임하였다.《芝峯集 卷23 議政府領議政申公墓誌銘 幷序》

186 신익성(申翊聖) : 1588~1644. 본관은 평산, 자는 군석(君奭), 호는 낙전당(樂全堂)·동회거사(東淮居士)이다.

187 형이……죽자 : 신변(申昪)의 형은 신면(申冕, 1607~1652)으로, 자는 시주(時周), 호는 하관(遐觀)이다. 1651년(효종2) 김자점(金自點)의 옥사에 그 일당으로 지목되어 국문 도중 장형을 받다가 죽었다.

이 55세였다.

군의 아들 필화(弼華)는 2남 2녀를 두었는데, 딸은 함경도 관찰사 민정중(閔鼎重)[188]에게 출가하여 딸 하나를 낳았다. 그 딸은 이인식(李寅烒)에게 출가하였다.

처음에 내가 딸을 군에게 시집보냈으므로, 내가 이미 늙고 병들자 군에게 나의 장례를 부탁하려고 하였다. 그런데 잠깐 사이에 세월이 흘러 나보다 군이 먼저 세상을 떠나, 곧 죽을 이 사람으로 하여금 글을 지어 빗돌에 새기게 하니, 이것이 무슨 이치란 말인가. 다음과 같이 명을 짓는다.

며칠만 만나지 못해도	不見數日
애타게 그리웠는데	惄焉以思
영원히 이별하였으니	千古長乖
어찌 슬프지 않으랴	夫焉得不悲

188 민정중(閔鼎重) : 1628~1692. 본관은 여흥(驪興), 자는 대수(大受), 호는 노봉(老峯)이다. 《陶菴集 卷41 左議政老峰閔公墓誌》

동주집

별집 제1권

詩시

열다섯 살에 진사 초시에 합격했을 때, 고관이 합격한 동관 일곱 명을 불러 운자를 내고 입으로 불러짓게 하였는데, 고관이 경탄하였다

十五歲 中進士初試 考官招預選童冠七人 呼韻口占 考官驚歎

성균관의 봄날에 봄빛 싱그러워	泮宮春日春光新
소나무 그늘 앞마당에 먼지도 날리지 않네	松蔭前庭不動塵
동자 두세 명과 관자 네 명 가운데	童子二三冠者四
뒷날 세상 구제할 사람 누구인가	他年誰是濟時人

의고 25수

擬古 二十五首

사방 산들 어찌나 푸른지 四山何青青
능수버들도 많고 버들도 많아라 多檉復多柳
지팡이 짚고 가다가 노곤하여 杖策行遂疲
앉아 쉰 지도 오래라네 宴坐亦已久
나쁜 나무가 그늘 만들어도 惡木固敷陰
사람들은 그 아래로 달려가지만 衆人所奔走
지사는 진실로 고심하여 志士良苦心
반드시 계수나무 숲에서 쉬는 법인데 必憩桂林藪
계수나무 숲에 풍상이 일찍 내렸으니 桂林風霜早
안타깝다 그대여 말세를 만났어라 惜君時易後
말세라 다시 말하지 마라 後時勿復道
길이 곧은 지조 지키기 바라노라 永願保貞守

2

위의 있는 봉황이 아홉 새끼 데리고 威鳳將九子
곤산 숲에서 사는데 棲息崑丘樹
낭간은 오래도록 맺히지 않고 琅玕久未結
예천에는 게다가 비가 많이 내려 醴泉又多雨
오랫동안 한 번도 배불리 먹지 못하니 曠世不一飽
아름다운 깃털 현포에서 자취 감췄네[1] 奇毛閟玄圃

닭들은 마당에 살지만　　鷄群處庭衢
이리저리 쪼며 날마다 모이 다투지　　啄啄日爭哺
닭은 봉황이 어리석어　　鷄謂鳳爲愚
굶어 죽으니 진실로 잘못이라 하네　　餓死良自誤
닭과 봉황의 어짊과 어리석음 중에　　鷄鳳賢與愚
사람들은 과연 어느 쪽을 동경하는가　　世人果何慕

3

용이 숨는 것은 신묘함 보존하기 위함　　龍蟄爲存神
잠들면 백 일을 채우는데　　睡輒滿百日
어이할까 가난한 집의 자제　　奈何貧家子
갑자기 여의주를 꺼내 왔네　　遽探頷珠出
그 광채가 캄캄한 밤에 빛나니　　光彩耀玄夜
세상에 둘도 없는 보배　　至寶世無匹
용의 변화는 이 구슬에 의지하니　　龍變憑是珠
간직하여 잃지 않는 것이 중요한데　　貴在操莫失
이미 네 차지 되었으니　　旣爲爾所得
어찌 구부러진 도마뱀과 다르랴　　曷異蝘蜓屈
노인이여 아들에게 화내지 마시라　　翁乎無怒子
이 아들 진실로 큰 재주 지녔도다　　此子眞大黠

1 아름다운……감췄네 : 봉황이 사라졌다는 말이다. 현포(玄圃)는 곤륜산 꼭대기에 있다는 신선세계이다.

4

큰 거북이 단수에서 놀다가	玄龜遊丹水
밤에 푸른 연잎에 올라 잠들었네	夜上青荷宿
마땅히 용과 벗이 되어야 하는데	應龍與爲友
뱀과 때때로 어울려	騰蛇時相逐
기를 먹고 이슬을 마시며	飡氣飲沆瀣
바라는 것도 없이 스스로 만족하네	無求以自足
문득 예저의 꿈에 나타나	忽入預且夢
수레에 실려 뭍으로 나왔네[2]	登車出原陸
비단으로 장식되어 종묘 제사의 희생으로 쓰이니	百襲祀宗祧
형산의 옥보다 보배롭게 여겨지고	見寶荊山玉
칠십 가지 책략 맞아떨어지니	契合七十策
대대로 그 점을 기렸네	歷世稱其卜
신령한 뼈야 지금도 남았지만	靈骨至今存
어찌 죽은 실수를 보완할 수 있을까	安能補初戮

5

황새가 어찌나 울어대는지	黃鳥何關關
푸른 숲에서 아름답네	青林以居嬌
서로 지저귀며 울음 멈추지 않으니	交哢舌不停

2 문득……나왔네 : 큰 거북이가 어부에게 잡혔다는 말이다. 예저(預且)는 어부의 이름이다. 유향(劉向)의 《설원(說苑)》에 백룡(白龍)이 물고기로 변하여 청령연(淸泠淵)에서 노닐다가 예저의 작살에 눈을 맞았다는 일화가 전한다.

온갖 새들의 조롱거리 되었네 百鳥被其嘲
아침에 태항산 골짜기 나와 朝出太行谷
저녁에 상원의 높은 나무로 옮겼네 暮遷上苑喬
멋대로 봉황소리 흉내 내어 妄擬鸞鳳鳴
생소의 곡조에 참여하려 하지만 欲參笙韶調
어찌 알았으랴 주주새[3]가 安知周周禽
네 울음 너무 시끄럽다 기롱할 줄을 譏爾太嘵嘵
가을바람이 하루 저녁에 일어나면 秋風一夕起
조용히 매미에게 양보해야 하리 寂莫讓玄蜩

6

비취는 남해에 깃들고 翡翠巢南海
공작은 등림[4]에 살아서 孔雀棲鄧林
만 리나 떨어져 있으니 浩蕩一萬里
날고 울어도 만날 수 없다네 飛鳴不可尋
다른 곳에서 먹고 마시며 飮啄異處所
저마다 짝하려는 마음 가졌네 各存結侶心
문채가 어찌나 아름다운지 文章何離郁

3 주주(周周)새 : 주주는 새의 이름이다. 이 새는 머리가 무겁기 때문에 하수(河水)에서 물을 마시려면 반드시 넘어지므로, 언제나 깃을 입에 물고 물을 마신다고 한다.

4 등림(鄧林) : 전설상의 숲이다. 옛날에 과보(夸父)가 해를 쫓아 달려서 해가 들어가려 할 즈음에 목이 말라 하수와 위수(渭水)를 마셨으나, 부족하여 대택(大澤)의 물을 마시려고 하였는데 도중에 목이 말라서 죽고, 버려진 그의 지팡이가 화(化)하여 등림이 되었다고 한다.《山海經 卷8 海外北經》

끝내 사냥꾼 그물에 걸려　　遂見虞羅侵
방물지에 기록되고　　得以備方物
함께 아름다운 비녀에 올랐으니　　竝上瑤華簪
깃털은 비록 쓰이게 되었으나　　羽毛雖見用
진실로 그 마음과 어긋났네　　固已違其心

7

여우는 집 뒤 숲에서 울고　　狐鳴舍後薄
호랑이는 남산 골짝에서 우네　　虎嘷南山谷
칠일 간 안개 속에서 정신 기르며　　神養七日霧
꼬리 밟는 사슴조차 거들떠보지 않지만　　不視蹈尾鹿
작고 누린내 나는 여우는　　以狐眇且臊
멋대로 변덕 부리네　　任爾自反覆
마을 사람들 문 닫고 사는 것은　　邑人閉門居
호랑이가 집으로 들어올까 두려워서인데　　畏虎來入屋
여우가 교만하게 자기의 위세 때문이라 여겨　　狐驕謂己威
뛰어다니며 그 종족을 모으네　　跳閃聚其族
여우야 오랫동안 그렇게 굴지 마라　　狐乎勿久然
호랑이가 와서 네 고기 노리리라　　虎來規爾肉

8

새가 날아 울며　　有鳥翔且鳴
날개 곧추고 남국으로 향하네　　矯翼向南國
내가 장차 편지 보내려는데　　我將寄素書

너는 어디까지 날아가려느냐　　爾飛欲安極
강가 마을에 그물 있으니　　江鄉有網羅
배고파도 모이 먹지 말아라　　稻粱飢莫食
풍파 일렁이는 북저 어둡고　　風波北渚暝
밤 달 비추는 삼상 검구나　　夜月三湘黑
안개와 서리가 날마다 싸늘하게 내려　　煙霜日凄凄
계수나무 숲이 온통 저녁 빛깔이네　　桂林周暮色
혹시라도 학 탄 사람 만나면　　倘遇鶴上人
그제야 답답한 속내 펼쳐내리　　因之披愊臆

9

이가 속옷에 살며　　蝨之處衣褌
살갗 빨아도 한 번도 물지 않지만　　咂膚未一囓
사타구니 속을 기어 다니며　　騷屑股肢內
긁어서 신경 거슬리게 하지　　爪爬令神憊
곤하게 잠도 못 자고　　眠睡不可着
차츰 가렵게 하여 옴이 생겨나네　　淹痒生瘑疥
관장 앞에 잡아다 놓아도　　縛束官長前
풀어주며 매번 괴이하게 여기네　　擺攬每見怪
옷 벗어서 앉아 떨어내니　　脫衣坐披攘
어찌 서방의 경계 지킬까[5]　　肯存西方戒
근심거리 크지 않지만　　所患殊不大

5 옷……지킬까 : 살생을 금한 부처의 경계를 지키지 않고 이를 잡는다는 말이다.

이미 잡았으니 스스로 통쾌하다　既撮足自快
모르겠다 숙야의 마음　未知叔夜心
경략의 이야기와 어떠한가[6]　何如景略話

10
뜰 앞 멋진 나무에[7]　庭前有奇樹
아침 햇살 곱게 비치네　朝日照婀娜
위쪽 가지는 큰 집에 스치고　上枝拂高閣
아래쪽은 길가에 그늘 드리우네　下枝蔭道左
더부룩이 푸른 잎사귀 무성하고　離離碧葉滋
간들간들 붉은 줄기 휘늘어졌네　裊裊朱莖嚲
가인은 향기 나는 꽃 아껴서　佳人惜芳華
완미하느라 옥 소리 울리네　把玩鳴環瑳

6 숙야(叔夜)의……어떠한가 : 이를 잡는 것이 마땅하다는 말이다. 숙야는 죽림칠현(竹林七賢)의 한 사람인 혜강(嵇康)의 자이다. 그의 친구 산도(山濤)가 일찍이 자기의 관직을 대신하도록 혜강을 천거했을 때, 혜강이 이를 거절한 편지에서 자신의 문제점 일곱 가지를 들었는데, 그 가운데 "한 시대에 꼿꼿이 앉아 있느라 습병이 들어 움직일 수 없고, 성품이 게을러 이가 많아 긁기를 그치지 못하는데, 관복을 입고 상관에게 절해야 하는 것이 감당하지 못할 세 번째 이유이다.〔危坐一時, 痺不得搖, 性復多蝨, 把搔無已, 而當裹以章服, 揖拜上官, 三不堪也.〕"라고 하였다.《嵇中散集 卷2 與山巨源絶交書》 경략(景略)은 전진(前秦) 시대 왕맹(王猛, 325~375)의 자이다. 왕맹이 소년 시절에 대장군 환온(桓溫)을 알현하였는데, 한편으로는 담론을 유창하게 하고 또 한편으로는 이를 더듬어 잡으면서 방약무인(傍若無人)한 태도를 보였다고 한다.《晉書 卷114 王猛列傳》

7 뜰……나무에 :《문선(文選)》 권29의 〈고시십구수(古詩十九首)〉 중 아홉째 수의 첫 구절과 같다.

서리 내릴까 늘 두려운데　　常恐霜露至
갈바람이 날마다 불어오네　　秋風日以簸
걱정이 여기에 있지 않으니　　所思不在玆
눈물 닦고 가지 당겨 앉네　　拭淚攀條坐

11

장맛비로 앞 숲이 어둑하니　　積雨晦前林
나그네 갈 길 몰라 하고　　行人迷去向
나는 정자 언덕에 앉아　　我時坐亭隰
즐겁던 마음 서글퍼지네　　悰緒悽以悵
저녁 기운 석양이 물들더니　　夕氣藹微曛
갑자기 냇물과 산이 분간 안 되네　　遽爾失川嶂
멀리 광나루 바라보니　　遙望廣陵津
세찬 바람이 높은 물결 일으키네　　衝風駕飛浪
까마득하게 끝없이 일렁여　　渺渺泛無邊
강과 바다에 길 뻗었는데　　江海路紆曠
어떻게 하면 배 젓는 법 배운 사람 얻어　　安得學操人
배 타고 드넓은 물 건너갈까　　舟航濟泱漭
가고 싶어도 갈 수 없어　　欲往不可從
오르내리며 외로운 노래 부르네　　沿洄發孤唱

12

오랜 가뭄에 많은 비 바랐더니　　久旱望多雨
비 내리고 개어 말끔해졌네　　旣雨晴則佳

돌아가는 구름 끊어졌다 이어지고	歸雲斷還續
먼 산봉우리 환해졌다 어두워지네	遠岫明復霾
시절 경물 각기 절로 자라나니	時物各自遂
뜻 있는 선비 한참 생각하네	志士方永懷
늪이 앞뒤에 있어	陂澤在前後
밤낮으로 개구리 시끄럽게 울고	日夕聞噪蛙
뒤척이며 낮잠 속에 오래 꿈을 꾸는데	攪擾晝夢永
여기저기서 새소리 들려오네	雜亂禽聲喈
이때 마당에 풀 우거져	時因庭草交
난초 계단을 오르려 하네	欲上蘭卉階
성인은 박애의 마음 간직하였으니	聖人存博愛
재를 뿌려도 어긋남 없으리[8]	灑灰得無乖
지극히 다스리는 방법을 비로소 알겠으니	始知致理道
소중한 건 음란한 소리를 끊는 것이네	所貴絶淫哇

13

새벽녘 불암사에 올라	晨登佛巖寺
동쪽 교외의 길을 멀리 바라보니	延望東郊道
왁자지껄 오가던 이들	擾擾往來者

8 성인(聖人)은……없으리 : 여기서의 성인은 주공(周公)을 가리킨다. 《주례(周禮)》〈추관사구(秋官司寇) 괵씨(蟈氏)〉에 "괵씨는 개구리를 없애는 일을 관장하는데, 모국을 태워 그 재를 뿌리면 개구리가 죽는다. 또 그 연기를 쐬면 수충이 소리를 내지 않는다.〔蟈氏掌去鼃黽, 焚牡蘜, 以灰洒之則死, 以其煙被之, 則凡水蟲無聲.〕"라고 하였다.

예전에 이미 늙은 몸 되었네 夙昔已衰老
아득한 광릉나루에서 渺漫廣陵渡
풀 우거진 저잣거리 지나왔네 歷亂場門草
겨우 봄꽃 핀 것 보았는데 纔見春花開
갈바람이 순식간에 쓸려버린 듯 秋風遽如掃
어이할까 경박한 사람들 奈何輕薄子
좋은 옷 화려하기도 하고 佼服紛美好
진주로 몸 장식하며 珍珠粧髑髏
객지에서 보양하느라 천금의 보배 허비하지만 客養千金寶
장차 저무는 해를 보는 데 이르러 及看將落日
많은 근심으로 마음 아파하네 繁憂以傷抱
저 구름에서 노니는 사람 부러우니 感彼雲遊人
오래 살면서도 번뇌에서 벗어났어라 長生脫煩惱

14

석양이 호숫가의 산을 비추니 落日照湖山
산색은 비췻빛으로 짙게 물드네 山色饒奇翠
드넓은 하늘에 채색 구름 흩어지고 天空雲彩散
아스라이 먼 곳에서 바람 불어오네 地逈風馭至
마음이 너무도 쓸쓸하여 結想極蕭條
담박한 마음으로 한가함을 노래하며 沖襟詠閑寄
때로 세상을 구할 계책 생각해 보지만 時爲濟代謀
근심하는 바가 내 일은 아니라오[9] 所憂非我事
못난 재주로 미천한 분수나 지키고 菲才守陋分

조용히 세상에서 버려짐 달게 여기노라 寂莫甘時棄
모산에 작은 용 있다 하니 茅山有小龍
가서 신선들과 놀아보련다[10] 逝與雲仙戲

15

밝고 고운 하늘의 달이 亭亭天上月
우리집 뜨락의 못물에 비쳐 照我庭中水
잡으려 해도 잡을 수 없는데 攬之不可掇
그리운 사람 만 리 밖에 있네 所思在萬里
금빛 물결이 하늘에 밝게 빛나고 金波淨玉宇
고운 옥이 은하수에 날리는데[11] 璧彩飛銀汜
동해 깊은 곳에서 오르자마자 纔昇東海深
어느덧 서산 속에서 빛나네 已映西山裏

9 근심하는……아니라오 : 세상을 걱정하는 것이 내 분수에 맞는 일은 아니라는 말이다. 소식(蘇軾)의 〈전표성주의서(田表聖奏議序)〉에 "옛날의 군자는 반드시 치세에도 근심하고 밝은 임금에 대해서도 위태롭게 생각했다.〔古之君子, 必憂治世而危明主.〕" 하였다. 《古文眞寶 後集 卷9》

10 모산(茅山)에……놀아보련다 : 모산에서 득도하여 신선이 된 삼모군(三茅君)과 같이 자신도 은둔하며 신선처럼 지내겠다는 말이다. 모산은 강소성(江蘇省) 구용현(句容縣)에 있는 산으로, 원래 구곡산(句曲山)이라고 하였다. 한나라 경제(景帝) 때 함양(咸陽) 사람 모영(茅盈), 모충(茅衷), 모고(茅固) 삼형제가 전후로 구곡산에서 득도하여 신선이 되었으므로, 구곡산을 삼모산(三茅山)이라고 부르고, 이들을 삼모군이라 부르게 되었다. 《茅山志 卷5》

11 금빛……날리는데 : 금파(金波)와 벽채(璧彩)는 모두 달빛을 비유하는 말로 사용되었다.

조화의 기틀은 멈추는 일 없고 造化無停機
생과 사는 끊임없이 이어지는데 生死相終始
앉아서 차고 기우는 달을 한탄하노니 坐歎盈又缺
흐르는 세월 이 가운데 쏜살같이 가는구나 流年此中駛

16

그대 보았나 장안의 거리에 君看長安街
동서로 지어진 집들을 東西架樓榭
화려한 건물 하늘 높이 솟고 綺構入層漢
시원한 누각 여름철 더위 막아 주네 涼軒隔三夏
후원에서는 거문고와 피리 연주하고 後堂理琴竹
깊숙한 침실에서는 난향과 사향 태우니 曲寢爇蘭麝
모두 말하기를 일곱 귀한 집[12]처럼 皆言七貴宅
위세가 대단하다 하네[13] 呵赫手可炙
주문에는 뜨거운 햇볕 쌓이지만[14] 朱門貯炎景

12 일곱 귀한 집 : 칠귀(七貴)는 한(漢)나라 때 외척(外戚)으로서 국정을 장악했던 일곱 집안으로, 곧 여씨(呂氏)·곽씨(霍氏)·상관씨(上官氏)·왕씨(王氏)·조씨(趙氏)·정씨(丁氏)·부씨(傅氏)들을 말한다. 《小學紺珠 氏族 七貴》

13 위세가 대단하다 하네 : 수가자(手可炙)는 손을 델 정도라는 말로, 대단한 위세를 비유하는 말이다. 두보(杜甫)가 양국충(楊國忠) 일가의 권세를 가리켜 "손 쬐면 델 만큼 권세가 비길 데 없으니, 삼가 가까이 가지 마라 승상이 노여워할라.〔炙手可熱勢絶倫, 愼莫近前丞相嗔.〕"라고 한 데서 유래하였다. 《杜少陵集 卷2 麗人行》

14 주문(朱門)에는……쌓이지만 : 귀족이 사는 집은 햇볕이 잘 들어 따뜻하다는 말이다. 주문은 붉은색으로 치장한 대문으로, 귀족이 사는 고대광실(高臺廣室)을 말한다.

이웃집에는 남은 빛도 통하지 못하네　末光阻隣舍
이익과 권세를 다투고 빼앗느라　利勢有傾奪
전원에는 돌아갈 생각 없지만　田園無稅駕
분수대로 살고 시운을 편안히 여겨야　處分與安時
높은 명성 보존할 수 있으리라　足保盛名下

17
장안의 비좁은 길에　長安俠邪道
수레 타고 말 탄 이들 밤에 만나네　軒騎夜相逢
그대들 집 정말로 알기 쉬우니　君家誠易知
둘러친 담장이 남산에 겹쳐 있지　繚垣南山重
주문이 대궐과 같아　朱門瞰雙闕
솥을 늘어놓고 종을 치며 사니[15]　列鼎仍擊鍾
공명이 기상에 기록되고　功名在旂常
우로와 같은 은택으로 관직을 내려주신 덕분이지[16]　雨露錫勳鏞

15 주문(朱門)이……사니 : 귀족의 집안이 대궐처럼 부유하고 호사스럽게 산다는 말이다. 쌍궐(雙闕)은 궁전 앞 양쪽에 높이 세운 누관(樓觀)으로, 도성의 대궐을 뜻한다. 포조(鮑照)의 악부시(樂府詩)에 "잔잔한 물처럼 잘 닦인 장안 거리, 높은 궁궐이 구름 속에 떠 있는 듯하네.〔九衢平若水, 雙闕似雲浮.〕"라고 하였다.《文選 卷28 結客少年場行》 열정(列鼎)은 맛있는 음식이 담긴 정기(鼎器)를 늘어놓는다는 뜻으로, 부유한 생활을 비유하는 말로 쓰인다. 공자의 제자 자로(子路)가 높은 벼슬을 하여 솥을 늘어놓고 진수성찬을 맛보는 신분이 되었지만, 거친 음식을 먹으면서 어버이를 위해 쌀을 지고 왔던 옛날의 행복을 다시 느낄 수 없다고 술회한 고사가 전한다.《孔子家語 致思》 격종(擊鍾)은 종을 치고 음악을 연주한다는 뜻으로, 생활이 매우 호사스러움을 형용한 말이다.
16 공명(功名)이……덕분이지 : 부유하게 살 수 있었던 것은 공명이 드러나고 그 보

한밤중에 나와 배회하며 逶迤出未央
보마 타고 비룡 탄 사람들과 노니는데[17] 寶馬游飛龍
노래하고 북치며 성대하게 연회를 베푸니 歌鼓盛宴遨
빈객들 어지러이 오가네 賓客紛過從
원앙 일흔두 마리[18] 鴛鴦七十二
마주하고 춤추는 여인들 어여쁘네 對舞女丰茸
맏아들은 장추[19]에서 숙직하고 長子直長秋
둘째는 새로 봉작을 받았으며 中子新疏封

상으로 임금께서 큰 벼슬을 내린 은택 때문이라는 말이다. 기(旂)와 상(常)은 모두 주(周)나라 때 천자가 사용한 깃발인데, 기는 교룡(交龍)을 그렸고 상은 해와 달을 그린 것으로, 훌륭한 공을 세운 신하의 이름을 여기에 기록하여 그 공을 기렸다고 한다.

17 보마(寶馬)……노니는데 : 보마와 비룡(飛龍)은 모두 준마(駿馬)를 뜻한다. 좋은 말을 탄 사람들이 서로 어울려 논다는 말이다.

18 원앙(鴛鴦) 일흔두 마리 : 쌍을 이루어 어울려 노니는 많은 사람들을 비유한 말이다. 고악부시 〈상봉협로간(相逢狹路間)〉에 "문을 들어서서 때로 좌측을 바라보면, 보이는 것은 다만 쌍쌍의 원앙이라. 원앙은 쌍쌍으로 일흔 두 마리, 늘어서서 저절로 대오를 이뤘네.〔入門時左顧, 但見雙鴛鴦. 鴛鴦七十二, 羅列自成行.〕"라고 하였다. 《玉臺新詠 卷1 古樂府詩六首》 칠십이(七十二)는 〈상봉협로간〉과 맹동야(孟東野)의 〈화장미화가(和薔薇花歌)〉 등에 보이는데, 이에 대해 그 의미와 기원을 알 수 없다는 견해가 지배적이다. 《歷代詩話 卷24 七十二》《輟耕錄 卷17 七十二》 혹자는 옛사람들이 '삼삼미인(三三美人)'이라는 표현을 자주 한 것을 근거로, 3과 3을 더하면 6이 되고 6과 6을 곱하면 36이 되는데, 좌우(左右)에 각각 36이므로 이를 합하면 72가 된다고 하였다. 그러면서 6은 음수(陰數)의 극(極)이고, 36은 순음(純陰)의 수이기 때문에 부인(婦人)들을 가리킬 때 이 수를 사용한다고도 하였다. 《歷代詩話 卷24 七十二》

19 장추(長秋) : 한(漢)나라 때 후비(后妃)의 궁전을 장추궁(長秋宮)이라고 하였는데, 여기에서 유래하여 후대(後代)에는 일반적으로 왕후의 궁전을 가리키는 말로 사용되었다.

막내는 상서랑 되어 少子尙書郎
조석으로 임금 모시네 朝夕侍天容
부귀영화 진실로 믿을 만하니 榮貴良足恃
허사[20]도 나만은 못했으리라 許史不如儂

18

사람이 또한 바람 있으니 人亦有恒願
평생 괴로움 없는 것이지 百年無所苦
가령 백 년을 살아도 假令直百年
끝내 한줌 흙이 될 터 終爲一抔土
알겠다 백 년 뒤에는 是知百年後
지극한 즐거움 영원하겠지 至樂足千古
어찌 고작 백 년 사는 몸으로 奈何百年身
우환을 다투어 자초하랴 憂患競自取
번잡한 서울의 저잣거리에 擾擾長安市
오는 사람 날마다 빗방울처럼 많은데 來人日如雨
예부터 성문 밖에 宿昔郭門外
개미와 땅강아지 모이는 것 보았으니[21] 已見螻蟻聚

20 허사(許史) : 한 선제(漢宣帝)의 후비(后妃)인 허 황후(許皇后)의 집안과 선제의 조모(祖母)인 사양제(史良娣)의 집안을 합칭한 말인데, 모두 황실(皇室)의 외척(外戚)으로서 총귀(寵貴)를 극도로 누렸다. 《漢書 卷77 蓋寬饒傳》

21 개미와……보았으니 : 사람들이 결국 죽는 것을 보았다는 말이다. 장자(莊子)가 죽게 되었을 때 제자들이 그를 후하게 장사 지내려 하자, 장자가 만류하였다. 제자들이 "저희들은 까마귀나 솔개가 선생님의 시체를 뜯어 먹을까 염려됩니다.〔吾恐烏鳶之食夫

살아있는 동안에	及此百年內
술 마시며 가무나 즐기리라	有酒且歌舞

19

호남에는 방죽 많은데	湖南饒陂澤
마름과 가시연밥 어찌나 가득한지	菱芡何幕幕
그 가운데 연꽃 피었는데	中開菡萏花
어수리와 갈대가 긴 숲처럼 둘렀네	芷茗繞長薄
고운 향기 짙게 풍겨 꺾을 만하고	奇芬紛可採
열매 훌륭해 영약으로 쓰이는데	實美備靈藥
수향에 일찍 눈서리 내려	水國早霜霰
밤낮으로 시들어 떨어지네	日夕成搖落
풍파가 굽이진 물가에 심하니	風波枉渚深
장차 배를 어디에 댈까	舟楫將安泊
그윽한 생각 시로 지어	幽思發離騷
쓸쓸함을 길이 맡기노라	蕭條綿遠托

20

붉은 물고기가 흰 물에서 노니는데	赬鱗遊白水
맑은 창강에서 활기차기도 하구나	育育滄江淸

子也.)"라고 하자, 장자가 "땅 위에 있으면 까마귀와 솔개의 밥이 되고, 땅속에 있으면 땅강아지와 개미의 밥이 되는 것인데, 그것을 저쪽에서 빼앗아다가 이쪽에다 주려고 하니, 어찌 그리 편벽한가.(在上爲烏鳶食, 在下爲螻蟻食, 奪彼與此, 何其偏也.)"라고 하였다. 《莊子 列禦寇》

명월주[22]를 불어 희롱하고	吹弄明月珠
현금 소리를 귀 기울여 듣네	聳聽玄琴聲
깊은 호해를 오가노라면	去來湖海深
물가에 안개 물결 피어나네	洲渚煙波生
우잠의 곤경에 빠지지도 않고	不處牛涔困
용문에 오를 마음도 없지만[23]	亦無龍門情
만일 편지를 부치려 한다면	素書若有寄
솥 안에 삶아짐을 마다않지[24]	不憚鼎中烹

21

연약하게 외로이 돋아난 대나무	冉冉孤生竹
서리 견디며 줄기 단단해지지	凌霜以强幹
그 강직함도 진실로 펼치지 못하는데	勁直固不敷

22 명월주(明月珠) : 대합조개에서 나오는 구슬로 밤중에도 빛을 발하는 보주(寶珠)라고 한다. 《淮南子 說山訓》

23 우잠(牛涔)의……없지만 : 곤경에 처하거나 출세할 생각이 없다는 말이다. 우잠은 소의 발자국에 괸 물로, 몹시 협소함을 비유하는 말이다. 《회남자(淮南子)》 〈범론훈(氾論訓)〉에 "소 발자국에 고인 물로는 철갑상어나 다랑어 같은 큰 물고기를 살릴 수 없다.〔夫牛蹄之涔, 不能生鱣鮪.〕"라고 하였다. 용문(龍門)은 황하 상류의 물이 급격히 쏟아져 내리는 협곡의 이름인데, 세 계단으로 되어 있는 그 폭포수를 물고기가 뛰어오르면 용이 된다는 고사에서 유래하여, 과거 급제를 비유하는 말로 쓰인다.

24 편지를……마다않지 : 고악부(古樂府)인 〈음마장성굴행(飮馬長城窟行)〉에 "나그네가 먼 곳에서 와서, 두 마리의 잉어를 내게 주었네. 아이 불러 잉어를 삶게 했더니, 뱃속에 비단에 쓴 편지 들었네.〔客從遠方來, 遺我雙鯉魚. 呼兒烹鯉魚, 中有尺素書.〕"라고 하였기에 한 말이다. 《樂府詩集 卷38 相和歌辭》

지엽은 또 어찌 그리 앙상한가 枝葉何蕭散
애태우며 봉황 기다려도 苦心待鸞鳳
구름 낀 하늘에 날아오지 않네 雲天絶來翰
부질없이 낭간 드리우니 空垂琅玕實
군자가 안타까워 손에 쥐고 노네 君子惜把玩
지대마저 높아 뿌리 뽑히기 쉬우니 地高根易拔
늘 세찬 바람을 만날까 걱정이네 長恐衝風亂

22

귀한 집 자제 잔치가 많아 公子盛宴樂
달빛 아래 밤마다 노니는데 乘月夜遊遨
비파로 〈출새곡〉[25] 타고 琵琶出塞曲
말 위에서 호조를 연주하네 馬上彈胡槽
황금 탄환으로 나는 새 쏘고 金丸逐飛鳥
옥 술잔에 포도주 기울이다가 玉斝傾蒲萄
술기운 오르면 주인에게 사례하려 酒酣謝主人
푸른 구름 도포 벗어 주네 脫贈翠雲袍
그러다가 지나는 기러기 소리 들리면 忽聞鴻雁過
갈바람이 귀밑머리에 불어오지 秋風吹鬢毛
계절은 어느새 저물어가고 節序遽晼晚

25 출새곡(出塞曲) : 국경의 요새를 거쳐 외국으로 나갈 때 불렀다는 악부(樂府) 〈횡취곡(橫吹曲)〉을 이른다. 한나라 초부터 불렀다고 하며, 당나라 때 두보(杜甫) 등 유명한 시인들이 가사를 지었다.

기름불이 태우는 신세 되지[26] 膏火相煎熬
부질없이 자금단[27] 생각하지만 空懷紫金丹
슬프다 진실로 부질없는 짓이지 惻愴良徒勞
수련을 마땅히 일찍부터 해야 하니 修鍊宜及早
이 말을 뒤의 호걸들에게 전하노라 傳語後來豪

23

내가 꿈에서 서쪽 부주산[28]으로 我夢西不周
걷고 걸어 일만 리를 갔는데 行行一萬里
교목 숲이 위로 해를 가리고 喬林上蔽日
폭포가 허공에 달렸네 瀑道懸空裏
덩굴 잡고 높은 벼랑에 올라 攀蘿陟峻崖
바위에 기대 바다 보다가 倚巖見海水

26 계절은……되지 : 연회나 즐기면서 방탕한 생활을 하다가 세월이 흘러 노년에 이르고, 결국 죽음을 앞두게 된다는 말이다. 고화(膏火)는 육체적으로 해를 당하는 것을 비유하는 말이다. 《장자(莊子)》 〈인간세(人間世)〉에 "산의 나무는 유용하기 때문에 벌목을 자초하고, 기름은 불을 밝힐 수 있어서 자기 몸을 태우게 만든다.〔山木自寇也, 膏火自煎也.〕"라고 하였다. 또 위(魏)나라 완적(阮籍)의 〈영회(詠懷)〉에 "등불이 자신을 스스로 태워 없애나니, 많은 재산이 도리어 환해가 되네.〔膏火自煎熬, 多財爲患害.〕"라고 하였다.

27 자금단(紫金丹) : 옛날의 방사(方士)들이 장생(長生)을 위해 복용하던 단약(丹藥)이다. 두보(杜甫)의 시에 "생계는 그저 황각의 노인에게 의지하고, 노쇠한 얼굴은 자금단에 맡기고자 하노라.〔生理秪憑黃閣老, 衰顔欲付紫金丹.〕"라고 하였다. 《杜少陵集 卷13 將赴成都草堂途中有作先寄嚴鄭公》

28 부주산(不周山) : 곤륜산(崑崙山) 북서쪽에 있다는 산 이름이다.

문득 선문자를 만나　忽逢羨門子
난새 타고 바람 따라 빠르게 나는데[29]　騰鸞風馭駛
깃 일산 갈수록 나부끼고　羽蓋去飄颻
구름 깃발 어찌나 펄럭이는지　雲旗何離樅
돌아가는 사신이 말을 멈추더니　回節駐茸鞦
내단[30]의 비결 전해주고　授以內丹旨
뒤따르는 두 옥녀가　相隨兩玉女
친근하게 옥치 드러내며 웃네　目成啓玉齒
내게 백옥 반지를 달라 하고　要余白琥環
내게 붉은 봉황의 골수 먹이네　飡余赤鳳髓
골수 먹여 가슴 깊이 맺히게 하고　髓以緘殷勤
반지로 끝까지 변치 말자 했네　環以固終始

24

촉 땅 사람은 비단을 잘 짜고　蜀人工織錦
초 땅 사람은 명주를 잘 짜지　楚人工織練

29 선문자(羨門子)를……나는데 : 선문자는 옛날 선인(仙人)인 선문자고(羨門子高)를 말하는데, 진 시황(秦始皇)이 일찍이 동해(東海)에 노닐면서 선인 선문의 무리를 찾았다고 한다. 《史記 卷5 秦始皇本紀》 풍어(風馭)는 바람을 몰면서 타고 다니는 신선의 수레를 말한다. 《장자(莊子)》 〈소요유(逍遙遊)〉의 "열자가 바람 기운을 타고 하늘 위로 올라가서 기분 좋게 보름 동안 마음대로 돌아다니다가 돌아온다.〔列子御風而行, 泠然善也, 旬有五日而後反.〕"라는 말에서 유래하였다.

30 내단(內丹) : 외부의 물질을 제련하여 단약을 만드는 외단(外丹)과 달리, 자기 내부에서 호흡을 조절하여 정기(精氣)를 단련하는 것을 뜻하는 말이다.

비단 팔면 곡식이 산처럼 많은데	賣錦穀如山
명주 팔면 한 끼 아침 마련할 뿐	賣練一朝饍
하는 일에 저마다 솜씨 다하지만	所業各臻巧
사람들 쓰기에 따라 값이 달라지네	人用辨貴賤
빛나는 비단은 이불 만드는 데 적합하고	錦光宜作被
깨끗한 명주는 실을 만드는 데 적절하여	練潔宜作絇
두 물건 나란히 쓸 수 있으니	二物可齊用
그 값은 얼마나 잘 파느냐에 달렸지	爾賈在善衒

25

책들이 서가와 책상에 가득하니	群書滿架案
모두가 구구와 삼분[31]이네	林總丘與墳
입으로 거친 음식 먹으며	哆口齕糟粕
부지런히 종일 읽지만	兀兀窮朝曛
뒷부분 터득하면 앞부분 잊으니	得後已喪前
뽀얀 먼지에 새로운 무늬 생길 뿐	素塵生新文
고기 먹으며 맛 모르는 격이니	咀胾不知味
책벌레가 그대를 비웃으리	蠹魚堪笑君
문 닫고 하늘이 시키는 대로	閉門從天役

31 구구(九丘)와 삼분(三墳) : 구구는 구주(九州)의 지리·풍토·방물지(方物志)였다고 하는데 전하지 않아 자세하지 않고, 삼분(三墳)은 공안국(孔安國)의 〈상서서(尙書序)〉에 "복희(伏羲)·신농(神農)·황제(黃帝)의 글을 삼분이라 하고, 소호(少昊)·전욱(顓頊)·고신(高辛)·당요(唐堯)·우순(虞舜)의 글을 오전(五典)이라 한다." 하였다.

한평생 진실로 부지런히 읽기만 했으니	百歲良徒勤
부지런히 읽어서 무엇을 하려 했던가	徒勤欲何如
기름불이 태우는 신세 되었네[32]	膏火相煎焚
차라리 눈 감고 책 베고 누워	闔眼枕書臥
실컷 자는 것이 많이 듣는 것보다 나으리	多睡勝多聞

32 기름불이……되었네 : 부지런히 공부한 것이 오히려 화를 자초하는 결과가 되었다는 말이다. 고화(膏火)는 《장자(莊子)》 〈인간세(人間世)〉에 보인다. 286쪽 각주26 참조.

달밤에

月夜

달빛 가득한 창가에서 옷깃 열자	開襟滿窓月
박쥐가 내 옷으로 날아드네	蝙蝠飛我衣
이런저런 생각 훌훌 털어버리고	浩爾絶營念
맨발로 밝은 달빛 아래 걷노라	赤足踏素輝
냇물은 활발하게 일렁이고	川水活難定
풀잎 이슬은 반짝이며 마르지 않네	草露光未晞
동남쪽에 뭇 별 떠오르고	東南衆星上
서북쪽에 가로지른 은하수 희미하네	西北橫河微
바람 부는 숲에 때로 소리 일어나는데	風林時有響
가는 세월은 매번 돌아오지 않네	逝景每不歸
슬픈 것은 두견이 울면	所悲鶗鴂鳴
푸른 혜초가 그 향기 잃음이지[33]	綠蕙捐芳菲
겨울 되어 초목이 쇠할 때면	暮律及衰歇
이 동산 시드는 것 애석해하네	惜此園場腓
새벽녘까지 장탄식하며	太息到明發
하염없이 눈물 흘리네	潸然淚交揮

33 슬픈……잃음이지 : 제계(鶗鴂)는 두견이라고도 하고 때까치라고도 하는데, 이 새가 춘분에 앞서 미리 울면 초목이 시든다는 속설이 있기 때문에 충직한 인사를 모함하는 참인(讒人)의 대명사로 쓰이곤 한다. 굴원(屈原)의 〈이소(離騷)〉에 "제계가 먼저 울까 걱정일세, 온갖 풀이 향기롭지 못하게 될 테니까.〔恐鶗鴂之先鳴兮, 使夫百草爲之不芳.〕" 하였다.

멀리 유람하다

遠遊

비 갠 골짝에 가을하늘 드높고	霽壑金天迴
맑은 물굽이에 밝은 달 잠겼네	澄灣玉鏡涵
밤의 찬 기운 바람[34] 타고 오고	夜寒乘地籟
아침 해는 산안개에 가렸네	朝日障山嵐
절기는 용과 뱀이 칩거할 때라	節候龍蛇蟄
물가에 기러기와 오리 날아드네	津汀雁鶩參
해마다 말머리 쪽 바라보는데	年年瞻馬首
큰 강 남쪽으로 눈길 보내노라	目斷大江南

34 바람 : 지뢰(地籟)는 바람 소리를 뜻한다. 원래 뇌(籟)는 고대 관악기의 한 종류로 구멍이 세 개인 퉁소인데, 구멍 속에서 나오는 소리 또는 일반적인 음향을 통칭하기도 한다. 《장자(莊子)》 〈제물론(齊物論)〉에 남곽자기(南郭子綦)가 안성자유(顔成子游)에게 묻기를 "자네는 인뢰는 들었더라도 지뢰는 못 들었을 것이요, 지뢰는 들었더라도 천뢰는 아직 못 들었을 것이다.……대저 대지가 기운을 불어내는 것을 바람이라고 한다.〔汝聞人籟而未聞地籟, 汝聞地籟而未聞天籟夫.……夫大塊噫氣, 其名爲風.〕" 하였다. 여기서 말한 인뢰는 악기의 소리이고, 지뢰는 바람 소리이고, 천뢰는 대자연의 소리이다.

송광사[35]에서

松廣寺

조계사 가는 십리 길　　十里曹溪寺
냇물 소리가 외로운 나그네 전송하네　　川聲送獨行
새벽 구름은 바위 곁에서 일고　　曉雲巖際起
봄 나무는 물가에서 자라는구나　　春木水邊生
산새 소리 사람 따라 메아리 치고　　山戛隨人響
난초 향기 신발 아래 가벼워라　　蘭香入履輕
문 열고 부처에게 절하는데　　開扃拜眞佛
방장실 저물녘에 더욱 맑구나　　方丈晩彌清

2

이곳은 단학을 옮겨 놓은 듯　　地理移丹壑
하늘 끝이 적성에 가깝네[36]　　天標近赤城
목탁소리와 스님의 말소리 조용하고　　鐸兼僧語靜
샘물은 절간 주방에 들어가 맑구나　　泉入佛廚清
천 개의 탑을 진룡이 보호하고　　千塔眞龍護

35 송광사(松廣寺) : 전라남도 순천시 송광면(松光面) 조계산(曹溪山) 서쪽에 있으며, 한국의 삼보 사찰(三寶寺刹) 가운데 승보 사찰(僧寶寺刹)로서 유서 깊은 절이다.

36 이곳은……가깝네 : 송광사가 있는 곳의 풍광이 선경(仙境)처럼 아름답다는 말이다. 단학(丹壑)은 붉은 산골짜기라는 뜻으로, 전설 속의 신선이 사는 곳이다. 적성(赤城)은 도교에서 말하는 적성산동(赤城山洞)으로, 선경의 하나이다.

세 개의 기를 법호가 맞이하네[37] 三幡法虎迎
육통에 만일 방도 있다면 六通如有道
나는 무생을 배우리라[38] 余欲學無生

3

좋은 땅에 천 칸 사찰 지으니 玉地開千刹
서쪽 하늘이 사방 멀리까지 비추네[39] 金天照四霞
나부끼는 바람은 불경을 읊조리는 듯하고 翻風吟貝葉
어수선한 빗줄기는 허공 꽃이 내리는 듯하네[40] 雜雨下空花

37 천 개의……맞이하네 : 탑마다 용의 형상이 있고 깃발에는 범의 형상이 그려진 모습을 읊은 것으로 보인다. 번(幡)은 원래 불교에서 부처와 보살의 공덕을 나타내는 깃발로, 불교 행사가 있을 때 사용한다.

38 육통(六通)에……배우리라 : 온갖 번뇌를 끊고 해탈하여 열반의 경지에 들어갈 수 있다면, 윤회의 굴레에서 벗어나고 싶다는 말이다. 육통은 부처나 보살이 정혜(定慧)의 힘에 의해 얻는 여섯 가지의 무애자재(無礙自在)한 신통력(神通力)으로, 육안으로 볼 수 없는 것을 보는 천안통(天眼通), 귀로 들을 수 없는 것을 듣는 천이통(天耳通), 다른 사람의 의사를 알 수 있는 타심통(他心通), 지나간 세상의 생사를 알 수 있는 숙명통(宿命通), 자유로이 경계를 변하여 나타내기도 하고 마음대로 날아다니기도 하는 신족통(神足通), 스스로 번뇌를 끊는 누진통(漏盡通)을 이른다. 무생(無生)은 불생불멸(不生不滅), 즉 죽음과 삶이 없는 법칙을 말한다.

39 좋은……비추네 : 불교의 가르침이 유행함을 말한 것이다. 금(金)은 서방을 의미하므로, 여기서 금천(金天)은 서쪽 하늘, 즉 불교의 발상지인 서축(西竺)을 의미한다.

40 나부끼는……듯하네 : 바람소리는 불경(佛經)을 읊는 것처럼 들리고 빗줄기는 온갖 망상이 일어나는 것처럼 보인다는 말이다. 패엽(貝葉)은 인도의 패다라(貝多羅) 나뭇잎을 가리키는 말인데, 이 잎사귀에 불경을 서사(書寫)하였으므로, 보통 불경의 대칭으로 쓰인다. 공화(空花)는 번뇌로 인해 생겨나는 망상을 뜻한다. 불경에 "일체의 세간(世間)은 허공에 아른거리는 꽃과 같다." 하였는데, 눈에 병이 있는 사람이 허공을

묘유[41]를 깨달아야 참 부처를 볼 수 있고	妙有觀眞佛
허무를 알아야 겁사[42]를 분별하리	虛無辨劫沙
다시 방장실 안에서	還從方丈內
삼거[43]의 말씀 한 번 듣노라	一聽演三車

쳐다보면 꽃이 아른거리는 것 같으나 실제로는 꽃이 없다는 뜻이다.

41 묘유(妙有) : 불가의 말로서 비유(非有)의 유(有)를 말하는데, 이로써 비공(非空)의 공(空)을 상대하여 진공(眞空)이라 이른다.

42 겁사(劫沙) : 사겁(沙劫)이라고도 하며 항하사겁(恒河沙劫)과 같은 말로, 항하의 모래알처럼 헤아릴 수 없이 많은 세월을 의미한다.

43 삼거(三車) : 세 종류의 수레라는 뜻인데, 불교에서 삼승(三乘)의 사람이 각기 삼계(三界)를 벗어나 열반에 들어가는 세 가지 방법을 비유한다. 삼승은 보살승(菩薩乘), 연각승(緣覺乘), 성문승(聲聞乘)을 가리키는데, 보살승은 소가 끄는 우거(牛車)를, 연각승은 사슴이 끄는 녹거(鹿車)를, 성문승은 양이 끄는 양거(羊車)를 이용한다고 한다.

새벽에 일어나서

晨起

새벽에 일어나 남쪽 창문 열었더니	晨起開南牖
새들이 벌써 시끄럽게 지저귀네	鳥聲已復喧
병들어 문 닫고 지낸 지 한 달	閉戶一月病
봄일 한창인 줄 알지 못했는데	不知春事繁
계칩[44]에 비가 비로소 개어	啓蟄雨初霽
젖은 꽃들이 정원에 가득하네	華滋盈我園
방울방울 대나무에서 이슬 떨어지고	瀝瀝垂露竹
생긋생긋 시냇가 다북쑥 춤을 추네	欣欣舞溪蘩
아름다운 시절 끊임없이 돌아오니	韶年來不已
그윽한 마음 말하고 싶지 않아	幽意欲無言
꽃나무 아래에서 길게 한숨짓노라니	太息芳樹下
아침 해가 높은 마루 위로 떠오르네	朝日升高軒

44 계칩(啓蟄) : 우수(雨水) 후 청명(淸明) 전에 해당하는 24절기(節氣)의 하나로, 경칩(驚蟄)이라고도 한다. 동면(冬眠)하던 곤충류가 우렛소리를 처음 듣고 기동(起動)하는 때를 뜻하는 절기이다. 한 경제(漢景帝)의 이름이 계(啓)이기 때문에 이를 피해서 후대에 계칩을 경칩으로 바꿔 불렀다고 한다.

동교로 이사하니 오두막집은 초라해도 교외에서 지내는 정취가 있다

移家東郊 蝸室草創 而有郊居之趣

성 동쪽으로 돌아와 시서를 짝하고 城東歸去偶詩書
이묘의 전원에서 성품대로 사노라 二畝田園遂性初
모래 언덕에 해 비껴 구름 모습 바뀌고 沙麓日斜雲態變
들 숲에 봄이 오니 나무마다 생기 도네 野林春到樹容舒
새 둥지의 새끼 치는 제비는 무른 진흙 싫어하는데 新巢乳燕嫌泥淺
먼 물의 노니는 물고기는 그물 성글어 기뻐하네 遠水游魚悅網疏
조용해서 실컷 자고 세상사도 드무니 寂寞睡長人事簡
이곳이 늙은 잠부[45]에게 진정 좋구나 此間眞足老潛夫

45 잠부(潛夫) : 후한(後漢)의 왕부(王符)를 가리킨다. 그의 자는 절신(節信)으로, 한평생 벼슬길에 나아가지 않고 마융(馬融), 장형(張衡), 최원(崔瑗) 등과 교류하였다. 성격이 강직하여 세속에 부합하지 않아 줄곧 은거 생활을 하면서 10여 편에 달하는 책을 저술하였는데, 이름이 알려지는 것을 싫어하여 책명을 《잠부론(潛夫論)》이라고 하였다. 여기서는 이민구 자신을 가리키는 말로 사용되었다. 《後漢書 卷49 王符列傳》

사립문

柴門

사립문에서 저녁 경치 보노라니	柴門憑夕望
깊은 골짝에 들바람 좋아라	谷邃野風宜
그리운 생각 부질없이 어디에 있나	結思空何在
맑은 회포 가는 곳마다 서글프다	澄懷悵所之
늘어선 봉우리 아득한 이내에 잠기고	亂山沈遠靄
지는 해가 높은 가지 비추네	落日照高枝
참새 울음 참으로 희미하니	雀噪眞微細
숲 찾는 그 소리 부질없이 서글프다	求林浪許悲

2

지팡이 짚고 정원 거닐다가	植園行負杖
바위에 앉아 턱을 괴곤 하지	跂石坐搘頤
냇가 대숲에 때로 홀로 가고	水竹時孤往
구름과 노을의 경치도 나만 안다네	雲霞每獨知
이곳에 고요한 것 없으니	此間無靜者
그윽한 일들을 새 시로 쓰는데	幽事著新詩
꽃다운 봄날의 새들만	秖是芳春鳥
여기서 화답해 지저귀네	和鳴亦在玆

3

게으른 습성으로 날을 보내니 習懶常經日
지팡이 짚고 거닒도 잠시 뿐 扶筇亦暫時
시냇가 짙은 안개 속에 버들 졸고 柳眠溪霧重
들판의 늦은 연기 속에 대나무 취했네 竹醉野煙遲
송아지 끌고 들에 나갔다가 抱犢臨郊甸
새를 따라 언덕을 내려오네 隨禽下壟坻
산을 향해 오가는 곳에 向山來往處
점차 풀이 자람을 아노라 漸覺草生滋

4

동자는 어찌하여 董子亦何爲
정원을 오랫동안 살피지 않았나[46] 有園長不窺
내가 노수 굽이에 와서 살며 我來盧水曲
매번 가서 물에 비친 산을 보네 每往見山垂
물고기 노니니 천기 활발한데 魚戲天機活
까마귀 울어 사람 마음 피곤하네 烏啼物意疲
꽃을 찾아 갔다가 꽃술 세느라 尋花仍數蕊
스님과 만날 약속 잊었노라 忘去赴僧期

46 동자(董子)는……않았나 : 동자는 한(漢)나라 동중서(董仲舒)로, 한때 학문에 몰두하느라 3년 동안이나 자기 집의 채소밭이 망가지는 것도 아랑곳하지 않았다고 한다. 《史記 卷121 儒林列傳》

5

몸을 보호해 주는 붉은 등나무 지팡이	護身赤藤杖
산과 골짝 어디든 지니고 다니노라	山壑費携持
멀리 가면 주변 더욱 조용하고	遠去地逾靜
저물녘에 돌아오면 마음 평온하네	暮歸心亦怡
꿩이 놀라니 얕은 보리밭 싫을 테고	雉驚嫌麥淺
승려 떠나가니 숲이 엉성함을 보네	僧去見林虧
집 곁 빈터에 한가히 앉아	町畽吾閑坐
기장밥을 사발 가득 담아 먹노라	炊粱正滿瓷

산속에서 비를 만나다

山中遇雨

맑게 북쪽 창으로 바람 들어오는데	淸延北牖風
멀리 남쪽 기슭의 비를 바라보노라	浩望南厓雨
푸른 벼랑에 깨끗한 여울물 날고	靑壁洗湍飛
푸른 시내에 세차게 물살이 흐르네	碧澗奔潀怒
산의 풀들 초록빛으로 변하고	菉蓐冒山草
우거진 숲 푸르름 더하네	蔥蒨入雲樹
송아지는 울며 옛 길로 돌아오고	犢鳴返故道
꿩은 울며 새로 돋은 깃털 아끼네	雉雊愛新羽
시골 노인은 쟁기 지고 나서고	野老荷田耜
마을 아이는 나무할 도끼 손질하네	村童理薪斧
안석에 누워 이리저리 바라보며	隱几臥流眺
빈 방에서 술병 짝했네	虛齋伴罌甁
하찮은 지취 스스로 만족하여	微尙良自足
깊은 마음속까지 텅 비고 주장함 없노라	深心曠無主
저녁밥으로 나물죽 마시고	晩飯啜糝羹
천천히 걸으며 묵은 풀 헤쳐 가노라니	舒步披宿莽
송백은 높은 산에 우뚝하고	松柏挺高岡
질려는 토담에 가득하네	蒺藜滿環堵
이슬에 옷 젖을까 봐	勿使露霑衣
발걸음 돌려 다시 누웠노라	旋笻且偃頫

저녁에 돌아오다

暮歸

몸 밖에 오만한 마음 부쳐[47]	寄傲形骸外
마음 가다듬고 조수와 어울려 사노라	齊心鳥獸群
저녁 강에는 바람과 함께 비 내리고	暮江風點雨
봄 봉우리는 날마다 구름에 가렸네	春岫日霾雲
초록빛 물든 오솔길 다니며 두루 구경하고	逕綠行看遍
붉은 꽃 핀 숲에 앉았노라니 향기롭네	林紅坐覺薰
오두막집에 말 달려 돌아왔지만	荊廬驅馬返
누가 이 마음 기쁘게 할까	誰使此情欣

47 몸……부쳐 : 형역(形役)에서 벗어나 자기 뜻대로 자유분방하게 살아간다는 말이다. 기오(寄傲)는 교오(驕傲)한 마음을 부친다는 뜻으로, 어디에 얽매임이 없이 세상을 오시(傲視)하며 살아가는 것을 말한다. 도잠(陶潛)의 〈귀거래사(歸去來辭)〉에 "남쪽 창가에 기대어 교오한 마음을 부치니, 무릎만 겨우 들여놓을 작은 집도 편안한 줄을 알겠네.〔倚南窓以寄傲, 審容膝之易安.〕"라고 하였다.

산사를 방문하다

尋寺

산길 오리쯤 걸어가니	涉山無五里
들판 향해 산사[48] 나타나네	向野有雙林
비둘기는 고요한 절간 맴돌고	鴿繞禪樓靜
원숭이는 깊숙한 강석 엿보네	猿窺講座深
봄바람[49] 불어 뭇 골짜기 변하고	條風群壑變
안개 덮여 시내 뿌옇구나	花霧一溪陰
풍경 소리 그치고 봉우리에 석양 지자	磬罷峯曛後
달빛이 맑은 연못 복판 비춘다[50]	淸池月照心

48 산사(山寺) : 쌍림(雙林)은 석가모니가 열반(涅槃)한 발제하(跋提河) 언덕 사라쌍수(沙羅雙樹)의 숲을 말하는데, 이후 사찰을 뜻하는 말로 사용되었다.

49 봄바람 : 조풍(條風)은 팔풍(八風)의 하나로, 입춘(立春)에 부는 바람이다. 춘분(春分)에는 명서풍(明庶風), 입하(立夏)에는 청명풍(淸明風), 하지(夏至)에는 경풍(景風), 입추(立秋)에는 양풍(涼風), 추분(秋分)에는 창합풍(閶闔風), 입동(立冬)에는 부주풍(不周風), 동지(冬至)에는 광막풍(廣莫風)이 분다.

50 달빛이……비춘다 : 맑은 연못에 비친 달빛을 읊은 것이나, 산사에 머물며 상념(想念)이 사라진 자신의 마음 상태를 중의적으로 표현한 것이다.

구름을 바라보다

望雲

흰 구름이 먼 골짝에서 피어나	白雲出遙壑
날 저물도록 돌아가지 않네	日暮長不歸
나는야 초가집 아껴	我性愛茅宇
외로운 신세[51] 판자문에 의지했네	索居依板扉
봄 산에 달 오르기를 기다리는데	春岑期上月
풀 이슬이 옷 적셔 안타깝네	草露惜霑衣
조용히 은거하는 사람 중에	自識幽棲者
나처럼 게으른 사람 없는 줄을 아노라	如吾習懶稀

51 외로운 신세 : 삭거(索居)는 이군삭거(離群索居)의 준말이다. 자하(子夏)가 노년에 서하로 물러나 살다가 아들을 잃고 너무 슬퍼한 나머지 실명(失明)하였는데, 증자(曾子)의 꾸지람을 받고 자책하여 말하기를 "내가 벗들을 떠나 혼자 지낸 지 너무 오래되었다.〔吾離群而索居, 亦已久矣.〕"라고 한 고사에서 유래하였다. 《禮記 檀弓上》

비가 내리는 가운데 짓다
雨中作

부슬비가 운치 있는 풍경 더하고	小雨兼風色
노란 벌이 저물녘에 고요하다	黃蜂靜晩衙
개미들은 우거진 풀 사이로 집 옮기고	蟻丘侵亂草
거미줄에 날리는 꽃잎 걸렸네	蛛網罥飛花
나무 아래로 들밥 내오고	樹底歸田饁
마을 한 쪽에 수차 돌아가네	村邊轉水車
시내 건너며 버들 꺾으니	過溪行折柳
이곳은 진정 오이 심기 좋구나[52]	玆地定宜瓜

52 시내……좋구나 : 채마밭에 버들가지로 울타리를 치고 오이를 가꾸며 조용히 지내기에 좋은 곳이라는 말이다. 절류(折柳)는 버들을 꺾는다는 말인데, 《시경》 〈동방미명(東方未明)〉에 "버들가지 꺾어 채마밭에 울타리를 치면, 날뛰는 바보도 조심한다.〔折柳樊圃, 狂夫瞿瞿.〕"라고 하였다. 한편, 진(秦)나라 때 동릉후(東陵侯)에 봉해졌던 소평(召平)이 진나라가 멸망하고 한(漢)나라가 서자 장안성(長安城) 동쪽 청문(靑門) 밖에서 오이를 가꾸며 은거했던 고사가 전한다. 《史記 卷53 蕭相國世家》

자연의 조화를 읊은 노래
元化篇

대운은 끝과 시작 있어	大運有終始
자연의 조화 분분하게 어지럽지	元化紛擾擾
해와 달이 조화롭게 박식[53]하고	日月和薄蝕
별들이 차례로 감돌며	星辰遞纆繞
바람과 구름이 익살부리고	風雲中戲劇
귀신이 자취 없이 변화 일으키네	神鬼變幽窅
초목 우거져 숲 이루고	草木莽脩森
산천은 드넓어 아득하네	山川曠而眇
길이 금수의 빼어남 감탄하며	長嗟禽鹿挺
매번 사람의 재앙 한탄하네	每歎生人夭
몸뚱이 있어 애태우며	煎熬有累軀
아등바등 시간 다투네	卒卒競昏曉
성인은 또 무엇을 했던가	聖者亦何爲
예악으로 애써 이끌어 주었으니	禮樂强導肇
복희와 신농이 효시였고	羲農實嚆矢
주공과 공자가 먼 명성 이었네	周孔遠聲紹
아득한 요순의 시대	蒼茫唐虞際

53 박식(薄蝕) : 해와 달이 빛을 내지 못하는 것을 박(薄)이라 하고, 해와 달의 한쪽이 이지러지는 것을 식(蝕)이라 한다.

지금은 부질없이 제단만 남았어라	至今空壇垗
후세에는 사람이 사람을 먹어[54]	後世人食人
시내와 들에 주려죽은 시체 보게 되었네	川原見餓莩
난새와 봉황은 곤륜산으로 가버리고	鸞鷟逝崑墟
기린과 용은 숲과 연못에서 떠났구나	麟龍去林沼
먼 길 가는데 소가 수레 메고	遠途服牛車
준마는 마구간에 매였네	中廄絆騕褭
때문에 소보와 허유가	所以巢與由
아득히 세상 밖으로 자취 감췄지	冥冥卷物表
얻음과 잃음이 천지의 차이에 비유되지만	得失比天壤
우환의 시작은 조짐에 있으니	憂患在幾兆
주나라 불이 혹 견융을 불렀고[55]	周火或召戎
노나라 술 때문에 조나라 망했지[56]	魯酒乃亡趙

54 후세에는……먹어 : 《맹자》 〈등문공 하(滕文公下)〉에 "인의가 꽉 막히면, 짐승을 몰아서 사람을 잡아먹게 하다가, 사람들이 장차 서로 잡아먹게 될 것이다.〔仁義充塞, 則率獸食人, 人將相食.〕"라고 하였다.

55 주(周)나라……불렀고 : 주나라 유왕(幽王)의 왕후(王后) 포사(褒姒)가 잘 웃지 않았으므로, 유왕이 온갖 방법으로 그녀를 웃게 만들려고 하였으나 포사는 웃지 않았다. 유왕이 그녀를 위해 봉화를 올리고 큰 북을 울렸는데, 적의 침입이 있을 때 봉화를 올리는 법이었으므로 제후들이 모두 모여들었으나, 도착해보니 적의 침입 사실이 없었다. 이 모습을 보고 포사가 웃자 유왕이 기뻐하여 자주 봉화를 올렸는데, 그 뒤로 제후들이 믿지 않아 오지 않았다. 뒷날 서이(西夷)와 견융(犬戎)이 유왕을 공격하자, 유왕이 봉화를 올려 군대를 불렀으나 군사들이 오지 않았다. 이로 인해 유왕은 여산(驪山) 아래에서 살해되고, 포사는 사로잡히고 말았다. 《史記 卷4 周本紀》

56 노(魯)나라……망했지 : 《장자(莊子)》 〈거협(胠篋)〉에 "노나라 술이 맛이 없어 조

만대의 오랜 세월 살펴보니　　經閱萬代長
한 평생 즐거웠던 사람 적었구나　　歡娛百齡少
귀중한 십금 가져다가　　携提十金重
터럭처럼 내던지고　　棄擲纖毫了
한 몸 두기에 오두막이면 넉넉하니　　容身蓽戶寬
아련한 가을 물을 두루 보노라　　泛觀秋水渺
남쪽 언덕은 더없이 깨끗하고　　陽陸彌淸夷
북쪽 산은 가장 그윽하며　　陰岑上窈窕
연못물은 온통 투명하고　　潭影洞空虛
비탈은 푸른 빛깔 물들었네　　厓色互蒼縹
상상으로 마음껏 유람하노라니　　憑神恣遊覽
간들간들 산들바람 불어온다　　微風吹嫋嫋
바위 문에서 지는 해 보냈더니　　石門送頹日
은은하게 달이 서쪽에서 오르네　　晱晱月西朓
안석에 기댄 삶 내 성품에 맞는데　　隱几適我性
술병에 맑은 술까지 가득하네　　瓦瓷貯淸醥
낭랑하게 자연의 조화 읊조리며　　朗詠元化篇
저 멀리 남쪽으로 날아가는 새 바라본다　　目極南飛鳥

나라 한단이 포위를 당하고, 성인이 탄생하자 큰 도적이 일어났다.〔魯酒薄而邯鄲圍, 聖人生而大盜起.〕"라고 하였다. 이와 관련하여 《천중기(天中記)》 권44 〈주(酒)〉를 참조해 보면, 초(楚)나라가 강성하여 선왕(宣王)이 제후들을 조회 오게 했는데, 노나라 공공(恭公)이 늦게 왔고 바친 술도 맛이 없었다. 이에 선왕이 노하여 군사를 출동하여 제(齊)나라와 연합해 노나라를 공격하였다. 당시 양 혜왕(梁惠王)이 늘 조(趙)나라를 침공하고 싶었으나 초나라가 구원하러 올까 두려워하다가, 이 틈을 타서 조나라를 공격하여 수도 한단(邯鄲)을 포위하였다는 내용이 보인다.

동산행

東山行

우리집은 노원의 빈 골짝에 있어	我家盧原在空谷
조석으로 높다란 산을 조용히 마주하네	朝夕靜對山屴崱
문 닫고 읊조리다보니 어느새 한 달 지났는데	閉戶吟哦動一月
요즈음 남쪽 비탈길 오르려 해도 오르지 못하네	近上南崖且不得
젊은이 두세 명이 애써 밀고 당기며	數三年少强推挽
맞이해 전원 벗어나 올라보네	邀出田園去躋陟
왕년에는 걸음 날래다 제법 자신했는데	向來健步頗自信
마른 지팡이 짚고 가기도 힘겹구나	扶策枯筇以爲力
여울물 움키니 맑고 차가워 좋은데	手弄溪湍愛淸洌
점점 가팔라지는 돌길 걱정일세	行愁石逕漸欹仄
깊은 숲 음침한데 원숭이 소리마저 들리고	深薄冥冥雜猿狖
긴 비탈 등성이로 굽이져 정신 아찔하네	長坂紆岡莽廻惑
문득 푸른 하늘에 오르는 듯 함정에도 떨어지는 듯	忽登靑天落陰穽
가시덤불에 옷 걸려 찢겨도 아까워 않노라	不惜衣裳罥叢棘
풀빛 무성하고 꽃들도 어여쁘며	草色芊蔚花丰茸
벼랑은 푸르고 봉우리는 우뚝하다	蒼壁菉葶峯嶷嶷
정상에 앉아 세상 바라보니	經跨絶頂覽八荒
화사한 내와 들판 맑은 서울의 풍경일세	日麗川原霽京國
천지의 만상이 어지러이 눈에 들어와	乾坤萬象紛在眼
맑은 경치 바라보니 끝이 없네	俛仰晴光浩無極

이처럼 좋은 때 돌이킬 수 있을까 此時佳期可以還
산 붉게 물들인 햇살 서쪽으로 사라지네 赤崦俄輝下西匿
함께 온 이들 나를 속였던가 마침내 지치니 同遊欺我遂疲病
멀리 높은 산 지나오며 보살펴주지 못하네 遠過層巒不相憶
도깨비의 음산한 기운이 나무 흔들고 魑魅凄凄動山木
짙은 안개 점점 피어나 숲 어둡네 昏靄稍稍林景黑
검은 여우와 누런 곰이 앞다퉈 뛰고 玄狐黃熊競騰閃
맹호가 기세등등하게 내 곁에서 울어대네 猛虎負雄嗥我側
나는 백운처럼 나가면 돌아오지 않겠지만 我同白雲出不返
훨훨 나는 나그네새는 가던 날개 접네 羈鳥翩翩斂征翼
귀로에 머뭇거리며 온갖 생각 일어나는데 歸路回遑百感集
한기와 열기 번갈아 일어나 앉아서 헐떡이네 寒熱交乘坐脅息
흐느끼듯 졸졸 흐르는 시내는 홀로 가는 이 보내고 悲泉泠泠送獨行
빗줄기 문득 뿌려 눈물이 가슴 적시네 飛雨忽洒淚沾臆
열 번 쓰러지고 아홉 번 미끄러지며 문에 도착하니 十僵九蹶到柴門
마을 사람 만날 때마다 자랑스럽지 못하네 里人相見輒無色
좋은 경치 구경은 너희들에게 맡기고 判將濟勝付爾曹
우두커니 조용히 지내며 내 덕을 지키리라 嗒然寂莫全吾德
지난날 즐겁게 놀았는데 이제 늙었으니 昨日遊歡今老矣
구름 낀 산 바라보며 서글퍼지네 轉望雲山使心惻

우연히 읊다

偶吟

중울[57]의 그윽한 집 게으른 성품에 맞아	仲蔚幽居適性慵
사립문 열지 않았더니 거미줄 쳤네	柴門不啓倩蛛封
자주 오솔길 풀매며 시 짓고	頻鋤徑草添詩課
매번 산나물 캐서 술안주 삼노라	每掇山蔬佐酒供
버들 너머 논은 비스듬히 보일락 말락	柳外水田斜掩映
대밭 서쪽 모래 언덕은 그 사이에 고요하네	竹西沙岸間從容
요즘 산사의 승려와 약속 드문데	比來罕結林僧約
소나무 계수나무 깊은 숲에 사슴 뿔 자랐으리	松桂叢深鹿養茸

57 중울(仲蔚) : 후한(後漢)의 은자(隱者) 장중울(張仲蔚)을 말한다. 학문에 박통하였으며 시문을 잘 지었는데, 늘 궁핍하게 사는 가운데 쑥대가 자라나 사람 키가 넘도록 집을 덮었다고 한다. 《高士傳 中 張仲蔚》

나암에서 자다가 송몽인과 이생인[58]을 추도하다

宿蘿菴 追悼宋夢寅李生寅

생각해보니 과거 보려고 함께 공부했는데	憶試春闈共折肱
선승의 총채로 숲 파리 쫓았지[59]	倩麾禪麈拂林蠅
평생 술과 시 즐기며 기판소리 따랐는데	平生酒賦隨齋磬
인간세상 생사가 자고 깨는 사이에 갈렸네	人世存亡隔寢興
저승에서는 오늘 밤 달빛 알지 못할 터	黃壤不知今夜月
푸른 산에서 지난날의 등불 홀로 마주했네	青山獨對昔年燈
부질없는 인연이 끝내 허망하다 하는데	徒聞幻業終成妄
노승의 말에도 깊이 슬퍼하네	猶自深悲感老僧

58 이생인(李生寅) : 1586~1616. 본관은 전주(全州), 자는 진경(震卿)이다.《東州集 文集 卷10 進士李君墓碣銘 幷序》

59 선승의……쫓았지 : 휘(麾)와 주(麈)는 가늘고 기다란 나무 끝에 사슴의 꼬리털을 달아 부채 비슷하게 만든 것으로, 먼지떨이나 파리채로 썼으나 뒤에는 불도(佛徒)들의 위의를 정돈하는 기구로 사용되었다. 여기서는 고승이 총채를 들고 불법을 강(講)하듯 송몽인과 이생인이 저마다의 능력을 발휘해야 하는데, 그렇게 하지 못한 사실을 비유하여 읊은 것이다.

초여름의 감상

首夏延賞

풍광이 초여름으로 이어져　風光連早夏
바라보노라니 남은 봄 아까워라　眺賞惜餘春
초목 우거진 교외 길 따라　草樹郊前路
산하 유람하는 안개 속의 사람　山河霧裏人
마음대로 한적한 곳 따라　憑心隨境寂
흥취 노래하며 새로 핀 꽃 보다가　賦興閱花新
나무에 기대 몽롱하게 잠들었더니　據木昏仍睡
꾀꼬리가 문득 물가에서 운다　鶯啼忽水濱

2

지팡이 짚어도 운신하기 어렵건만　曳杖身難健
희미한 구름에 눈은 쉬 아찔하네　迷雲眼易花
천지간에는 천고의 일 있었고　乾坤千古事
강한에는 여러 민가 늘어섰네　江漢幾人家
석양은 지는 봉우리와 이별하는데　落日辭歸嶂
빈숲은 잘 곳 찾는 까마귀 불러들이네　虛林召宿鴉
오두막으로 나 이제 돌아가려니　衡門吾欲返
비스듬한 오솔길이 쑥과 삼 사이로 뻗었네　斜逕出蓬麻

다시 비가 내리다

又雨

우르릉 우르릉 천둥소리 일어나니　殷殷雷聲發
첫 소리 바위 구멍에서 시작되네　初聽在石竇
높고 높은 불암산 구름　嵯峨佛巖雲
문득 대낮의 동쪽 봉우리 덮어　忽掩東峯晝
날리는 비가 나뭇잎에 울리는가 싶더니　飛雨乍鳴葉
높은 언덕에 어느덧 물줄기 내달리네　崇厓已奔溜
폭포 불어나 성난 코끼리 소리처럼 들리고　瀑肥聞象㕓
여울 거세져 다투는 용의 모습 보노라[60]　湍洪見龍鬪
교룡이 연못과 바다 제패하고　蛟蝤霸淵海
개구리가 못과 샘에서 날뛰네　蛙蛤縱池甃
깊은 골짝에는 여러 물줄기 춤추고　陰壑舞群水
갠 지붕에는 남은 물방울 떨어지네　霽屋懸餘霤
짙은 안개가 금세 걷히니　沈靄倏旋收
신령한 변화 진실로 알기 어렵구나　靈變信難究
어찌 먼지만 씻어냈으랴　豈但滌游氛
물갈이논도 적셔주었네　且當霑水耨
내가 농사일 배워　而我學農圃

60 폭포……보노라 : 비가 내려서 물이 불어난 폭포 소리와 여울의 모습을 비유적으로 읊은 것이다.

가난에 시달리며 보리 이삭 패기 기다리는데	苦貧待麥秀
올해는 일찍부터 비가 많이 내려	今歲早多雨
날마다 삿갓 쓰네	雨笠日在首
흙 질퍽거려 싹은 자라지 못하는데	地淖苗不蕃
밭 이랑 뭉개져 잡초는 쉬 우거지네	田夷莨易茂
하늘의 혜택 고르게 펼쳐지지만	天澤均溥施
좋은 것과 나쁜 것이 성취 다르네[61]	美惡異成就
아침에는 서쪽 언덕의 벼 김매고	朝鋤西壟禾
저녁에는 남쪽 산에서 콩 김매네	暮鋤南山豆
집으로 돌아와 어린 아들에게 말하노니	歸家語稚子
네 밥이 맛없다 투정 말아라	勿嫌爾飯陋

61 하늘의……다르네 : 비가 자주 내려서 보리는 자라지 못하고, 잡초만 무성하게 우거지는 것을 말한 것이다. 미(美)는 보리를, 악(惡)은 잡초를 상징하는 말로 사용되었다.

쌍백정
雙柏亭

꾀꼬리 우는 푸른 숲에 날 저무는구나	黃鳥靑林晩
붉은 정자에서 낮 동안 한가로웠네	紅亭白日閑
감싸 도는 시냇물 굽이지고	縈廻流水曲
어지러운 산 사이로 보일 듯 말 듯	隱映亂山間
사물 있으니 어찌 꼭 다투랴	物在何須競
시 짓고서 깎아내지 않노라	詩成不可刪
외로운 지팡이 돌길에 알맞으니	孤筇宜石路
저녁 새와 짝하여 돌아가려네	欲伴暮禽還

밤에 앉아
夜坐

짚방석에 앉았노라니 빈 뜰에 이슬 내리는데	草坐空庭露
쓸쓸히 백첩건 쓰고 있네	凄凄白氎巾
밝은 은하수는 비스듬히 숲을 비추고	明河斜映樹
수많은 별들 다투어 내게로 쏟아지는 듯	縟宿競低人
숲 아래 맑은 바람 불어오니	林下淸風度
산 속에서 도기가 참다워라	丘中道氣眞
어린 아이는 새로 사물을 알아	小兒新解事
웃으며 달이 자기를 따라온다 하네	笑謂月隨身

숲 속에서 즉흥적으로 짓다
林中率賦

우거진 숲에서 나그네 심사 가누기 어려워	長林客思渺難裁
앉아서 구름 바라보는데 축축함 가시지 않네	坐望屯雲濕未開
해는 푸른 회봉으로 지고	日向檜峯靑處落
사람은 하얀 사원[62]에서 돌아오네	人從沙苑白邊回
바위틈에서 샘물 소리 청량하게 울리고	泠泠石竇新泉響
모산에 저물녘 비가 후두둑 내리네	颯颯茅山暮雨來
인생사 열에 아홉은 뜻대로 되지 않는 법	事不如心常十九
세상에 알아주는 친구 없어 또 배회하노라	世無知己且遲徊

62 사원(沙苑) : 조정의 말을 목축하던 곳으로, 현재의 마장동에 있었다.

벗이 찾아왔기에 사례하다

謝友見訪

영화로운 길에서 부침 따지지 않고	不從榮路計升沈
지금까지 산수에서 본성대로 의탁했네	川藪于今托性深
천하의 명성은 선배들의 일이요	海內聲名先輩事
문 앞의 수레자국은 벗의 마음이네	門前車轍故人心
산에 이어진 저녁 안개에 떠나는 말 재촉하고	連山暮靄催班馬
강에서 시원한 바람이 이별하는 숲에 불어왔지	帶水涼風動別林
가을날 문 닫고 사는 신세 쓸쓸하니	秋日閉關堪索莫
성곽 나와 다시 방문해 주려는가	可能出郭重相尋

꿈을 기록하다

記夢

북두칠성[63] 기울어 밤기운 가라앉는데	珠斗闌干夜氣沈
나비 되어 아득히 날아 짙은 구름 넘어갔네	蝶飛冥漠度重陰
항하는 만리에 뻗어 지극히 무정하고	恒河萬里無情極
밝은 달은 천년토록 환히 비치네	明月千年有照臨
대지에 연하 가득해 속세 떠난 듯했는데	滿地煙霞仍隔世
창문 흔드는 비바람에 깜짝 놀랐네	撼窓風雨可驚心
오랜 세월에 영혼이 존재하는 줄 아노니	應知歷劫靈猶在
몇이던가 꿈같은 인생 고금에 많았네	幾夢人生了古今

63 북두칠성 : 주두(珠斗)는 북두칠성을 가리킨다. 북두칠성이 서로 구슬처럼 꿰여 있다고 하여 이렇게 부른다.

가을날의 생각

秋思

이슬 내려 고운 풀 시들고	玉露傷瑤草
갈바람이 푸른 숲에 부는구나	金風動碧林
가을 들어 큰 강의 물빛 하얗고	秋生大江素
해 지자 만 봉우리에 어둠 드리우네	日落萬峯陰
이별 생각하니 관문과 성곽은 멀고	念別關城遠
돌아가려니 나그네길 깊어라	將歸客路深
작은 창가에서 이런저런 생각 드는데	小窓繁緖集
하늘 밖에서 다듬이질 소리 들려오네	空外聽調砧

2

떠나는 제비는 따뜻한 언덕을 생각하고	逝燕懷陽岸
궁한 매미는 앙상한 오동에 매달렸네	窮蟬抱摵桐
내가 여기 온 것 어제 같은데	我來如昨日
계절 지나 벌써 갈바람 부는구나	節去已秋風
바다 빛깔은 온통 누런 구름 덮여 있고	海色黃雲盡
산속 소리 푸른 숲 비었어라	山聲碧樹空
시름 속에 저무는 계절 만나니	端憂逢暮序
한양[64] 그리는 마음 끝이 없네	浩蕩憶秦中

64 한양(漢陽) : 진중(秦中)은 관중(關中)과 같은 말로, 진(秦)나라의 도성인 함양

3

고향에 가을[65] 찾아왔는데　舊國黃茅瘴
늦가을에 푸른 바닷가로다　高秋碧海城
거센 바람에 구름 흩어지고　風飄雲葉亂
이슬 내려 달빛도 맑아라　露泛月華淸
늙은 국화는 추위 속에도 피는데　老菊寒仍發
상처 입은 새는 남몰래 놀라네　傷禽暗自驚
남쪽으로 와서도 봉화 있어　南來有烽火
밤마다 촌심은 잊지 못하네[66]　夜夜寸心明

4

깊은 밤 빈 집에 홀로 앉아　獨坐虛堂夜
가을밤 오경을 다 지새웠네　秋宵盡五更
뭇별들은 그대로 자리 지키는데　繁星仍守次
조각달은 성까지 가까이 기울었네　片月近低城
덧없는 속세의 정취요　草草區中趣
아득한 바닷가의 마음이네　茫茫海上情
새벽바람도 낙엽 지는 것을 원망하는지　晨風猶怨落
유난히 나뭇잎 사이에서 우는구나　偏向葉間鳴

(咸陽) 일대의 분지인데, 여기서는 한양을 가리킨다.

65 가을 : 중국 광주(廣州) 지방에서는 여름을 청초장(青草瘴), 가을을 황모장(黃茅瘴)이라 부른다고 한다.

66 남쪽으로……못하네 : 남쪽에 와서도 경보를 알리는 봉화가 올랐기 때문에 나라에 보답하려는 충심(忠心)이 있었다는 말이다.

5

변방에서 시름이 병으로 이어져 絶域愁仍病
외로운 성에서 문 닫고 지내네 孤城閉不開
제비는 오늘 떠나는데 燕從今日去
기러기는 이 산으로 돌아오네 雁到此山廻
바다 빛깔은 늦가을에 개었고 海色窮秋霽
변방 소리는 저물녘에 구슬퍼라 邊聲薄暮哀
쓸쓸한 만 리 밖에 蕭條萬里外
서찰은 언제쯤 오려나 書札幾時來

6

옥형이 은하수에 비끼고 玉衡斜漢界
주두가 성루에 걸렸네[67] 珠斗掛城樓
세모라 용은 골짝에 숨고 歲暮龍藏壑
가을 깊어 새들은 먹이를 갈무리하는데 秋深鳥養羞
천지 사이에 떠돌이 신세[68] 서글퍼 乾坤悲泛梗

67 옥형(玉衡)이……걸렸네 : 옥형은 북두칠성 가운데 다섯 번째 별이고, 주두(珠斗)는 북두칠성이 서로 구슬처럼 꿰여 있다고 하여 나온 말이다. 여기서는 모두 북두칠성을 가리키는 말로 사용되었다.

68 떠돌이 신세 : 범경(泛梗)은 물에 둥둥 뜬 목우인(木偶人)을 가리키는 말로, 정처 없이 떠도는 생활을 의미한다. 전국 시대에 소진(蘇秦)이 일찍이 맹상군(孟嘗君)에게 말하기를 "지금 신이 오면서 치수(淄水) 가를 지나다가 토우인(土偶人)과 목우인이 서로 말하는 소리를 들었습니다. 목우인이 토우인에게 말하기를 '그대는 서안(西岸)의 흙으로 만들어진 사람이라, 8월경에 비가 내려서 물이 넘쳐흐르면 이지러지고 말 것이다.' 하자, 토우인이 목우인에게 말하기를 '그렇지 않다. 나는 서안의 흙이라서 흙은

푸른 바다에 배 띄울 일[69] 생각하네　滄海憶乘桴
객지의 밤에 큰 뜻 꺾이고　客夜雄心折
서늘한 바람만 귀밑머리에 시름겹네　涼風鬢髮愁

7

천지 안에 쓸쓸한 신세 되어　濩落乾坤內
아득히 바닷가 오가네　蒼茫海甸通
남으로 가서는 독한 안개에 헤맸고　征南迷毒霧
북으로 가서는 돌아가는 바람에 마음 맺혔네　遡北結歸風
변방의 달빛에 차가운 강물 건너고　塞月渡寒水
관문의 구름 아래 지나가는 기러기 짝했지　關雲伴落鴻
나그네 회포 어디서나 좋은 것 없어　羈懷無處好
이 밤에 착잡하기만 하네　錯莫此宵中

8

신발 신고 섬돌 맴돌다가　納履循階闥
걸음 옮겨 사립문에 기대어 서니　移笻倚板扉
갈바람이 먼 산사에서 불어오고　秋風遙寺出

또 서안에 있겠지만, 지금 그대는 동국(東國)의 복숭아나무로 만들어진 사람이니, 비가 내려 물이 넘쳐 그대를 띄우고 흘러가 버리면 둥둥 뜬 그대는 장차 어찌되겠는가.' 하였습니다."라고 한 데서 유래하였다. 《史記 卷75 孟嘗君列傳》《戰國策 齊策3》

69 배 띄울 일 : 승부(乘桴)는 잘못된 세상을 탄식하며 다른 곳으로 떠나고 싶어 하는 것을 말한다. 《논어》〈공야장(公冶長)〉에 "도가 행해지지 않으니, 뗏목이라도 타고 바다에 나갈까 보다.〔道不行, 乘桴浮于海.〕"라고 하였다.

저녁 풍경 소리에 승려 하나 돌아가네	暮磬一僧歸
바다에 들어오니 벗들 드물고	入海故人少
강을 건너와 고향 소식 뜸하네	過江鄉信稀
만 리 밖에 흔들리는 마음	飄颻萬里意
조각구름 따라 날고자 하네	欲其斷雲飛

남쪽 기둥에 밤에 앉아서

南楹夜坐

휘장 걷고 남쪽 기둥에 앉았노라니	褰帷坐南楹
밝은 달빛이 휘영청 드날리네	華月揚浮彩
맑은 이슬 동글동글 맺히고	皎露漸圓結
긴 행랑이 트였으니 밝고 훤하여라	脩廊廓明闓
공허한 감상은 드넓어 맞기 어려운데	沖賞曠難契
현묘한 흉금은 곧장 느낌 있네	玄襟悟卽在
학 울음에 밤 깊은 줄 알고	鶴唳警宵分
매미 소리에 계절 바뀜 슬퍼하노라	蟬號悲節改
세월은 쉽게도 흘러가는데	徂歲易流邁
신선들은 나를 기다려주지 않으니	群仙不相待
만 리 길에 신령스러운 뗏목 있다면	萬里有靈槎
타고서 푸른 바다에 뜨리라	乘之泛滄海

다음 날 밤에 또 짓다

後夜又賦

우거진 숲이 높은 봉우리 가렸는데	長林翳崇岑
동쪽 달이 구슬처럼 떠오르네	東月露寸璧
서늘하게 바람이 옷깃 가득 불어오고	凄凄風滿襟
조금씩 이슬이 신발을 적시네	稍稍露侵舃
깊은 밤 서울[70] 생각에	敻夜憶秦關
나그네 시름 가득 쌓이네	羈念紛盈積
외진 해주에 홀로 왔는데	獨來窮海州
저녁별은 쉬 돌아가네	昏星遽回易
육신은 객사에 매였어도	形爲逆旅拘
정신은 속세에서 벗어나	道與區中釋
팔극을 정신으로 유람하려고	八極騁神遊
자유로운 영혼[71] 역으로 달리려 하네	尻輪擬奔驛

70 서울 : 진관(秦關)은 중국 진(秦)나라의 수도인 함양(咸陽)의 관문인데, 일반적으로 수도를 뜻한다.

71 자유로운 영혼 : 고륜(尻輪)은 고륜신마(尻輪神馬)의 준말로, 엉덩이를 수레로 삼고 정신은 말이 되어 유유히 노닌다는 뜻이다. 《장자(莊子)》〈대종사(大宗師)〉에 "조물주가 나의 꽁무니를 점점 변화시켜 수레바퀴로 만들고 나의 정신을 말로 변화시킨다면, 내가 이를 이용하여 타고 다닐 것이니, 어찌 다시 수레가 필요하겠는가.〔浸假而化予之尻以爲輪, 以神爲馬, 予因以乘之, 豈更駕哉.〕"라고 하여 영혼의 자유로움을 표현하였다.

겨울밤에

冬夜

빈 마음으로 눈 내리는 창에서 책 대하니 맑아지고 虛襟雪牖對書淸
벽에서 빛나는 등불 밤 되자 밝구나 照壁凝缸入夜明
구름이 은하에 뜨자 북두성만 남았고 雲泛天河餘北斗
달빛 차가울 때 가고는 삼경을 알리네[72] 月寒街鼓改三更
아득한 천지에 사람은 부질없이 늙어 가는데 乾坤莽莽人空老
망망한 바다에 기러기는 오지 않네[73] 溟海茫茫雁不征
뉘라서 세모에 이런 심정 견딜까 誰忍此懷當歲暮
〈구가〉 읊고 나자 네 가지 시름 이루어졌네[74] 九歌吟竟四愁成

72 가고(街鼓)는 삼경(三更)을 알리네 : 거리에 북을 설치하고 밤을 오경(五更)으로 나누어 매 경마다 한 번씩 북을 쳤는데, 삼경을 알리는 북소리가 울린다는 말이다.

73 기러기는 오지 않네 : 편지 한 통 오지 않는다는 말이다. 한(漢)나라 때 소무(蘇武)가 흉노(匈奴)에 사신 갔다가 그곳에 억류되어 있을 때, 비단에 쓴 편지를 기러기의 발에 묶어 상림원(上林苑)으로 날려 보내 무제(武帝)에게 전했다는 고사에서 온 말로, 기러기는 편지를 전하는 수단의 의미로 쓰인다.《漢書 卷54 蘇建傳 蘇武》

74 구가(九歌)……이루어졌네 : 우수(憂愁)와 번민(煩悶)이 끊이지 않는다는 말이다. 〈구가〉는 굴원(屈原)이 조정에서 쫓겨난 뒤, 민간에서 여러 귀신에게 제사 지내며 부르는 노래를 가공하여 충군애국(忠君愛國)의 뜻을 부친 시가인데, 여기서는 이민구가 변방에서 지내고 있기에 한 말이다. 사수(四愁)는 네 가지 시름이라는 말인데, 후한(後漢) 때의 문인 장형(張衡)이 혼란한 세상을 보고 장(章)마다 칠언(七言), 칠구(七句)씩으로 엮은 4장(章)의 〈사수시(四愁詩)〉를 지은 데서 유래하였다.《後漢書 卷59 張衡列傳》

조용한 거처

端居

조용한 거처 적막하고 숙대만 우거졌으니	端居寂莫閉蒿萊
병 많은 신세 봄 되었어도 오가는 이 없네	多病新春斷往來
산 해가 구름에 가려 어둑하더니	山日障雲初掩藹
골짝 바람이 눈발 날려 어지러이 흩날리네	谷風飛雪更揚飈
평생에 회포 푸느라 시가 천 수이고	百年遣興詩千首
세상만사 관심거리는 한 잔 술뿐이네	萬事關心酒一杯
누가 알았으랴 한나라의 한장유가	誰識漢朝韓長孺
화로 짝하여 재에 다시 불 살아날 줄을[75]	地壚相伴不然灰

75 누가……줄을 : 장유(長孺)는 한(漢)나라 때 양효왕(梁孝王)의 중대부(中大夫)였던 한안국(韓安國)의 자이다. 그가 어떤 일로 처벌되었을 때, 몽현(蒙縣)의 일개 옥리(獄吏)인 전갑(田甲)이 그를 욕하였다. 이때 한안국이 "죽은 재라고 하여 다시 불붙지 말라는 법이 있다더냐?〔死灰獨不復然乎〕" 하자, 옥리가 "불이 붙기만 하면 오줌을 싸버리리라.〔然卽溺之〕" 하였다. 그로부터 얼마 후, 한안국이 다시 양(梁)의 내사(內史)가 되자, 전갑이 찾아가 사죄(謝罪)한 고사가 전한다.《史記 卷108 韓長孺列傳》 여기서는 이 고사를 인용하여 이민구 자신도 지금은 어려운 상황에 있지만 재기할 희망이 있음을 말한 것으로 보인다.

허 흥양[76]의 집에서 즉흥적으로 짓다

許興陽第率賦

누추한 시골에 봄빛 완연하고 陋巷韶光遍
봄바람에 세월 화평함 느끼노라 春風感歲和
잔치 자리에 늦게 참여하여 肆筵容末至
술 따라 그저 마시네 酌醴飮亡何
각호에 아침부터 흐리던 날씨 개고 閣戶朝陰改
도서 즐기는 만년의 정취 많아라 圖書晩趣多
교제의 도 본디 아노니 雅知交有道
후일 다시 들르리라 後日更相過

2

즐거운 일 고금이 다를 것 없고 樂事無今古
풍류 또한 한때의 일이지 風流又一時
산하에 시사는 멀리 있고 山河詩社遠
가는 세월 속에 취향[77]에 늦게 왔네 日月醉鄕遲
게으른 습관 비로소 성벽 되었으나 習懶初成癖

76 허 흥양(許興陽) : 흥양 현감(興陽縣監)을 역임한 허씨(許氏)를 가리키는 것으로 보이는데, 누구인지 미상이다.

77 취향(醉鄕) : 당(唐)나라 왕적(王績)의 〈취향기(醉鄕記)〉에 보이는 말로, 술에 취하여 온갖 걱정을 잊는 별천지의 경계를 말한다. 여기서는 허 흥양의 잔치 자리를 가리키는 말로 사용되었다.

몸가짐은 편안하기 쉽구나	居身易得宜
청담은 꿈 이야기와 같으니	淸談同說夢
어리석은 사람 그르치지 마오[78]	莫遣誤癡兒

78 청담(淸談)은……마오 : 상대방의 청담의 격조가 매우 높다는 말이다. 《냉재야화(冷齋夜話)》에 "승가가 장강과 회하 사이의 지방을 유람하면서 아주 기이한 행적을 남겼는데, 그때 어떤 이가 그에게 묻기를 '네 성이 무엇이냐?' 하자, '성이 무엇이다.'라고 대답하므로, 또 묻기를 '어느 나라 사람이냐?' 하자, 또 대답하기를 '어느 나라 사람이다.'라고 하였다. 당나라 이옹이 비문을 지으면서 그들이 주고받은 말을 이해하지 못하여 전기에 쓰기를 '대사의 성은 하이고 하국 사람이다.'라고 하였으니, 이것이 이른바, 어리석은 사람에게 꿈을 이야기한 격이라는 것이다.〔僧伽龍朔中遊江淮間, 其迹甚異, 有問之曰, 汝姓何. 答曰, 姓何. 又問曰, 何國人. 答曰, 何國人. 唐李邕作碑, 不曉其言, 乃書傳曰, 大師姓何, 何國人, 此正所謂對癡人說夢耳.〕"라는 내용이 보인다.

정 남평 현감을 전송하다

送鄭南平

빈천할 때의 벗 오래도록 간직했는데	貧交長在抱
멀리 헤어지려니 마음 가눌 길 없어라	遠別若爲心
저무는 봄날 자리에 누워	伏枕青春晚
자각에 드리운 구름 바라보노라	瞻雲紫閣陰
골짜기 바람이 너른 물가에 불고	谷風吹廣隰
들녘의 해는 숲 속을 비추는데	野日照中林
머나먼 길 이제 떠나면	萬里從玆始
객로에 쓸쓸함 심하겠지	蕭蕭客路深

2

작은 고을에 선정 베풀 수령[79]	十室鳴琴宰
새로운 흥취 시로 읊겠지	仍聞賦興新
양 치는 데 한가한 날 많으리니	牧羊多暇日

79 작은……수령 : 십실(十室)은 열 가구쯤이 사는 작은 마을로, 《논어》〈공야장(公冶長)〉에 "열 집이 되는 작은 읍에도 반드시 나처럼 충신한 자가 있지만, 나처럼 배우기를 좋아하지는 못할 것이다.〔十室之邑, 必有忠信如丘者焉, 不如丘之好學也.〕"라고 하였다. 명금(鳴琴)은 현재(賢才)가 수령으로 부임하여 선정(善政)을 베푸는 것을 비유한다. 공자의 제자 복자천(宓子賤)이 선보(單父) 고을의 수령이 되었을 때 "거문고만 연주할 뿐, 마루 아래로 내려오는 일이 없었는데도 잘 다스려졌다.〔彈鳴琴, 身不下堂而單父治.〕"라는 고사에서 유래하였다. 《呂氏春秋 察賢》

말 타고 남은 봄 감상하겠지	騎馬賞餘春
비 뒤에 죽순이 오솔길 가는 데 방해하고	雨筍妨行逕
바람 불어 꽃이 앉은 자리에 떨어지면	風花落坐茵
오가피주 들고	能持五加酒
무릉 사람 기억하려는가[80]	相憶茂陵人

80 무릉(茂陵) 사람 기억하려는가 : 이민구 자신을 기억해 주겠느냐는 말이다. 무릉은 사마상여(司馬相如)가 만년(晩年)에 살았던 곳인데, 여기서는 이민구를 가리키는 말로 사용되었다.

병으로 앓아누운 채 한 김화 현감을 전송하고, 겸하여 은계 김 찰방에게 보여 주다

臥病送韓金化 兼示銀溪金察訪

벗이 동쪽 고을에 지방관[81]으로 가니	故人東邑牧龍蛇
시름겨워 봄날에도 쉽게 노래하지 못하네	愁思芳春未易歌
병든 신세 그동안 아는 친구 드물었는데	疾病向來知己少
이별하니 이제 다시 그대 어찌하나	別離今復奈君何
기마 참군[82] 관청 일 간단할 테고	參軍記馬官曹簡
청렴한 태수[83] 한가한 날 많으리라	太守懸魚暇日多
역루에서 술 거르는 일 익히 보고	醑酒驛樓能見慣
사공의 나막신으로 서로 왕래하겠지[84]	謝公蠟屐欲相過

81 지방관(地方官) : 용사(龍蛇)는 용과 뱀이라는 뜻인데, 어진 사람과 불초한 사람, 또는 거칠고 사나운 사람을 비유하기도 한다. 따라서 용과 뱀을 기른다는 것은 백성들을 기른다는 말로, 지방관으로 나감을 의미한다.

82 기마(記馬) 참군(參軍) : 은계(銀溪) 김 찰방(金察訪)을 지칭한 말이다. 진(晉)나라 왕휘지(王徽之)가 거기장군(車騎將軍) 환충(桓沖)의 기병참군(騎兵參軍)으로 있으면서 자기가 속한 관서(官署)도 알지 못하고, 관리하는 말의 숫자도 알지 못했다는 고사가 전하므로, 역참의 찰방으로 나가는 사람을 가리키는 말로 사용한 것이다. 《世說新語 簡傲》

83 청렴한 태수 : 한(韓) 김화 현감(金化縣監)을 지칭한 말이다. 현어(懸魚)는 생선을 걸어 놓는다는 뜻으로, 관리의 청렴결백을 비유하는 말이다. 후한(後漢)의 양속(羊續)이 남양 태수(南陽太守)로 있을 적에 요속(僚屬)이 생선을 바치자, 이 생선을 뜰에 걸어 놓아 다시는 바치지 말라는 뜻을 보인 고사에서 유래하였다. 《後漢書 卷31 羊續列傳》

84 역루(驛樓)에서……왕래하겠지 : 한 현감과 김 찰방이 공무 여가에 왕래하며 술도 즐기고 산수(山水)의 승경도 유람할 것이라는 말이다. 사공(謝公)은 남송(南宋) 때의 시인 사영운(謝靈運)을 가리킨다. 사영운은 산을 오를 때에는 나막신의 앞굽을 빼고 오르고, 내려올 때에는 뒷굽을 빼고 내려왔다고 한다.《南史 卷19 謝靈運列傳》

연못에서

橫塘

연못 둑 입구에 까마귀 깃들려 하고　橫塘埭口欲烏棲
안개비 내리는 물가에 말머리 희미하네　烟雨平皐馬首迷
변방 북쪽에서는 소식 오지 않고　消息不來秦塞北
궁궐 서쪽에는 늘 풍운이 감도네　風雲每繞漢宮西
수레 다니는 큰 길에는 사람들 무수하고　九街車轍人如蟻
새벽 관문에서 길손들 새벽닭 소리 듣는구나　五夜關門客聽鷄
봄 내내 맑은 날 적으니　會得一春晴日少
본성 지키는 것은 신령한 골짝 지키는 데 있네　葆眞唯有守神谿

2

날 개자 붉은 노을 한 가닥 무지개에 비치고　霽日彤霞映斷霓
연못의 봄물이 제방에 넘실대네　定昆新水漾河堤
돌개바람과 지나는 빗줄기에 물결 일고　廻風過雨俱生浪
떨어진 꽃술과 날리는 꽃잎 모두 진흙에 붙네　落蕊飄花倂作泥
바다제비 오지 않아 봄 적막하고　海燕不來春漠漠
성의 까마귀 흩어지려 하니 새벽 싸늘하네　城鴉欲散曉凄凄
몽장[85]은 본래 세상 버렸는데　蒙莊身世元相棄

85　몽장(蒙莊) : 장주(莊周)를 가리킨다. 그는 원래 초나라 몽현(蒙縣) 출신이었기 때문에 붙여진 이름으로, 몽수(蒙叟)라고도 칭한다.

초집규[86]는 무슨 마음으로 영예와 봉록 추구했나 榮祿何心楚執珪

86 초집규(楚執珪) : 전국 시대 월(越)나라 사람으로, 초나라에서 벼슬하여 규(珪)를 잡을 만큼의 고관 자리에 올랐던 장석(莊舃)을 가리킨다. 장석이 초나라에서 벼슬하여 높은 관직에 올라 부귀를 누리게 되었으나, 고국을 잊지 못하여 병중에도 월나라의 노래를 불러서 고향을 그리워하는 마음을 부쳤다. 《史記 卷70 張儀列傳》

장차 호서로 돌아가려다가 비에 막혀 시를 남겨 주다

將歸湖中 滯雨留贈

도성에서 비에 막힌 지 어느덧 열흘	秦城滯雨已經旬
낮에 빈 집에 누우면 금세 새벽이네	晝臥虛齋動隔晨
남쪽 가는 길 아득한 진창인데	漠漠泥塗南國路
북으로 온 사람은 자욱한 운무 속에 있네	冥冥雲霧北歸人
새벽녘 집집마다 복사꽃 피었지만	桃花自在千門曙
봄날 한 나무에 매화 시들겠지	梅蕊應殘一樹春
양복[87]처럼 관문 밖의 나그네 되려 하니	楊僕欲爲關外客
시 적어 다정한 벗에게 남겨 주노라	素書留贈故情親

87 양복(楊僕) : 한 무제(漢武帝) 때 주작도위(主爵都尉)로, 누선장군(樓船將軍)이 되어 복파장군(伏波將軍) 노박덕(路博德)과 같이 남월(南越)을 정벌하여 전공을 세워 장량후(將梁侯)에 봉해졌다.《漢書 卷90 楊僕傳》

새벽에 길을 가며

曉行

미명에 언덕이 아득히 뻗어 있고　　微明皐陸莽脩逥
졸졸 흐르는 샘물소리 새벽녘에 구슬프다　　歷歷飛泉向曉哀
야윈 말이 숲에서 놀라니 남은 꿈 두렵고　　瘦馬驚林餘夢愓
우는 까마귀 성가퀴에서 날자 낡은 성 무너지네　　鳴鴉起堞廢城頹
풍운은 밤낮으로 끊임없이 이는데　　風雲日夜飄無已
동서의 갈림길에 서글피 홀로 왔네　　岐路東西愴獨來
몇몇 장정[88] 지나 강물 보니　　數盡長亭見江水
흐르는 세월 이 가운데 빠름을 느끼노라　　流光每覺此中催

88 장정(長亭) : 정(亭)은 여행 중에 쉬고 먹고 자거나, 적의 움직임을 살피거나 연락하기 위하여 시설한 건물로, 우정(郵亭), 역정(驛亭), 돈대(墩臺) 등이 있다. 보통 10리마다 장정을 설치하고 5리마다 단정을 설치하였다.

남국에서

南國

땅이 바다로 이어지는 구석진 고을에	地入重溟郡角低
봄날 동틀 무렵 성의 북소리 둥둥 울리네	春天欲曙殷城鼙
금당에 물 넘쳐 연 줄기 짤막하고	金塘水溢芙蓉短
꽃밭에 산들바람 부니 나비들 가지런히 나네	花塢風微蛺蝶齊
자리에 누우면 저절로 몸 굽힌 자벌레 같으니	伏枕自然同蠖屈
떠도는 수레 가는 곳마다 닭장 같은 집에 머무네	游車底處駢鷄棲
무단히 습관에 젖어 게으른 사람 되었으니	無端泥習成疏懶
또 날마다 즐기던 거문고와 술도 끊었노라	又斷琴尊日日携

망해대 노래

望海臺行

내가 장빈[89]에 누운 뒤로	粤余臥漳濱
나그네 시름 가슴에 쌓여 괴로웠네	羈念苦磈磊
자라 노니는 바닷가에 날 저물고	黿鼉水國晩
절후는 봄철 방초가 돋는 때라네	物候春芳改
수레 타고 푸른 숲 벗어나고	俶駕稅靑林
풀 무성한 들녘도 넘어	原田越每每
비틀대며 험한 벼랑 지나노라니	蹭蹬歷厓險
수레가 자꾸만 넘어질 듯 위태롭네	轅驂屢頗殆
지팡이 짚고 잡풀 우거진 오솔길 벗어나	杖策舍蓁徑
높이 탁 트인 곳으로 나서니	排虛出爽塏
건목령에 오른 듯[90]	疑臨建木嶺
뗏목 타는 바다[91]를 멀리까지 바라보네	曠望乘桴海

89 장빈(漳濱) : 삼국 시대 위(魏)나라 유정(劉楨)의 시에 "나 깊이 병든 몸, 맑은 장수 가에 은신해 있네.〔余嬰沈痼疾, 竄身淸漳濱.〕"라고 한 데서 유래하여 몸져누워 있다는 의미로 사용되는 시어인데, 여기서는 구체적 정황을 확인할 수 없다. 단순히 바닷가를 의미할 수도 있다. 《文選 卷23 贈五官中郎將》

90 건목령(建木嶺)에 오른 듯 : 높은 곳에 올랐다는 말이다. 건목은 전설에 등장하는 신령한 나무 이름으로, 높이가 백 길이나 되고 낮에도 그림자가 생기지 않으며 소리를 질러도 울리지 않는다고 한다.

91 뗏목 타는 바다 : 승부해(乘桴海)는 공자께서 "도가 행해지지 않으니, 뗏목을 타고

놀랍다 이처럼 드넓은 곳에　感此環混區
흘러서 온갖 물줄기 모여드네　灌委萬流滙
사해에 조수[92]가 넘쳐　四瀛溢䲡潮
거센 파도가 넘실넘실 일렁이네　狂浪角嵔㠑
솟구쳤다 무너지는 파도 휘장이 날리는 듯하고　崩騰組帳翯
철썩철썩 부딪히는 소리 우렁차네　澎湃眷聲猥
날씨가 순식간에 흐렸다 맑았다 하니　陰陽倏開闔
귀신이 문득문득 장난치는 듯하네　神鬼閃偎儡
백마 타고 오자서의 영령이 내달리는 듯[93]　白馬驟靈胥
주해가 철퇴 휘두르는 듯[94]　金椎奮屠亥

바다로 나갈까 보다.〔道不行, 乘桴浮于海.〕"라고 한 데서 유래한 말로, 보통 동해(東海)를 가리키는데, 여기서는 이민구가 읊고 있는 망해대의 위치를 고증할 수 없으므로, 바다를 의미하는 말로 이해할 수밖에 없다.《論語 公冶長》

92 조수(潮水) :《이아익(爾雅翼)》 권29〈추(䲡)〉에《수경(水經)》의 말을 인용하여 "바다 가운데 추라는 물고기는 길이가 수천 리나 된다. 해저의 구멍에서 사는데, 구멍에 들어가면 바닷물이 넘쳐서 조수가 되고 구멍에서 나오면 조수가 물러난다. 구멍에 들어가고 나오는 것이 규칙적이기 때문에 조수가 일정하게 발생한다.〔海中䲡長數千里, 穴居海底, 入穴則海溢爲潮, 出穴則潮退, 出入有節, 故潮水有期.〕"라고 하였다.

93 백마……듯 : 하얀 파도가 밀려드는 모습을 비유적으로 읊은 것이다. 영서(靈胥)는 춘추 시대 초나라 사람 오자서(伍子胥)의 영혼으로, 파도를 의미한다. 서진(西晉)의 좌사(左思)가 지은〈오도부(吳都賦)〉에 "영서는 오자서의 귀신을 말한다. 그는 춘추 시대 초나라 사람으로, 오나라에 와서 초나라와 월나라를 쳐 공이 있었으나 참소를 만나 물에 빠져 죽게 되었다. 그 후 강해(江海) 사이에 사는 사람들이 그 귀신을 두려워하여 물을 건너려면 모두 그 사당(祠堂)에 제사를 지냈다."라고 하였다.

94 주해(朱亥)가……듯 : 파도가 밀려와 부딪히는 모습을 비유적으로 읊은 말이다. 도해(屠亥)는 백정〔屠兒〕이었던 주해를 가리킨다. 그는 전국 시대 위(魏)나라의 협객

두 눈 부릅뜨고 똑바로 바라보니 倜儻壯目裂
휘둥그레지며 식은땀이 흐르네 愕眙駭汗浼
힐끗 보니 뭇 봉우리 빽빽하게 솟은 듯하고 窺覘衆峯攢
뭉게뭉게 떨기 구름이 끼었구나 鬱律叢雲靉
무너진 성에 깊은 수치 남았으니 夷城滯深恥
싸웠던 곳에서 조물주 향해 눈물 흘리네 戰地泣眞宰
거록에서 싸웠던 이제가 떠오르고[95] 鉅鹿想李齊
현수산에 공적비 세운 원개가 생각나네[96] 峴首思元凱
당시에 빛나는 공훈 세웠으니 當時耀勳伐
지난 일이 오래도록 역사에 남았네 往事彌年載
산에는 호표의 위엄 대단하고 山雄虎豹威
바다에서 경예에 절여져 싫구나[97] 壑厭鯨鯢醢

으로 푸줏간에 은둔해 살다가, 진(秦)나라가 조(趙)나라를 포위했을 때 신릉군(信陵君)의 계책에 따라 위나라 장수 진비(晉鄙)를 철퇴로 때려죽이고 그 병부(兵符)를 빼앗았다. 이로 인해 신릉군이 군대를 거느리고 가서 조나라를 구원할 수 있었다. 《史記 卷77 魏公子列傳》

95 거록(鉅鹿)에서……떠오르고 : 훌륭한 장수를 생각한다는 말이다. 이제(李齊)는 본래 진(秦)나라 장수였으나, 후에 조(趙)나라 장수가 되었다. 한 문제(漢文帝)가 흉노족 때문에 골치를 앓고 있던 중에 낭중서장(郎中署長) 풍당(馮唐)에게 말하기를 "이전에 누가 말하기를 '옛날 조나라의 어진 장수인 이제가 거록에서 잘 싸웠다.' 하기에, 지금도 내가 밥 먹을 때마다 그 당시의 거록을 못 잊는다." 하면서, 이제와 같은 장수를 구하고자 하였던 고사가 전한다. 《史記 卷102 馮唐列傳》

96 현수산(峴首山)에……생각나네 : 위와 마찬가지로 공훈을 세울 훌륭한 장수가 그립다는 말이다. 원개(元凱)는 진(晉)나라 두예(杜預)의 자이다. 자신의 공을 새긴 비석 두 개를 만들어 하나는 만산(萬山)의 아래에 두고 하나는 현산(峴山) 위에 세웠다고 한다. 현수(峴首)는 현산을 가리킨다. 《晉書 卷34 杜預列傳》

성기를 보고 오나라의 멸망 알았고[98]	星紀吳知亡
포모 때문에 초나라는 죄를 받았네[99]	苞茅楚服罪
공이 아니었다면 우리는 좌임했을 터[100]	微公吾左衽
재앙을 거두어 하늘도 후회했네	戢禍天其悔
오히려 병기를 씻었다는 소식 들었는데	猶聞洗甲兵
아직도 비단 실어 나르는 모습 보네[101]	尙見輸繒綵
어찌하여 요조의 채찍 팽개치고	寧投繞朝鞭

97 산에는……싫구나 : 산의 호랑이와 표범은 청(淸)나라를 의미하고, 바다의 경예(鯨鯢)는 일본을 의미하여, 조선이 두 나라에게 위협받고 있는 상황을 읊은 것으로 보인다. 경예는 거대한 고래의 수컷과 암컷을 가리키는데, 작은 물고기들을 잡아먹으므로 악인의 괴수로 비유된다.

98 성기(星紀)를……알았고 : 성기는 북두성(北斗星)과 견우성(牽牛星)의 별자리인데, 삼국 시대 때 오(吳)나라가 멸망하기 전에 북두성과 견우성 사이에 늘 자기(紫氣)가 서려 있었다고 한다.

99 포모(苞茅)……받았네 : 포모는 띠를 얽어맨 것으로 술을 거르는 도구이다. 춘추 시대 제 환공(齊桓公)이 포모를 공물로 바치지 않았다〔爾貢苞茅不入〕는 이유로, 초(楚)나라를 정벌한 고사가 전한다. 《春秋左氏傳 僖公4年》

100 공이……터 : 《논어》〈헌문(憲問)〉에 공자(孔子)께서 “관중이 아니었으면, 나는 머리를 풀어 헤치고 옷깃을 왼쪽으로 여미게 되었을 것이다.〔微管仲, 吾其被髮左衽矣.〕”라고 하셨는데, 옷깃을 왼쪽으로 여미는 것은 오랑캐의 풍속이다. 여기서는 공(公)이 누구를 지칭하는지 자세하지 않지만, 전후 맥락으로 보아 임진왜란에 왜적을 막아준 사람을 가리키므로, 이순신(李舜臣)을 가리키는 것으로 보인다.

101 오히려……보네 : 전쟁은 끝났지만 청(淸)나라로 많은 공물(貢物)을 보내는 현실을 지적한 것이다. 세갑병(洗甲兵)은 갑병을 깨끗이 씻는다는 말로, 두보(杜甫)의 시에 “어찌하면 장사로 하여금 은하수를 끌어와, 갑병을 깨끗이 씻어 영원히 쓰지 않게 할까.〔安得壯士挽天河, 淨洗甲兵長不用.〕”라고 한 데서 유래하였다. 이는 병기를 씻어서 다시는 쓰지 않겠다는 뜻을 보이는 것이다. 《杜少陵集 卷6 洗兵行》

실로 거인의 뇌물을 쓴단 말인가[102]　實用莒人賄
어이할까 복시[103]의 아픔　如何復矢痛
더불어 공명을 기대하지 못하겠네　不與功名待
포구에는 큰 배 매어 있고　逗浦繫艅艎
모래사장에는 병기 흩어져 있네　沈沙散戈鎧
생생하게 들 무녀의 말 들리는 듯하고[104]　依依野巫辭
마치 영혼이 있는 듯하네　怳怳英魂在
옛 자취 돌아보며 세 번 탄식하니　舊跡爲三歎
변방의 시름 곱절이나 심해지네　邊愁又一倍
동이 가득 맛난 술을 올리고　旨酒薦泛盎
꽃봉오리로 향기로운 차 달이네　香茶煎蓓蕾
배 돌려 그물 건져 올리니　廻舟擧群網
어찌 고기가 상했는지 묻겠는가　豈肯問魚餒

102 어찌하여……말인가 : 청(淸)나라에 정정당당히 맞서 싸울 계책은 세우지 않고 조공만 바치고 있다는 말이다. 춘추 시대 진(晉)나라의 사회(士會)가 진(秦)나라로 망명하였는데, 진(晉)나라는 진(秦)에서 사회의 계책을 쓸까 두려워하였다. 이에 계책을 써서 사회를 진(晉)나라로 돌아오게 하였는데, 사회가 돌아올 때 진(秦)나라의 요조(繞朝)가 사회에게 채찍을 주면서 "그대는 우리 진(秦)나라에 인물이 없다고 여기지 말라. 나는 진(晉)나라의 계책을 알고 있다."라고 하였다. 《春秋左氏傳 文公13年》

103 복시(復矢) : 옷 대신 화살로 초혼(招魂)하는 것을 말한다. 《예기》 〈단궁 상(檀弓上)〉에 "주루 사람들이 화살로 복하는 것은 승형의 전투에서 시작되었다.〔邾婁復之以矢, 蓋自戰於升陘始也.〕"라고 하였다.

104 생생하게……듯하고 : 혼을 부르는 무녀의 소리가 생생히 들리는 듯하다는 말이다. 《초사(楚辭)》 〈초혼(招魂)〉에 황제가 무양(巫陽)에게 죽은 신하들의 혼을 불러오도록 명령하자, 무양이 "혼이여 돌아오라.〔魂兮歸來〕"라고 초혼하는 장면이 묘사되어 있다.

성난 얼굴로 도마에 올려지고　怒頳登俎砧
꼬리 퍼덕이며 솥에 들어가네　掉尾就鼎鼐
거문고에서 〈청상곡〉[105] 울리고　高柱發淸商
부드러운 노래는 노 젓는 소리와 어우러지네　柔歌雜款乃
손님을 성찬[106]으로 예우하고　客禮饗百牢
기녀에게 구슬꿰미를 주네　妓贈珠十琲
친척들 즐겁게 농담 나누고　親懿遞歡謔
벗들 마음껏 즐기네　交期恣樂豈
천 잔의 술로 가슴속 회포 비우니　千觴罄中懷
일곱 성인이 대외를 찾지 못하던 때 같네[107]　七聖迷大隗
비스듬히 앉아 곤륜을 희롱하고　側坐戲崑崙
대자리 깔고 구뢰 들고 춤추네[108]　橫筵舞具檑
저 멀리 물가에 풍경 어두워지고　極渚斂風色

105 청상곡(淸商曲) : 악부(樂府)의 가곡 이름으로, 가을에 속하는 상성(商聲)의 맑고도 슬픈 노래를 가리킨다.

106 성찬(盛饌) : 백뢰(百牢)는 성대한 상차림을 말한다. 뇌(牢)는 희생으로 쓰이는 짐승을 말하는데, 백뢰는 백 가지 짐승을 잡아 요리한 것이다.

107 일곱……같네 : 대외(大隗)는 옛날 중국의 산신령 이름이다. 전설에 의하면 황제(黃帝)가 방명(方明)・창우(昌寓)・장약(張若)・습붕(謵朋)・곤혼(昆閽)・골계(滑稽) 등의 호종을 받으며 구자산에 이르러 대외의 신(神)을 만나보려고 하였는데, 가다가 양성(襄城)의 들판에서 길을 잃고 헤맸다고 한다. 《莊子 徐無鬼》

108 비스듬히……춤추네 : 술을 마시기도 하고 칼을 들고 춤을 추기도 하는 모습을 읊은 것으로 보인다. 곤륜(崑崙)은 보통 곤륜산(崑崙山)을 의미하지만, 여기서는 곤륜상(崑崙觴)이라는 술을 가리키고, 구뢰(具檑)는 뇌구검(檑具劍)을 가리키는 것으로 보인다.

앞 바다에 햇살 사라지네　前洋收日彩
상비가 혹 깃을 줍고　湘妃或拾羽
굴원이 채초 차고 거니는 듯[109]　屈子行攬茝
흥취 갑자기 쓸쓸해지고　動興却凄凄
눈물만 하염없이 떨어지네　失淚重漼漼
길 궁하면 장부가 통곡하고　途窮丈夫哭
도를 잃으면 아녀자도 속이네　道喪兒女紿
버림받은 신세로 먼 변방에 떨어져　棄捐落荒裔
쓸쓸히 밝은 채지와 멀어졌네　蕭條間明寀
날아올라 붕새도 메추리도 사절하고[110]　翻飛謝鵬鷃
마시고 쪼며 마음대로 게으름 피우리　飮啄隨意怠
종이와 먹을 즐겨 마침내 시 지었지만　翰墨遂成章
나무꾼들이나 채택해 부르겠지　蒭蕘庶可采

109 상비(湘妃)가……듯 : 해가 진 뒤에 쓸쓸해진 분위기를 비유적으로 읊은 것이다. 상비는 순(舜) 임금의 두 후비(后妃)인 아황(娥皇)과 여영(女英)을 말한다. 순 임금이 창오(蒼梧)에서 죽은 후, 두 후비가 순 임금을 찾아 나섰다가 소상강(瀟湘江)에 빠져 죽어 상수(湘水)의 신이 되었다고 한다. 깃을 줍는다는 말은 옛날에 부녀자들이 치장하기 위해 비취새의 깃을 주웠던 데서 유래하여 부녀자들이 봄놀이하는 것을 가리킨다. 조식(曹植)의 〈낙신부(洛神賦)〉에 "밝은 구슬을 캐기도 하고, 비취새의 깃을 줍기도 한다.〔或採明珠, 或拾翠羽.〕"라고 하였다. 굴원(屈原)의 〈이소(離騷)〉에 "임금님이 나를 내치면서 혜초를 주시고, 또 채초를 가려 뽑아 거듭 주셨네.〔旣替余以蕙纕兮, 又申之以攬茝.〕"라고 하였다.

110 날아올라……사절하고 : 무엇에도 얽매이지 않고 자유롭게 살겠다는 의지의 표현이다. 붕새는 아주 큰 새이고, 메추리는 아주 작은 새이다. 《장자(莊子)》 〈소요유(逍遙遊)〉에 붕새는 구만 리 하늘 위를 날아가고, 메추리는 몇 길 높이의 쑥대나 느릅나무 사이를 날아다닌다는 이야기가 나온다.

동천에 배를 띄우고

東川泛舟

저녁 술자리에 젓대소리 강 가운데 어우러지고　晚筵風篴雜中流
불무[111]와 청상[112] 한창 무르익네　拂舞淸商爛未收
한없이 뻗은 산세 들을 돌아 다하였고　山勢不窮廻野斷
끝없이 펼쳐진 호수에 장막 두른 정자 떠 있는 듯　湖波無際幔亭浮
맛좋은 생선이 어부의 손에 들어오고　嘉魚競落漁人手
갈매기는 노 젓는 여인의 노래에 놀라네　狎鳥時驚棹女謳
오늘 강 건널 때 마름 잎 짧았으니　今日涉江菱葉短
다시 긴 모래섬에서 흥겹게 감상하리　更留歡賞屬長洲

111 불무(拂舞) : 삼국 시대 강동(江東) 지역에서 불자(拂子)를 들고 추던 일종의 가무(歌舞)이다.

112 청상(淸商) : 악부(樂府)의 가곡 이름으로, 가을에 속하는 상성(商聲)의 맑고도 슬픈 노래를 가리킨다.

서천의 조촐한 술자리

西川小酌

남쪽으로 드넓은 들판에 흐르고	南注郊原大
나루로 통하는 물결 길게 뻗어	通津水波長
구불구불 학섬으로 이어지고	逶迤連鶴嶼
밤낮으로 용당에서 만나네	晝夜會龍塘
조망이 초여름에 제격이라	眺望宜初夏
술자리 석양까지 이어지네	盤筵到夕陽
이 고장에 생선과 게 많으니	此鄉魚蟹富
다시 허원[113]의 술에 취하노라	又醉許垣觴

113 허원(許垣) : 인명(人名) 또는 허씨의 집을 의미하는 듯한데 자세하지 않다.

남원을 지나다가 광한루에 올라 달을 보며 즉흥적으로 짓다
途次南原 登廣寒樓 望月率賦

허공에 높이 솟은 누대 올라보니	憑虛樓迥快登臨
하늘 끝 나그네 오가는 마음이네	客子天涯去住心
첩첩 봉우리 남쪽에는 흰 구름 머무는데[114]	複嶺以南白雲住
가로지른 강물 북쪽에는 자미원 어둡네[115]	橫河之北紫微陰
달빛 일렁이는 금빛 물결 고기 노는 물가이고	金波瀲月浮魚渚
거문고 연주소리 학 깃든 숲에 울리네	玉柱驚絃動鶴林
이런 광경 밤늦도록 줄어들지 않으니	光景夜闌殊不滅
그대 위해 도강음[116] 한 번 부르노라	爲君一唱渡江吟

114 첩첩……머무는데 : 당(唐)나라 적인걸(狄仁傑)이 태항산(太行山)을 넘어가던 중에 흰 구름이 외로이 떠가는 남쪽 하늘을 바라보면서 "저 구름 아래에 어버이가 계신다.〔吾親所居, 在此雲下.〕"라고 하고는 한참 동안 머물러 있다가 구름이 다른 곳으로 옮겨 간 뒤에 다시 길을 떠났다는 고사에서 유래하여, 백운(白雲)은 어버이를 그리워하는 시어로 사용된다.《舊唐書 卷89 狄仁傑列傳》이 작품이 지어진 시기는 고증할 수 없어 단정할 수 없지만, 순천 부사(順天府使)로 있는 부친 이수광(李睟光)을 떠올린 것으로 추정된다.

115 가로지른……어둡네 : 조정의 좋지 않은 상황을 읊은 것이다. 자미(紫微)는 천제좌(天帝座)인 자미성(紫微星)으로, 대궐을 비유하는 시어(詩語)이다.

116 도강음(渡江吟) : 강을 건너가는 노래라는 말로, 이별을 아쉬워하는 노래를 의미한다. 당(唐)나라 상건(常建)의 시에 "꽃 아래 거문고 소리 맑게 울리는데, 그대는 강 건너는 노래 부르네.〔泠泠花下琴, 君唱渡江吟.〕"라고 하였다.《常建詩 卷1 送李十一尉臨溪》

동작나루에서 밤에 배를 띄우고 남쪽으로 돌아가는 형님을 전송하는데, 술자리가 무르익을 무렵 조수지[117]가 뒤늦게 도착하니 기뻤다

銅津夜泛 送伯氏南還 酒闌 喜趙綏之追至

맑은 호수 오월에도 복판 서늘한데	澄湖五月水心涼
노 저어 물결 타고 밤빛 거슬러 올라가네	擊汰乘流溯夜光
뱃길은 푸른 바닷가 기슭에서 다하고	舟楫路窮滄海岸
음악 소리는 이별하는 자리에 애절하네	管絃聲切別離場
지난날 티끌세상에서 기쁨 적었는데	向來塵裏歡情少
근래 성 모퉁이로 나오니 즐거운 일 많구나	近出城隅樂事長
다시 상여[118]가 뒤늦게 와서	更有相如能末至
사람들 손에 든 술잔 자꾸 비우게 하네	教人屢覆手中觴

117 조수지(趙綏之) : 조경진(趙景禛, 1579~1648)으로, 본관은 평양(平壤), 자는 수지이다. 《東州集 文集 卷9 刑曹參議趙公墓碣銘 幷序》

118 상여(相如) : 전한(前漢)의 문인(文人)인 사마상여(司馬相如)로, 여기서는 제목에 보이는 조경진을 가리키는 말로 사용되었다.

가족을 데리고 명주[119]로 가는 허동강[120]을 전송하다

送許東岡搬家累歸溟州

맑은 한강 구름 백사장에 기러기는 오려 하는데	淸漢雲沙雁欲賓
서풍이 월나라 사람 불어 보내네[121]	西風吹送越鄕人
궁도에 이별하니 마음 애절한데	窮途契闊心應切
역관에 떠도는 삶 검만 가까이 하겠지	候館羈棲劍獨親
고개에서 물 갈라져 농서로 가니 가슴 아프고[122]	嶺水分流傷適隴
관산에서 끊임없이 서울 그리며 울겠지[123]	關山不斷泣思秦
녹문의 계획으로 멀리 떠나가니	鹿門此計誠長往
훗날 연하풍광 속에 이웃하리라[124]	他日煙霞擬卜隣

119 명주(溟州) : 강원도 강릉(江陵)의 옛 이름이다.

120 허동강(許東岡) : 허보(許宲, 1585~1659)로, 본관은 양천(陽川), 자는 유선(惟善), 호는 동강이다.

121 서풍(西風)이……보내네 : 고향으로 돌아가는 허보를 전송한다는 말이다. 서풍은 가을을 의미하고, 월향인(越鄕人)은 고향을 그리워하는 사람을 가리킨다. 전국 시대 월나라의 장석(莊舃)이 초(楚)나라에서 높은 관직에 올라 부귀를 누리며 살 때, 병이 들었는데 월나라 소리로 신음하더라는 고사가 전한다.《史記 卷70 張儀列傳》

122 고개에서……아프고 : 허보와 헤어지니 마음이 아프다는 말이다. 적롱(適隴)은 농서(隴西) 지방으로 간다는 말로, 여기서는 허보가 강릉으로 가기에 한 말이다.

123 관산(關山)에서……울겠지 : 허보가 강릉으로 가서 서울에 있는 이민구를 그리워할 것이라는 말이다.

124 녹문(鹿門)의……이웃하리라 : 허보가 강릉으로 가니, 뒷날 자신도 그의 이웃에서 살겠다는 말이다. 녹문은 후한(後漢)의 방덕공(龐德公)이 유표(劉表)의 초빙을 거절하고 가족들과 함께 은거하였다는 산 이름이다.《後漢書 卷83 逸民列傳 龐公》

전성군 부인[125] 만사

全城君夫人挽詞

맹모가 이사와 이웃에 살고[126]	孟母遷居得接隣
장씨 집 닭과 기장밥이 손님 머물게 했네[127]	張家鷄黍慣留賓
노년의 많은 복 온 나라에 알려지고	暮年百福聞邦族
일찍 많은 아들 두었으니 태인의 점 맞았네[128]	早歲多男卜太人

125 전성군(全城君) 부인(夫人) : 이준(李準, 1545~1624)의 부인 여산 송씨(礪山宋氏)를 가리키는 것으로 보인다.《東州集 文集 卷9 坡州牧使李公墓碣銘 幷序》 이준의 본관은 전주(全州), 자는 평숙(平叔), 호는 뇌진자(懶眞子)·서파(西坡)이다. 1589년(선조22)에 정여립(鄭汝立)의 모반사건이 일어나자, 도승지로서 죄인을 다스리는 데 공을 세워 평난 공신(平難功臣) 2등에 책록되고 전성군에 봉해졌다.

126 맹모(孟母)가……살고 : 자녀 교육에 전념했던 전성군의 부인이 이민구와 이웃에 살았다는 말이다. 맹자(孟子)의 어머니가 맹자를 가르치기 위하여 세 번이나 집을 옮겼다는 맹모삼천(孟母三遷)의 고사가 있다.

127 장씨(張氏)……했네 : 전성군 부인의 아들과 이민구가 친한 사이였음을 말한 것이다. 전성군의 아들은 이공익(李公益)인데 이민구는 "군과 나는 함께 공부했고, 진사시에도 함께 합격하였다.〔君與余同治筆硏, 又同進士〕"라고 하였다.《東州集 文集 卷9 坡州牧使李公墓碣銘 幷序》 장씨는 후한의 장소(張劭)를 가리킨다. 범식(范式)이 장소와 헤어질 때, 2년 뒤 9월 15일에 시골집에 찾아가겠다고 약속하였으므로, 그날 장소가 닭을 잡고 기장밥을 지어 놓고 기다리자 과연 범식이 찾아왔으며, 또 장소가 임종(臨終)할 무렵에 "죽음까지도 함께할 수 있는 벗을 보지 못하는 것이 한스럽다.〔恨不見死友〕"라고 탄식하면서 숨을 거두었는데, 영구(靈柩)가 꼼짝하지 않다가 범식이 찾아와서 위로하자 비로소 움직였다는 고사가 전한다.《後漢書 卷81 獨行列傳 范式》

128 일찍……맞았네 : 전성군 부인이 많은 아들을 두었다는 말이다.《시경》〈사간(斯干)〉에 "태인이 꿈을 풀이하니, 곰이 꿈에 나타나면 아들을 낳을 조짐이고 뱀이 꿈에

색동옷 입고 춤추며 구경 즐거워했는데[129] 方舞萊衣歡具慶
훤초가 긴 봄에 시들다니 놀랍구나[130] 遽驚萱草罷長春
말 엮어 겨우겨우 만사 지으려 하지만 摛辭强欲成哀詠
큰 사랑 받은 나는 이미 마음 가눌 길 없네 偏露吾今已損神

나타나면 딸을 낳을 조짐이네.〔大人占之, 維熊維羆, 男子之祥, 有虺有蛇, 女子之祥.〕"라고 하였다.

129 색동옷……즐거워했는데 : 전성군 부인의 아들이 양친이 살아계신 것을 기뻐하며 효도를 극진히 했다는 말이다. 내의(萊衣)는 노래자(老萊子)의 색동옷을 말한다. 춘추 시대 초나라의 은사(隱士) 노래자가 70세의 나이에도 부모님을 기쁘게 해 드리기 위하여 색동옷을 입고 재롱을 떨었다는 고사가 있다.《初學記 卷17 引 孝子傳》구경(具慶)은 부모가 모두 생존해 있는 것을 말한다. 부친만 생존한 경우에는 엄시(嚴侍), 모친만 생존한 경우에는 자시(慈侍), 부모 모두를 여의었을 때에는 영감(永感)이라고 하였다.

130 훤초(萱草)가……놀랍구나 : 전성군 부인이 운명했다는 소식에 놀랐다는 말이다. 훤초는 모친의 거처를 의미한다.《시경》〈백혜(伯兮)〉에 "어떡하면 훤초를 얻어 북쪽 뒤꼍에 심어 볼까.〔焉得萱草, 言樹之背.〕"라고 하였다.

서천 군수 이명[131]을 전송하다

送李舒川溟

깊숙한 백옥당[132]	深沈白玉堂
엄숙한 금화성[133]	肅穆金華省
푸른 기와 위로 채색 구름이 날개처럼 펼쳐지고	翠甍翼斐雲
아로새긴 들보에 은행나무 걸렸네	雕梁架文杏
고문으로 일찍이 자리에 충원되어	顧問曾備列
남몰래 불었으니 참으로 다행이었네[134]	竊吹眞知幸
베풀어 준 은혜 감사할 뿐인데	徒言感恩私
누가 을병에 도움이 있다고 이르겠나[135]	孰謂裨乙丙

131 이명(李溟) : 1570~1648. 본관은 전주(全州), 자는 자연(子淵), 호는 귀촌(龜村)이다. 《광해군일기》 10년 7월 18일 기사에 이명을 서천 군수(舒川郡守)로 삼았다는 기록이 보인다.

132 백옥당(白玉堂) : 중국의 한림원(翰林院)을 백옥당이라고 하는데, 이명이 홍문관 응교(弘文館應教)를 역임하였기에 이렇게 말한 것으로 보인다. 《光海君日記 6年 2月 30日·3月 3日》

133 금화성(金華省) : 서한(西漢)의 중상시(中常侍) 반백(班伯)이 미앙궁(未央宮) 안의 금화전(金華殿)에서 강설(講說)한 일이 있으므로 경연(經筵)을 가리키게 되었는데, 여기서는 이명이 세자시강원 설서(世子侍講院說書)를 역임했기에 한 말로 보인다. 《光海君日記 1年 8月 20日》

134 고문(顧問)으로……다행이었네 : 이민구가 이명과 같은 부서에서 일했던 것을 겸사로 말한 것이다. 절취(竊吹)는 자격도 없는 사람이 그 자리에 있음을 비유하는 말이다. 제 선왕(齊宣王) 때 남곽처사(南郭處士)가 피리를 불 줄도 모르면서 피리 부는 300명 속에 끼어 후한 녹을 받았다는 고사가 전한다. 《韓非子 內儲說上》

자취 거두어 조참 삼가고　　戢迹祇晨趨
두려운 마음에 밤새 근심 품었네　　兢懷抱宵耿
관직에 있으며 서로 도와 좋았지만　　官聯喜協比
초라한 몰골로 교유함 부끄러웠네[136]　　形穢慙交竝
스스로 보기에 무부처럼 변변찮았지만　　自視碔砆賤
호련처럼 빛나는 모습만 보았네[137]　　但賞瑚璉冏
바쁜 걸음으로 험한 길 가다가　　躧步觸途危
날랜 날개 밤에 접으니[138]　　逸翮當宵整
높이 오르려 해도 긴 팔 없고　　攀高闕長臂

135 을병(乙丙)에……이르겠나 : 을병은 을묘년(1615, 광해군7)과 병진년(1616)을 말한다. 이명은 영창대군(永昌大君)이 살해된 뒤에 그 일의 부당함을 지적한 정온(鄭蘊)과 같은 입장을 취했으며, 이로 인해 파직되었다.

136 관직에……부끄러웠네 : 이민구가 이명과 함께 관직에 있는 것이 좋았지만, 이명보다 재주가 부족한데도 함께 어울려 부끄러웠다는 말이다. 진(晉)나라 표기장군(驃騎將軍) 왕제(王濟)가 위개(衛玠)를 볼 때마다 "주옥같은 그대가 옆에 있으니, 나의 몰골이 추한 것을 절감하겠다.〔珠玉在側, 覺我形穢.〕"라고 탄식했다는 고사가 전한다. 《晉書 卷36 衛瓘列傳 衛玠》

137 스스로……보았네 : 이민구 자신은 스스로를 보잘것없는 사람이라고 여겼지만, 이명이 훌륭한 인재로 인정해주었다는 말이다. 무부(碔砆)는 붉은 바탕에 흰 무늬가 있는 옥 비슷한 돌이다. 호련(瑚璉)은 종묘 제사에 사용하던 아름다운 그릇으로, 훌륭한 인재를 비유한다. 공자의 제자 자공(子貢)이 "저는 어떠한 그릇입니까?〔何器也〕"라고 묻자, 공자께서 "호련이다.〔瑚璉也〕"라고 대답하셨다. 《論語 公冶長》

138 바쁜……접으니 : 이명이 관직에 있다가 좌절한 상황을 읊은 것이다. 사보(躧步)는 본래 춤추는 걸음걸이라는 뜻인데, 여기서는 관직에서 부지런히 임무를 수행했던 이명의 모습을 읊은 것이다. 《한서(漢書)》 권71 〈준불의(雋不疑)〉에 "신 신을 사이도 없이 일어나 맞이한다.〔躧履起迎〕"라고 하였다.

깊은 샘물 기르려 해도 두레박 줄 짧았지[139] 汲深勞短綆
금원에 밝은 하늘 빛나고 禁籞赫天熙
꽃무늬 벽돌에 해가 길게 비출 때[140] 花磚屬日永
서두른 술잔 받자마자 마시고 劇觴隨手覆
웅걸한 이야기 입에서 끊이지 않았지 雄談哆口騁
옷 거꾸로 입은 채 추밀원 승정원에서 기다리고 倒衣候密宣
갈증 풀려고 새 우물 만들었지 沃渴汪新井
이윽고 관직 그만두어 俄然謝簪紳
감히 함정을 밟지 않았네 不敢蹈機穽
자라처럼 엎드려 시대의 버림 분수로 알고 鼈伏分時捐
역조 물러나 조청 막혔네[141] 鶂退阻朝請
졸렬하고 어눌한 나는 무능하지만 拙訥余無能
곧고 진실함 그대는 가졌어라[142] 直諒君所秉

139 높이……짧았지 : 평소 이민구를 이끌어주던 이명이 관직에서 물러나게 되었으므로 안타까웠다는 말이다.

140 금원(禁苑)에……때 : 이명과 함께 지냈던 때를 회상한 것이다. 화전(花磚)은 꽃무늬의 벽돌을 말한다. 당 덕종(唐德宗) 때 한림원(翰林院) 앞길이 꽃무늬 벽돌로 되어 있었다.

141 역조(鶂鳥)……막혔네 : 시운(時運)에 막혀 벼슬에서 물러났다는 말이다. 역(鶂)은 물새 이름인데, 여섯 개의 아름다운 깃털을 가진 물새가 폭풍에 밀려 후퇴했다는 고사가 전한다.《春秋左氏傳 僖公16年》조청(朝請)은 조정에 사후(伺候)하는 예(禮)를 말하는데, 봄에 하는 것을 조(朝)라 하고 가을에 하는 것을 청(請)이라 한다. 여기서는 조회의 의미로 사용되었다.

142 졸렬하고……가졌어라 : 이민구 자신은 무능한 사람이지만, 이명은 유익한 벗이라는 말이다.《논어》〈계씨(季氏)〉에 "유익한 벗이 세 가지가 있고, 해로운 벗이 세

여섯 달을 봉지[143]에 머물다가	六月鳳池淹
가을에는 학천에서 일깨우네[144]	三秋鶴天警
대아께서 용렬한 사람 사이에서 지내다가	大雅間庸品
달리는 세월 말년 남았네	馳光遺末景
부질없이 칠실의 근심 가졌으니[145]	空齎漆室憂
과연 홍농이 병들었단 소식 들었네[146]	果聞弘農瘳
거센 물살 속에 지주석 같은 지조 보았고	横流見砥柱
많은 이들 나약할 때 강직함 드러냈네[147]	衆脆表骨鯁

가지가 있으니, 벗이 정직〔直〕하고 신실〔諒〕하고 문견이 많으면〔多聞〕 유익하다."라고 하였다.

143 봉지(鳳池) : 봉황지(鳳凰池)의 준말로, 대궐 안에 있는 못을 가리킨다.

144 가을에는 학천(鶴天)에서 일깨우네 : 당나라 두목(杜牧)의 〈설청방조하가서소거(雪晴訪趙嘏街西所居)〉에 "두소릉은 경해가 요동치는 경계요, 이 한림은 학천이 드높은 경지일세.〔少陵鯨海動, 翰苑鶴天寒.〕"라고 한 것을 원용하였으니, 물러나서 선경에서 지낸다는 말이다.

145 부질없이……가졌으니 : 이민구가 주제넘게 세상 걱정을 했다는 말이다. 칠실우(漆室憂)는 칠실의 근심이라는 말로, 분수에 넘치는 지나친 근심을 의미한다. 춘추시대 노(魯)나라 칠실이라는 고을에서 혼기(婚期)를 놓치고 시집을 못 간 어떤 처녀가 기둥에 기대어 흐느끼고 있자, 이웃의 아낙이 묻기를 "시집을 가고 싶어서 그러는가?" 하니, 처녀가 답하기를 "아닙니다. 노나라 군주는 늙었고 태자는 어리니, 걱정이 되어서 그럽니다."라고 하였다. 아낙이 말하기를 "그런 일은 대부(大夫)가 할 걱정이네." 하니, 처녀가 말하기를 "그렇지 않습니다. 노나라에 난리가 나서 군신과 부자가 치욕을 당하면 부녀들이 갈 곳이 어디에 있겠습니까."라고 하였다. 《古列女傳 卷3 仁智傳 魯漆室女》

146 과연……들었네 : 이민구가 걱정한 것과는 달리 이명이 문예를 즐긴다는 소식을 들었다는 말이다. 홍농(泓農)은 중국 하남성(河南省)에 있는 고을로, 와연(瓦硯)이라는 벼루의 명산지이다. 한유(韓愈)의 〈모영전(毛穎傳)〉에 "모영, 즉 붓이 벼루의 명산지인 홍농 사람 도홍(陶泓)과 벗으로 친하게 지냈다."라는 말이 나온다.

재앙 두려워한다면 선현에게 부끄러우니　禍怵愧前脩
나를 살핌에서 의리가 확립되네[148]　義立由內省
뭇 사람들 의심은 실로 많지만　群疑實穰穰
홀로 밝게 비춰 더욱 빛나도다　獨照愈炳炳
아아 당나라 장구령　嗟乎唐九齡
한나라 오령을 면했지만[149]　得免漢五嶺
바로 조정에서 받아들여지지 않아　乃與朝容疏
황량한 곳에 물러나 지냈네　仍從荒外屛
흥공처럼 〈수초부〉 지어　興公遂初賦
계자의 밭 이경 경작하며[150]　季子田二頃

147 거센……드러냈네 : 이명의 지조를 읊은 것이다. 지주(砥柱)는 중국의 황하(黃河)의 거센 물살 가운데 우뚝 서 있는 바위산으로, 혼탁한 세속에 휩쓸리지 않고 꿋꿋하게 자신의 절조를 지키는 군자에 비유된다. 골경(骨鯁)은 강직하여 임금의 허물을 간(諫)하는 충(忠)을 말하는데, 직언(直言)을 받아들이기 어려움을 물고기 뼈가 목에 걸린 것에 비유하여 하는 말이다.

148 재앙……확립되네 : 자기에게 닥칠 재앙을 걱정하지 않고, 떳떳함을 바탕으로 의리를 지켰다는 말이다. 공자(孔子)께서 "안으로 반성하여 조그마한 하자도 없으니, 무엇을 근심하며 무엇을 두려워하겠는가.〔內省不疚, 夫何憂何懼.〕"라고 하셨다. 《論語 顔淵》

149 당(唐)나라……면했지만 : 이명이 강직한 자세를 견지하여 관직에서 쫓겨나기는 했지만, 험지로 유배되지는 않았다는 말이다. 당구령(唐九齡)은 당 현종(唐玄宗) 때의 명상(名相)이며 시인인 장구령을 가리킨다. 곡강(曲江) 사람으로, 자는 자수(子壽), 시호는 문헌(文獻)이다. 오령(五嶺)은 교지(交趾)의 합포(合浦) 경계에 있는 대유(大庾), 시안(始安), 임하(臨賀), 계양(桂陽), 게양(揭陽) 등을 말하는데, 이곳의 남쪽은 예로부터 중국의 유배지로 유명하였다.

150 흥공(興公)처럼……경작하며 : 이명이 관직에서 쫓겨나 전원에서 지냈다는 말이

한 몸으로 남쪽 밭에서 지냈으니 一身南畝間
다섯 번 서풍 차가워지는 걸 보았네[151] 五見西風冷
본래 임금 그리는 마음 있어 魏闕雅懸心
강호에서 자주 목 늘려 바라보았지 江湖屢延頸
야장은 본래 죄인 아니라 冶長本非罪
중화가 바야흐로 용서하였네[152] 重華方肆眚
날카로운 칼은 반드시 일 많은 곳에 있어야 하고 利刃必處劇
정금은 쇳돌 속에서 나오려 하네 精金欲出礦

다. 홍공은 진(晉)나라 손작(孫綽)의 자(字)이다. 손작이 젊어서 산수(山水)에 노닐며 은거하는 고상한 생활을 하겠다는 뜻으로 〈수초부(遂初賦)〉를 지었다. 계자(季子)는 전국 시대 합종설(合縱說)을 제창했던 소진(蘇秦)의 자이다. 그가 연(燕), 조(趙), 한(韓), 위(魏), 제(齊), 초(楚) 육국(六國)의 왕들을 합종설로 유세하여 종약(從約)을 체결한 뒤에 육국의 상인(相印)을 한 몸에 차고 왕만큼 호화로운 행차로 고향인 낙양(洛陽)을 지나게 되었는데, 지난날 자신을 무시했던 형수와 가족들을 만나 "만일 나에게 낙양 근교의 토지 두 이랑만 있었다면, 내가 어찌 오늘날 육국의 상인을 찰 수 있었겠는가.〔且使我有洛陽負郭田二頃, 吾豈能佩六國相印乎.〕"라고 탄식한 고사가 전한다.《史記 卷69 蘇秦列傳》

151 한……보았네 : 이명이 초야에서 5년 동안 지낸 것을 말한다.

152 야장(冶長)은……용서하였네 : 이명이 처벌되기는 하였지만, 본래 죄가 없는 사람이었기 때문에 임금께서 용서해 주었다는 말이다. 야장은 공자(孔子)의 제자인데, 《논어》〈공야장(公冶長)〉에 "공자께서 공야장에 대해 이르기를 '사위 삼을 만하다. 비록 옥에 갇혀 있지만, 그의 죄가 아니다.' 하고 사위를 삼으셨다.〔子謂公冶長, 可妻也, 雖在縲絏之中, 非其罪也, 以其子妻之.〕"라고 하였다. 여기서는 이명을 비유하여 말한 것이다. 중화(重華)는 순 임금의 문덕(文德)이 요 임금을 이어 거듭 광화(光華)를 발하였다는 말에서 기인한 것인데, 여기서는 광해군(光海君)을 뜻한다. 사생(肆眚)은 무의식적으로 범한 실수나 상황이 불운하여 받은 죄는 용서하여 풀어 주는 것을 말한다. 《書經 舜典》

소부를 시험 삼아 백성들에게 임하게 하니 蕭傅試臨民
모름지기 황패가 영천 다스린 것처럼 해야지[153] 黃霸須治潁
서천은 요충지로 불리니 舒州號要衝
바다와 산이 금령[154]처럼 펼쳐졌네 海嶠控襟領
성과 해자가 험하게 둘러져 城隍繚嵽嵲
물결의 사나운 기세 잦아드네 波浪卷奮猛
뜰에는 태산의 꿩이 달리고 庭馴岱畎翟
포구에 탐부[155] 오가는 배가 정박하네 浦泊耽浮艋
군사 사열하려 옛적 두루 돌아보았으니 觀兵昔周遊
풍속 다스려 마땅히 진정시켜야지 莅俗宜鎭靜
야간에 집집마다 빗장 열기를 기다리고 夜戶佇開扃
가을 들판에 이삭 드리우기를 생각하네 秋原想垂穎
만나기 어려운 이별이라 남쪽 가는 걸 상심하고[156] 雨別傷適越

153 소부(蕭傅)를……해야지 : 이명이 서천 군수로 나가서 선정(善政)을 베풀기 바란다는 말이다. 소부는 한(漢)나라 원제(元帝)의 사부(師傅)였던 소망지(蕭望之)를 가리키는데, 여기서는 세자시강원 설서를 역임한 이명을 의미한다. 조정 관원들을 외직(外職)에 내보내는 정책에 의해 소부를 평원 태수(平原太守)로 임명하였으나, 소부는 이를 기피한 나머지 "외군(外郡)이 다스려지지 않는다고 하여 걱정할 것이 무엇이겠습니까."라고 강변하면서 상소했던 고사가 있다. 《漢書 卷78 蕭望之傳》 황패(黃霸)는 한나라 때 영천 태수(潁川太守)를 지낸 인물로, 발해 태수(渤海太守) 공수(龔遂)와 함께 선정을 베푼 지방관으로 손꼽히는 인물이다. 《漢書 卷89 黃霸傳》

154 금령(襟領) : 옷깃을 이르는 말로, 여기서는 중요한 지역이라는 뜻으로 쓰였다.

155 탐부(耽浮) : 탐라(耽羅), 즉 제주도를 말한다.

156 만나기……상심하고 : 이명과 헤어지고 나면 다시 만나기 어려울 것이므로 마음이 아프다는 말이다. 우별(雨別)은 다시 만나기 어려운 이별을 말한다. 왕찬(王粲)의

풍근은 영 땅을 생각하지만[157] 風斤感思郢
아직도 싸우는 북소리 울리니 猶傳戰鼓催
변방이 안정되었다는 소식 없네 未報邊塵靖
부절 나누어 천 석의 녹봉 부러운데 千石羨分符
가족들은 떠도는 신세 슬퍼하네[158] 百口悲泛梗
후룩후룩 뱁새의 날개이고 翩翾斥鷃翔
까마득한 천마의 그림자라네[159] 滅沒天馬影
가난할 때 오직 관중과 포숙의 우정 생각하고 貧惟管鮑情
늙어서는 문장의 경지 좋아했지 老愛文章境

〈증채자독(贈蔡子篤)〉에 "풍류는 구름처럼 흩어지고, 이별은 비와 같네.〔風流雲散, 一別如雨.〕"라고 하였는데, 이에 대해 "비가 내려서 다시 구름 속으로 돌아오지 못하는 것과 같다.〔如雨之降, 不還雲中也.〕"라고 풀이하였다. 《文選 卷23 贈答上》

157 풍근(風斤)은……생각하지만 : 이명이 서천으로 부임하면 자신의 글을 수정해줄 사람이 없어서 그리울 것이라는 말이다. 《장자(莊子)》 〈서무귀(徐无鬼)〉에 "영 땅 사람이 코끝에 백토를 파리 날개처럼 묻혀 놓고, 장석(匠石)을 시켜 그것을 깎아 내게 하였다. 그러자 장석이 바람을 일으키며 도끼를 휘둘러 마음대로 깎아 내기 시작하였는데, 백토를 다 깎았는데도 코를 다치게 하지 않았고, 영 땅 사람도 조금도 동요하지 않고 그대로 서 있었다."라고 하였다. 후대에는 영근(郢斤)이라고 하여 글을 잘 고치는 것을 뜻하는 말로 사용된다.

158 가족들은……슬퍼하네 : 이명이 지방으로 나가는 것을 가족들이 슬퍼한다는 말이다. 경(梗)은 도경(桃梗)이니, 범경(泛梗)은 물 위에 떠내려가는 장승이라는 말로, 정처 없이 떠도는 생활을 가리킨다. 옛날 진흙으로 빚은 토우인(土偶人)이 복숭아나무로 만든 장승에게 "나는 폭우가 쏟아져서 무너지면 본래의 흙으로 되돌아가 이 땅에 있지만, 자네는 탁류에 휩쓸려 떠내려가서 장차 어디로 갈지 알 수가 없다."라고 말했다는 우화(寓話)가 있다. 《戰國策 齊策3》

159 후룩후룩……그림자라네 : 이민구가 이명과 비교할 때, 자신은 뱁새와 같고 이명은 천마와 같다고 본 것이다.

시 읊으며 하늘 동서로 나뉘니 聲詩天左右

저 들쭉날쭉한 마름과 같은 신세로세 譬彼參差荇

영보정[160] 5수

永保亭 五首

아스라이 바람 탄 호숫가 누대	縹緲御風湖上樓
땅 끝나고 바위 깎아지른 늙은 용의 못가에 있네	地窮石斷老龍湫
학이 날다 돌아보니 누구를 기다리나	鶴飛返顧欲誰待
거북이가 기울지 않게 받쳐서 오래도록 떠 있네	鼇戴不傾長自浮
북쪽은 산이 푸른 바닷가로 이어졌고	直北山連滄海岸
남쪽 가는 이 대도두에 마음 꺾이네[161]	征南心折大刀頭
일어나 지는 달 바라보니 서쪽 끝 비추기에	起看落月映西極
급히 항아[162] 부르며 술 세는 산가지 내려놓네	催喚姮娥下酒籌

160 영보정(永保亭) : 충청남도 보령시 오천면에 있는 옛 충청도의 수영(水營) 안에 있던 정자이다.

161 남쪽……꺾이네 : 고향으로 돌아가고픈 마음이 간절하다는 말이다. 대도두(大刀頭)는 대도환(大刀環)이라고도 한다. 한 무제(漢武帝) 때에 이릉이 패배하여 흉노(匈奴)에게 항복하였는데, 선제(宣帝)가 즉위하여 이릉을 부르고자 이릉의 친구 임입정(任立政) 등 세 사람을 보내니, 흉노의 선우(單于)가 술자리를 만들어 한나라 사신을 접대하였다. 임입정 등이 이릉을 보고 사적으로 이야기를 할 수 없자, 이릉에게 눈짓을 하면서 자주 칼자루의 고리를 만지고 은밀히 한나라로 돌아오라는 신호를 보냈다는 이야기가 전하는데, 칼자루의 고리를 돌아올 환(還) 자의 은어로 사용한 것이다. 《漢書 卷54 李廣傳》

162 항아(姮娥) : 후예(后羿)의 처인데, 남편이 서왕모(西王母)에게서 얻은 불사약을 몰래 훔쳐 먹고 달 속으로 도망쳤다는 전설에서 유래하여 달을 가리키는 말로 사용된다. 《搜神記 卷14》

밤새 붉은 기운이 날마다 피어나고　通霄絳氣日氛氳
성가퀴에서 언제나 피어나는 구름 보네　睥睨尋常見出雲
이런 산수풍경 우주가 생긴 이래 있어서　有此湖山自宇宙
가없는 광경 조석에 펼쳐지네　無邊光景在朝曛
물이 큰 바다로 달려가면 모두 삼키고　水趨巨壑容呑納
땅은 삼제와 교차해 얽히고설켰네[163]　地錯三齊鬱糾紛
남극에서 검 묻힌 곳 찾으려고　南極欲尋埋劍處
파도 타고 늘어선 별자리 다시 따라가네[164]　凌波更泝列星文

성 모퉁이 화각소리 푸른 봄에 울리고　城隅畫角殷靑春
누대 밖 풍광 초록 마름에 맴돈다　樓外光風轉綠蘋
산세 끝까지 보려고 자주 바라보는데　山勢欲窮頻望眼
파도소리 멀리 노는 사람의 마음 더욱 흔드네　濤聲偏撼遠游人

163 땅은……얽히고설켰네 : 영보정이 위치한 지역이 중국의 제(齊)나라 지역과 마주보는 곳에 있다는 말이다. 항우(項羽)가 진(秦)나라를 멸망시킨 뒤에 제나라를 삼등분하여 전시(田市)를 교동왕(膠東王), 전도(田都)를 제왕(齊王), 전안(田安)을 제북왕(齊北王)에 봉하였으므로, 삼제(三齊)라고 부른다. 《史記 卷7 項羽本紀》

164 남극(南極)에서……따라가네 : 장화(張華)의 고사를 인용하여 영보정에서 보는 밤하늘의 별빛을 읊은 것이다. 삼국 시대 오(吳)나라가 멸망하기 전에 두성(斗星)과 우성(牛星) 사이에 항상 자기(紫氣)가 있었는데, 오나라가 평정되자 그 자기가 더욱더 밝아졌다. 천문에 통달한 예장(豫章) 사람 뇌환(雷煥)이 말하기를 "저 자기는 풍성(豐城)에 있는 보검의 기운이다."라고 하자, 이를 천자에게 보고하였다. 상서령(尙書令) 장화가 즉시 뇌환을 풍성 영(豐城令)으로 삼고 보검을 은밀히 찾아내라고 명하자, 뇌환이 부임하여 감옥의 밑을 파서 쌍검(雙劍)을 얻었는데, 하나는 용천검(龍泉劍)이고 하나는 태아검(太阿劍)이었다. 《晉書 卷36 張華列傳》

둥둥 떠 있는 갈매기들 참으로 손님 같은데　鷗行汎汎眞如客
아득히 날아가는 기러기는 이미 따르지 않네　雁度冥冥已不賓
흐렸다 맑았다 수국의 날씨 일정하지 않으니　水國陰晴渺難定
파도 일렁이는 어디에서 나루 물을까　滄波何處問通津

누대에 기대 바라본 지 벌써 한참　倚樓舒望已多時
궤안에 앉아 부르는 노래 혼자만 아노라　隱几空謠但自知
푸른 이내 자욱하게 봄 산과 합하고　靑靄不分春嶂合
흰 갈매기 진정 저물녘 조수와 기약했네　白鷗眞與暮潮期
긴 바람에 물결 헤치고 갈 마음 있는데　長風破浪獨心在
다른 날 뗏목 탔을 때 누가 날 따를까[165]　他日乘桴從我誰
못에 잠겨 잠자는 용 꾸짖노니　叱咤潛淵睡龍子
어찌하면 너를 타고 요지[166]에 오를 수 있을까　安能騎汝上瑤池

서북쪽 높은 누각 가장 사랑스러운데　最愛麗譙西北隈
누구도 나를 보지 않아 홀로 배회하네　無人見我獨徘徊
소금밭에 안개와 노을 낮에도 엉기고　鹵中煙靄晝交會
하늘 가 돛단배 때때로 오가네　天際帆檣時往來

165 긴……따를까 : 바다로 나가고 싶은 마음이 있는데, 함께 갈 사람은 누구일 것이냐는 물음이다. 공자(孔子)께서 "도가 행해지지 않으니, 뗏목을 타고 바다로나 나갈까 보다.〔道不行, 乘桴浮于海.〕"라고 말씀하신 것을 원용하였다. 《論語 公冶長》

166 요지(瑤池) : 곤륜산(崑崙山) 꼭대기에 있다는 신화 속의 못 이름이다. 선녀인 서왕모(西王母)가 주 목왕(周穆王)을 영접하여 이곳에서 연회를 베풀었다는 전설이 있다. 《穆天子傳 卷3 古文》

흥취 넘쳐 눈 따라감을 금할 길 없고	興逸不禁隨眼去
마음 비어 이미 형체에서 풀려난 듯	心虛已似覺形開
울창한 늙은 나무 앞 포구에 자랐으니	杈枒老樹生前浦
떼 만들어 은하에 올라가기 적합하네	合作浮槎上漢廻

지난날을 회고하는 노래

疇昔行

나의 수레 해마다 그치는 일 드물어	我車年年寡停轍
부절 잡고 지나다 호수의 눈 밟았지	持節徑過踐湖雪
몇 밤이나 식구들은 나오는 달 보았을까	幾夜家人見月生
먼 길 아득히 뻗어 멈출 수 없었네	長路漫漫不可輟
급제하여 벼슬길에 오른 뒤로	自從登名貢士版
객사의 찬 매화에 여러 번 놀랐지	客舍寒梅屢驚眼
맑은 날 고각 소리가 새벽 잠 깨우는데	天晴鼓角催曉起
돌아가고픈 꿈 어찌 파산에 이르랴[167]	歸夢何由到灞滻
강물은 골짝 따라 쏜살같이 내려가는 듯	江流讓峽下激箭
말 앞 구름 낀 산에서 급한 소식 보냈네	馬首雲山送飛傳
문득 서울에서 놀던 옛날 생각해 보니	忽憶京輦舊行游
젊은 날 즐거운 일 참으로 부럽구나	盛時樂事眞堪羨
두세 명 우리 무리 같은 마을에 살아	二三吾黨竝里閭
시끄럽게 육박 즐기며 효로 외쳤지[168]	讙呼六博叱梟盧

167 맑은……이르랴 : 공무에 바빠서 고향으로 돌아가는 꿈조차 꿀 겨를이 없었다는 말이다. 파산(灞滻)은 본래 장안(長安)에 있는 파수(灞水)와 산수(滻水)를 가리키는데, 여기서는 서울 교외에 있었던 이민구의 고향을 가리키는 말로 사용된 듯하다.

168 시끄럽게……외쳤지 : 사람들이 모여 육박(六博)을 즐기면서 높은 끗수가 나오기를 바라던 모습을 읊은 것이다. 육박은 중국 고대의 놀이의 한 가지이다. 효로(梟盧)는 주사위 놀이에 쓰던 도구의 그림 중에 부엉이 그림과 개 그림을 말하는데, 부엉이

호기롭게 한 자리에서 백 잔 마시니 氣豪一飮百觚盡
사람들이 고양의 술꾼이라 인정했지[169] 人或見許高陽徒
공명 이룬다고 어찌 도를 깨달으랴 解取功名豈達道
벼슬살이 일찍 이룰 필요 없다네 通籍明光不須早
지금은 뿔뿔이 흩어져 비처럼 이별하니[170] 卽今萍散別如雨
서글픈 가슴 쓸며 마음 아파하네 撫膺慷慨傷懷抱
이자는 멀리 가서 문에 닦고[171] 李子冥漠去修文
한랑은 신 신고 조석으로 달렸으며[172] 韓郞靴襪走朝曛

그림의 끗발이 가장 높고, 개 그림이 그 다음이라 한다. 두보(杜甫)의 시에 "의기양양 큰 소리로 오백을 외쳐대며, 웃통 벗고 맨발로 뛰지만 효로는 이뤄지질 않네.〔馮陵大叫呼五白, 袒跣不肯成梟盧.〕"라고 하였다.《杜少陵詩集 卷1 今夕行》

169 호기롭게……인정했지 : 이민구의 주량이 컸으므로 사람들이 술꾼으로 인정했다는 말이다. 고양도(高陽徒)는 고양주도(高陽酒徒)를 말한다. 전한(前漢)의 역이기(酈食其)가 군문(軍門)에 나아가 한 고조(漢高祖)를 보고자 청했는데, 고조가 사자(使者)를 시켜 역이기에게 "내가 지금 천하의 일을 경영하느라 유자를 만날 겨를이 없다.〔我方以天下爲事, 未暇見儒人也.〕"라고 전하게 하였다. 그러자 역이기가 사자에게 "다시 달려 들어가 나는 고양의 술꾼이지 유자가 아니라고 패공에게 전하라.〔走復入言沛公, 吾高陽酒徒也, 非儒人也.〕"라고 했다는 고사가 전한다.《史記 卷97 酈生陸賈列傳》

170 지금은……이별하니 : 함께 어울렸던 사람들과 헤어져 다시는 만나지 못한다는 말이다. 별여우(別如雨)는 비가 내리면 다시 구름으로 돌아가지 못하는 것처럼 헤어지고 나면 다시 만나기 어려운 이별을 의미한다. 360쪽 각주156 참조.

171 이자(李子)는……닦고 : 이민구와 교유했던 이씨(李氏) 성의 인물들이 고인이 되어 만날 수 없음을 말한 것인데, 누구를 가리키는지 자세하지 않다.《동주집》의 내용을 감안할 때, 이명한(李明漢)과 이소한(李昭漢)으로 추정된다.

172 한랑(韓郞)은……달렸으며 : 이민구의 조카사위 한오상(韓五相, 1620~1656)에 대해 읊은 것이다. 그의 본관은 청주(淸州), 자는 세익(世翊)이다. 이성구(李聖求, 1584~1644)의 사위이다.《記言 別集 卷23 贈注書韓君墓碣銘》

관서의 막부에 매인 장사	關西幕府局壯士
취해서 오만하게 붉은 치마 아래 잤으리[173]	倚醉傲兀睡紅裙
나도 임무대로 지친 백성 돌봤으니	我又從役活疲民
아득히 바라보매 삼성과 상성 같았네[174]	相望落落參與辰
괴로운 마음 어찌 며칠만 힘들었으랴	苦懷何止數日惡
홀로 지내며 다시는 그런 사람들 보지 못했네	獨行不復見似人
게다가 떠도는 신세로 이웃고을에 와서 만나니	況逢流戶自旁縣
밥상 대할 때마다 안색 바뀌네	每對盤盂顏色變
오모건 쓰고 청삼 입고서 심하게 구박하니	烏帽青衫太驅逼
곤궁과 영달 따라 물리친다는 말 믿노라	且信窮通以排遣
고향에 봄 찾아와 꽃이 옷에 스치는데	故國春來花撲衣
하늘 끝에 노니는 사람은 언제나 돌아갈까	天涯游子幾時歸
구슬픈 노래로 서로 그리는 곡조 부치려니	悲歌欲寄相思調
오직 강남 기러기가 북쪽으로 날아오네	唯有江南雁北飛

173 관서(關西)의……잤으리 : 관서 지방의 막부에서 재직했던 지인(知人)을 읊은 것인데, 누구를 가리키는지 미상이다.

174 나도……같았네 : 이민구도 관직에 있으면서 임무를 수행하느라 헤어져 지내는 사람과 만날 수 없었다는 말이다. 삼여신(參與辰)은 삼성(參星)과 상성(商星)으로, 각각 동쪽과 서쪽에 있어 동시에 볼 수 없기 때문에 오래도록 만나지 못함을 비유한다.

봄 강

春江

이월이라 봄 강 따뜻하고	二月春江暖
복사꽃이 환하게 물에 비치네	桃花照水明
푸른 산에 한바탕 비 내리는데	青山一陣雨
초가집이 반은 맑게 개었네	白屋半邊晴
길에서 흥취 노래할 뿐	道路唯關興
문장으로 명성 바라지 않노라	文章不爲名
높은 읊조림 천지에 부쳐	高吟付天壤
백년의 이 마음 쓰노라	寫我百年情

칩구정[175]에서 이여고[176]의 시를 읽고

縶駒亭 讀李汝固作

봄기운이 새벽에 일어 아스라이 안개 피어나고	韶華拂曙藹生煙
긴긴 해 비추는 연못가 누대에 봄 어여쁘다	遲日池臺春可憐
재자들 올라와 문예 떨치고	才子登臨振文藻
사군의 가무 청춘을 애석해하네[177]	使君歌舞惜芳年
풍우 속에 앉아 있으려니 자못 초연하여	坐來風雨殊超忽
강호로 가려니 아득하기만 하네	欲往江湖邃渺然
연꽃이 활짝 피기를 기다려	待到芰荷相映發
따뜻한 날 물결 위에서 한번 취하리라	凌波一醉艷陽天

175 칩구정(縶駒亭) : 전라북도 김제시(金堤市) 지역에 있었던 이안민(李安民)의 정자로 보인다. 《澤堂集 卷9 金堤郡縶駒亭記》

176 이여고(李汝固) : 이식(李植, 1584~1647)으로, 본관은 덕수(德水), 자는 여고, 호는 택당(澤堂)이다. 《宋子大全 卷203 澤堂李公諡狀》

177 재자들……애석해하네 : 칩구정에서 이안민과 그를 찾아온 빈객들이 문예와 가무를 즐기던 모습을 상상하여 읊은 것이다.

무장 충현사[178]

茂長忠賢祠

고려 시대 이존오(李存吾)[179]의 사당이다.

바다 어귀 깊숙이 위치한 장사 지역	長沙地接海門深
소나무 계수나무 숲의 옛 사당에 봄빛 푸르다	古廟春青松桂林
장기 가득한 남쪽에 와서 노년 보낼 때	瘴癘南來淹暮景
풍운에 북쪽 보며 그 마음 뜬 구름에 얽혔으리[180]	風雲北望結浮陰
선생께는 백 리도 오히려 가벼운 은전인데	先生百里猶輕典
후인들은 천추토록 유독 마음 아파하네[181]	後死千秋獨苦心
숲 어두워지고 산 비 내려	樹杪冥冥山雨至
저물녘에 부엉이만 보이네	日斜空見似鴞禽

178 충현사(忠賢祠) : 전라북도 고창군 무장면 교흥리에 있는 사당으로, 석탄(石灘) 이존오(李存吾), 미암(眉巖) 유희춘(柳希春), 경암(警菴) 손홍립(孫弘立)을 모셨다.

179 이존오(李存吾) : 1341~1371. 본관은 경주(慶州), 자는 순경(順卿), 호는 석탄·고산(孤山)이다. 신돈(辛旽)의 횡포를 탄핵하다가 왕의 노여움을 샀으나, 이색(李穡) 등의 옹호로 극형을 면하고 장사 감무(長沙監務)로 좌천되었다. 그 뒤 공주 석탄에서 은둔하다가 삶을 마쳤다.

180 장기(瘴氣)……얽혔으리 : 이존오가 장사 감무로 좌천되어 있을 때, 나라를 걱정하는 마음이 간절했을 것이라는 말이다.

181 선생께는……아파하네 : 이존오가 장사 감무로 좌천된 것은 가벼운 형벌에 불과하지만, 후대의 사람들은 이를 괴롭게 여긴다는 말이다. 백 리(百里)는 한 현(縣)의 면적으로, 여기서는 이존오가 장사 감무로 좌천된 사실을 말한다.

악사
嶽祠

꽃 흐드러진 마을에 햇살 어둑하고	迷花洞府日冥冥
긴 세월 지낸 옛 사당 낮에도 문 닫혔네	古廟長年門晝扃
한 골짝 풍운이 기둥에 불어오고	一峽風雲吹棟宇
사철 향화 올리니 신령도 감동하리	四時香火醉神靈
험한 바위에 봄기운 돌아 산이 윤기 나고	春生亂石山光潤
너른 들판에 물 퍼져 들판 온통 푸르네	水散平原野氣青
길 가다 지쳐 말 멈췄는데 사람 보이지 않아	倦路歇鞍人不見
그윽한 새소리 따라 홀로 빈 뜰에 내려왔네	獨隨幽鳥下空庭

신은의 그림

信誾畫

너의 맑은 정신 보고 너의 재주 아끼노니	見爾神淸愛爾才
흰 종이에 붓 놀리자 눈이 먼저 휘둥그레지네	凝毫拂素眼先開
산이 멀리까지 뻗어 숲의 승려 작게 보이고	山鋪遠勢林僧小
객에게 기심 있어 바닷새 의심하네[182]	客有機心海鳥猜
온종일 고즈넉이 안개 낀 경치이고	盡日蕭蕭煙景合
봄날 집에 소슬하게 빗소리 들려오네	春堂颯颯雨聲來
인간세상 어느 곳이 이와 같을까	人間底處堪如此
너의 그윽한 집에 따라가 돌아오지 않으리	隨汝冥棲去不回

182 객(客)에게……의심하네 : 그림속의 나그네와 새의 모습을 묘사한 것이다. 기심(機心)은 자기의 사적인 목적을 이루기 위하여 교묘하게 꾀하는 마음을 말한다. 바닷가에 사는 어떤 사람이 매일 아침 수백 마리의 물새와 벗하며 어울려 노닐었는데, 그의 아버지가 데리고 놀 수 있도록 잡아 달라고 부탁하자, 그 다음 날 아침에는 한 마리도 내려와 앉지 않았다는 이야기가 전한다. 《列子 黃帝》

초산

楚山

수레 타고 호서에 노닐다가	結駟游湖甸
피리 불며 초산에 올랐어라	鳴笳上楚丘
구름 낀 들판에서 봄날 북쪽 바라보고	雲郊春北望
푸른 바다가 저물녘에 동쪽으로 흐르네	滄海暮東流
덧없는 세상 무슨 관심 있으랴만	浮世關何事
편안히 살려니 졸렬한 꾀 부끄럽네	安身愧拙謀
길게 노래하며 계수나무에 기대어	長歌倚桂樹
해 지도록 머물러 있노라	落日强淹留

내키는 대로 쓰다

謾書

문득 불평한 마음 생기기에	忽有不平意
일어나 〈초은〉[183] 시 읊노라	起吟招隱詩
푸른 산은 저물녘 성곽에 비꼈고	靑山橫暮郭
맑은 물은 비었던 연못에 찼어라	白水滿空陂
예악은 선배 따르지만	禮樂從先進
성명은 이미 후대라네[184]	聲名已後時
높은 집에서 백 리 밖 바라보니	高齋見百里
세상에 앞으로 살아갈 일 아득하다	世路莽前期

183 초은(招隱) : 진(晉)나라 좌사(左思)의 작품으로, 산림으로 돌아와 살라고 부른다는 말이다.

184 예악(禮樂)은……후대라네 : 선대의 예악을 따르지만, 이미 성인이 다스리는 세상과는 멀리 떨어진 후대의 사람에 불과하다는 말이다. 《논어》 〈선진(先進)〉에 "(지금 사람들이 이르기를) 선배들이 예악에 대하여 한 것은 촌스러운 사람이고, 후배들이 예악에 대하여 한 것은 군자라고 한다. 만일 예악을 쓴다면 나는 선배들을 따르겠다.〔先進於禮樂野人也, 後進於禮樂君子也, 如用之則吾從先進.〕"라고 하였다.

맑은 하늘

天淸

맑은 하늘에 슬픈 기러기 남쪽으로 지나가고	天淸哀雁過南端
은하수 밖 유성이 누대[185] 스쳐가네	河外流星度井榦
큰길에 달 비추고 집집마다 고요한데	馳道月臨千戶靜
협성에 서리 치니 새벽녘 쌀쌀하네	夾城霜霽五更寒
긴 눈썹의 늙은이 벼슬하던 당년에 졸렬했으니	厖眉宦自當年拙
우각의 노래를 이 밤에 부르기 어려워라[186]	牛角歌應此夜難
동료 낭관들 모두 멀리 떨어졌는데	同舍諸郎俱緬邈
옛 정으로 누가 좋은 글 보내주려나	故情誰爲贈琅玕

185 누대 : 정간(井榦)은 정간(井幹)으로도 쓰는데, 우물 위의 난간을 가리키기도 하지만 일반적으로 누대를 가리킨다. 또 한 무제(漢武帝)가 우물 난간의 모양으로 지었다는 정간루(井幹樓)를 의미하기도 한다.

186 우각(牛角)의……어려워라 : 세상에 쓰이기를 바라기 어렵다는 말이다. 우각은 소의 뿔을 의미하는데, 춘추 시대 위(衛)나라 사람 영척(寧戚)이 제 환공(齊桓公)에게 등용되기를 바라는 마음으로 제나라에 들어가 남의 소를 먹이다가 제 환공의 행차를 바라보고 쇠뿔을 두드리면서 노래하자, 환공이 현자로 여겨 등용한 고사가 전한다. 당시 불렀던 노래에 "남산의 바위 아름답고, 백석이 빛나네. 살아서 요와 순의 선양을 만나지 못하고, 짧고 얇은 베옷은 겨우 갈빗대에 이르네, 황혼에서 밤중까지 소를 먹이니, 긴 밤이 느린데 언제 날이 새려나.〔南山矸, 白石爛. 生不遭堯與舜禪, 短布單衣適至骭. 從昏飯牛薄夜半, 長夜漫漫何時旦.〕"라고 하였다. 《樂府詩集 卷83》

경신년(1620, 광해군12) 10월 12일에 만력 황제[187]가 붕어하므로 상복을 입고 짓다

庚申十月十二日 萬曆皇喪 成服有作

재위 기간에 삼통을 밝히고[188]	聖曆昭三統
신묘한 공적은 아홉 가지 경계에 드러났네	神功著九箴
우산에 이제 옥을 묻고	虞山方瘞玉
헌원의 솥에 갑자기 금을 담으니[189]	軒鼎遽收金
활과 칼에 관리들 곡하고[190]	弓劍千官哭

187 만력 황제(萬曆皇帝) : 명(明)나라 제 13대 황제 신종(神宗, 1563~1620)을 가리킨다. 1572년부터 1620년까지 재위하였다.

188 재위……밝히고 : 삼통(三統)은 하(夏)·상(商)·주(周) 삼대(三代)의 정삭(正朔)을 말한다. 하나라는 인월(寅月)로 세수(歲首)를 삼아 인통(人統)이 되고, 상나라는 축월(丑月)로 세수를 삼아 지통(地統)이 되고, 주나라는 자월(子月)로 세수를 삼아 천통(天統)이 된다. 여기서는 신종이 오랫동안 재위하면서 하·상·주 삼대의 정치를 따랐다는 뜻으로 말한 것이다.

189 우산(虞山)에……담으니 : 신종이 붕어(崩御)했다는 말이다.

190 활과……곡하고 : 신종의 죽음에 신하들이 슬퍼한다는 말이다. 옛날에 황제(黃帝)가 수산(首山)의 동(銅)을 캐어 형산(荊山) 아래에서 솥을 만들었는데, 그 솥이 다 완성되자 하늘에서 수염을 드리운 용(龍)이 내려와 황제를 맞이하였다. 이에 황제가 그 용에 올라탔으나, 그때 황제를 시종한 여러 신하와 후궁(後宮) 70여 명은 타지 못했다. 용이 마침내 하늘로 올라가자 나머지 소신(小臣)들이 모두 용의 수염을 잡고 늘어졌으나, 용의 수염이 뽑히면서 신하들과 황제의 활과 칼이 떨어졌다. 황제가 하늘로 올라가 버리자, 백성들이 그 궁검(弓劍)과 용의 수염을 안고 울었다. 이로 인하여 후대에는 임금이 별세한 것을 궁검이라고도 한다. 《史記 卷28 封禪書》

천지 사이 모든 나라 사람들 슬퍼하는 마음이네　　乾坤萬國心
제향은 어디인가　　帝鄉迷處所
하늘 길에 흰 구름만 깊어라[191]　　天路白雲深

191 제향(帝鄉)은……깊어라 : 제향과 백운(白雲)은 선계(仙界)를 가리킨다. 《장자(莊子)》 〈천지(天地)〉에 "천세토록 살다가 인간 세상이 싫어지면, 떠나서 신선이 되어 올라가, 저 흰 구름을 타고 제향에 이른다.〔千歲厭世, 去而上僊, 乘彼白雲, 至於帝鄉.〕" 라고 하였다.

춘계 도정 만사

春溪正挽詞

남을 대신하여 짓다. ○공자(公子) 선기(善棋)가 여러 종실과 합동으로 계사(啓辭)를 올려 간신(奸臣)에게 죄줄 것을 청하였다가 죄를 얻어 장차 내포(內浦)로 돌아오려 하였는데 병으로 죽었다.

춘계 공자는 일찍부터 뛰어나	春溪公子早翩翩
하간이 예악 전하듯[192] 명성 대단했네	藉甚河間禮樂傳
젊어서 거문고와 술로 깊게 사귀었고	少日琴尊深契在
맑은 시대에 대궐에 성대한 이름 걸었는데	淸時閶闔盛名懸
속세의 나그네 꿈이 긴 밤을 재촉하여	塵埃旅夢催長夜
강해로 돌아가고픈 마음 노년에 어그러졌네[193]	江海歸心落暮年
이 노인의 단아한 생활 가장 소박했으니	此老端居最蕭瑟
저물녘 작은 정자에 바둑알만 흩어져 있네	小亭棋散夕陽天

192 하간(河間)이 예악(禮樂) 전하듯 : 하간은 한(漢)나라 때의 하간헌왕(河間獻王) 유덕(劉德)을 말한다. 학문에 힘쓰고 옛것을 좋아하여 일찍이 민간의 선서(善書)들을 많이 수집하였고, 경전을 널리 배워 예악을 닦고 유술(儒術)을 숭상하였다. 산동(山東)의 유자(儒者)들이 모두 그를 찾아가 종유하였는데, 이로 말미암아 그곳에는 예악이 오래도록 전해졌다고 한다. 《漢書 卷53 景十三王傳》

193 속세의……어그러졌네 : 춘계 도정이 별세(別世)하였기 때문에 내포로 돌아오려던 본래 계획과 어긋났다는 말이다. 장야(長夜)는 긴 밤이라는 뜻인데, 여기서는 영원히 밤처럼 어두운 무덤을 말한다.

진 황후[194]

陳皇后

평양에서는 가무가 날마다 분분한데　平陽歌舞日紛紛
적막한 장문궁에는 저녁연기도 그쳤구나[195]　寂莫長門罷夕熏
천금을 얻어 새로운 첩 맞으려 했으니　賺得千金聘新妾
상여가 탁문군의 신세를 스스로 읊은 격이네[196]　相如自賦卓文君

194 진 황후(陳皇后) : 한 무제(漢武帝) 때의 황후이다. 한 무제가 어릴 적에 자기의 고종매(姑從妹)가 되는 진아교(陳阿嬌)와 함께 놀면서 매우 친애하였다. 고모가 묻기를 "아교를 배필로 삼으면 어떻겠는가?"라고 하니, 무제가 "정말 아교와 배필이 된다면 황금으로 집을 짓고 그 속에 넣어 두겠다."라고 하였다. 과연 진아교는 황후가 되어 무제의 총애를 받아 10여 년간 권력을 휘두르며 살았다. 그러나 아들이 없어 총애를 잃고 장문궁(長門宮)에 따로 살면서 시름 속에 원망의 나날을 보냈다. 《漢書 卷97 外戚列傳 孝武陳皇后》

195 평양(平陽)에서는……그쳤구나 : 한 무제의 후(后) 위자부(衛子夫)가 총애를 받고 진 황후가 장문궁에 별거(別居)한 상황을 읊은 것이다. 위자부의 아버지가 평양후(平陽侯)였다.

196 천금을……격이네 : 진 황후가 총애를 잃고 장문궁에 물러나 살면서 사마상여(司馬相如)가 문장이 뛰어나다는 말을 듣고, 황금 100근(斤)을 주면서 시름을 풀 수 있는 문장을 요구하자, 사마상여가 〈장문부(長門賦)〉를 지었다. 이 글을 무제에게 올리자, 무제가 뉘우치고 다시 진 황후를 총애한 일이 있다. 한편, 사마상여는 일찍이 임공에 살던 과부 탁문군을 보고 한눈에 반하여, 그녀를 데리고 밤중에 도망쳐 성도(成都)에서 살았다. 사마상여의 집이 워낙 가난하여 살 길이 막막하자, 술집을 차려 놓고 탁문군에게는 술을 팔게 하고 자신은 그릇을 씻으면서 생활하였다. 그 뒤에 사마상여가 부귀하게 되어서 무릉(茂陵) 사람의 딸을 첩으로 삼으려고 하였는데, 탁문군이 함께 사랑을 이어갈 수 없다는 내용으로 〈백두음(白頭吟)〉을 지어 이혼을 요구하자, 사마상여가 그만두

었다는 고사가 전한다. 여기서는 이 두 고사에 근거하여 사마상여가 무릉의 여인을 첩으로 맞아들이고자 하였으니, 무제에게 총애를 잃은 진 황후나 사마상여에게 사랑을 잃은 탁문군이나 같은 처지이므로, 〈장문부〉의 내용이 탁문군의 처지를 읊은 것이나 마찬가지라는 의미로 말한 것이다. 《漢書 卷57上 司馬相如傳》

탁문군

卓文君

이미 새 사람이 묵은 정 이김을 알았으니	已分新人勝故心
가련하다 부질없이 〈백두음〉 지었구나[197]	自憐虛作白頭吟
지금 글 잘 짓는 사람 남아있지 않을 뿐	當今翰墨無餘子
내가 부 살 돈이 없는 건 아니라네[198]	不是儂虧買賦金

197 이미……지었구나 : 사마상여(司馬相如)가 탁문군(卓文君)과 살다가 무릉(茂陵)의 여인을 첩으로 삼으려 하자, 탁문군이 〈백두음(白頭吟)〉을 지어 이혼을 요구한 사실을 읊은 것이다. 381쪽 각주196 참조.

198 지금……아니라네 : 진 황후(陳皇后)가 한 무제(漢武帝)의 총애를 잃고 장문궁(長門宮)에서 지낼 때, 사마상여에게 황금 100근(斤)을 주고 〈장문부(長門賦)〉를 짓게 하여 무제의 마음을 돌린 일이 있다. 381쪽 각주196 참조. 여기서는 이민구 자신이 임금의 총애를 받지 못하는 처지이므로 진 황후와 같은 신세이지만, 좋은 글을 지어 줄 사마상여와 같은 사람이 없다는 뜻으로 말한 듯하다.

음복연에서 입으로 부르다

飮福宴口占

중성의 저녁 연회에 백관이 참여하니	重城晩宴百僚同
빗속에 깃발 세워져 있네	樹羽旌旗雨氣中
구름은 더위 식히려 뜨거운 해 가리고	雲爲融炎低畏景
하늘은 은택 베풀어 훈풍 불어오네	天將睿澤灑薰風
살짝 복도 적시지만 옷 젖은들 어떠리	輕霑閣道何妨濕
촘촘하게 그물[199] 엮었어도 하늘 가리지 않네	細綴罘罳不礙空
갠 뒤에도 즐거움 이어져	霽後留歡殊未歇
달 밝은 밤 음악소리 궁궐에 울리네	月明歌吹在公宮

199 그물 : 부시(罘罳)는 처마나 창 위에 새를 막기 위해 쳐 놓은 금속이나 실로 만든 그물을 가리킨다.

좌랑 정양[200] 만사

鄭佐郎暘挽詞

덧없는 세상 아득히 큰 강 바라보는 듯	浮世茫茫閱大川
세찬 물결 동쪽으로 흘러 노년으로 치닫네	驚波東逝競凋年
눈앞의 생사 갈림이 참으로 이와 같으니	眼中存沒眞如許
꿈속의 애환인 듯 모두 우연일 뿐	夢裏悲歡亦偶然
가을 들어 노랫소리 곡소리 이어지니	歌哭相催秋月後
술집 옆에서 산하를 오래도록 바라보리[201]	山河永望酒壚邊
뜰 앞 부추 잎사귀 이제 시들어	庭前薤葉今黃落
백로는 내리지만 세월 단절되었네[202]	斷絶流光白露天

200 정양(鄭暘) : 1569~? 본관은 초계(草溪), 자는 태승(太昇)이다.

201 술집……바라보리 : 고인(故人)이 된 정양을 그리워할 것이라는 말이다. 진(晉)나라 혜강(嵇康), 완적(阮籍), 왕융(王戎) 등이 황공주로(黃公酒壚)에서 술을 마시며 청담(淸淡)을 나누었는데, 왕융이 일찍이 황공주로를 지나며 말하기를 "내가 옛날에 혜강, 완적과 함께 이곳에서 술을 마시곤 했는데, 혜강과 완적이 죽은 지금은 황공주로가 비록 가까이 있으나 산하(山河)처럼 멀게 여겨진다."라고 말한 고사에서 유래하여, 주로(酒壚)는 죽은 사람을 그리워하는 뜻을 나타낸다. 《世說新語 傷逝》

202 뜰……단절되었네 : 정양이 죽었다는 말이다. 흔히 인생을 해상로(薤上露), 즉 부추 위에 맺힌 이슬과 같다고 비유하기에 이렇게 읊은 것이다.

지은이 **이민구(李敏求)**

1589(선조22)~1670(현종11). 지봉(芝峯) 이수광(李睟光)의 아들로, 본관은 전주(全州), 자는 자시(子時), 호는 동주(東州) 또는 관해도인(觀海道人)이다. 1612년 증광 문과에 장원하였다. 인조반정 이후 사가독서(賜暇讀書)하고, 이괄(李适)의 난에 도원수 장만(張晩)의 종사관이 되어 공을 세웠다. 내직(內職)으로 부제학, 대사성, 도승지 등을 역임하였고, 외직(外職)으로 경상도 관찰사, 강원도 관찰사, 임천 군수를 지냈다. 1636년 병자호란 당시 부검찰사의 직책으로 강화도에 있었는데, 강화도 함락의 책임을 지고 평안북도 영변에 유배되어 7년, 충청남도 아산으로 이배되어 3년 동안 지냈다. 1647년 4월에 해배되었으나 서용(敍用)되지 못하고 생을 마감하였다. 고문(古文)에 뛰어나다는 평가를 받았으며, 저서로《동주집》,《간언귀감(諫言龜鑑)》,《독사수필(讀史隨筆)》,《당률광선(唐律廣選)》이 있다.

옮긴이

강원모(姜元模)

1957년 충남 예산에서 태어났다. 공주사범대학, 한국교원대학교, 충남대학교에서 교육학을 전공하였다. 현재 충남대학교 한자문화연구소 책임연구원으로 재직 중이다. 공역으로《기려수필》, 역해서로《애야 논어를 읽었느냐》가 있다.

김문갑(金文甲)

1960년 충남 논산에서 태어났다. 한남대학교 대학원에서 동양철학 박사학위를 받고, 아당 이성우 선생에게 수학하였다. 현재 충남대학교 한자문화연구소 선임연구원으로 재직 중이다. 번역서로《전례문답》,《고산유고》예송 관련 부분이 있다.

오승준(吳承峻)

1979년 충북 청주에서 태어났다. 충남대학교에서 박사과정을 수료하였다. 학산 조종업, 아당 이성우 선생에게서 한문을 배웠다. 공역으로《옥오재집》이 있다. 현재 한자문화연구소 선임연구원으로 재직 중이다.

정만호(鄭晩浩)

1971년 충남 부여에서 태어났다. 충남대학교와 단국대학교에서 한문학을 전공하였으며, 현재 충남대학교 한자문화연구소 책임연구원으로 재직 중이다. 번역서로《취암선생시집》과 공역으로《기려수필》,《승암시화》,《지호집》,《오재집》,《옥오재집》,《좌계부담》,《해동사부》등이 있다.

권역별거점연구소협동번역사업
충남대학교 한자문화연구소 연구진

연구책임자 **이향배**(충남대학교 한문학과 교수)
공동연구원 **박우훈**(충남대학교 한문학과 교수)
자문위원 **이성우**(한국고전번역원 자문위원)
책임연구원 **강원모**
정만호
선임연구원 **김문갑**
오승준
연구원 **이규춘**
이재숙

동주집 8
이민구 지음 | 강원모 · 김문갑 · 오승준 · 정만호 옮김
2018년 12월 28일 초판 1쇄 발행
편집 · 발행 문진 | 등록 2002. 5. 6. 제2006-000011호
주소 (34168) 대전광역시 유성구 대학로 31 한진리조트오피스텔 2004호
전화 042-933-6510 | 팩스 042-367-5510
인쇄 현대그래픽스 | 제본 은정제책사

값 30,000원
ISBN 979-11-87638-21-6 94810
978-89-92229-81-4 (세트)

이 도서의 국립중앙도서관 출판예정도서목록(CIP)은 서지정보유통지원시스템 홈페이지(http://seoji.nl.go.kr)와 국가자료공동목록시스템(http://www.nl.go.kr/kolisnet)에서 이용하실 수 있습니다.(CIP제어번호: CIP2018040045)